武纪东　武凯旋　著

凤隐于林

“桃花源”考论

中国人民大学出版社
·北京·

序言一

齐鲁文化在中华文化发展史上占有独特而重要的地位。从思想文化来说，先秦诸子百家中的儒家、墨家、阴阳家、兵家、齐法家，都是产生于这一地域。其中需要特别指出的是，齐法家是管仲相齐时治国理政的指导方针，被称为东方最早的管理主义学派，他的尊王攘夷、捍卫华夏先进文明、大力发展工商业等作为，显然有别于以刑罚主义、严刑峻法与君主绝对专制主义为主要特色的三晋法家、秦法家。

中华文化的发展史，又是不同地域文化之间的交往融合史。以齐鲁大地来说，东夷曾有一个首领伯益因协助大禹治水有功，舜帝赐姓嬴，今济南市莱芜区即是嬴姓发源地，伯益的后人成为商王朝的重要辅臣。西周初年，周成王伐商奄，嬴姓西迁，开始了东夷文化与西部羌族、戎族文化的交流、融合与创新。到了伯益的十六世孙非子，因养马有功，被周孝王封于秦地（今甘肃天水），后兴盛于陕西关中，非子的后人以封地为氏，号“秦嬴”，这就是秦始皇的先祖。这一“秦人东来说”，受到傅斯年、钱穆、林剑鸣、李学勤、王学典等著名学者的支持。另外，西周初年分封，周公分封鲁国，来自西部的周族文化与东夷文化开始了交流、融合与创新；姜尚分封齐国，来自西部的羌族文化与东夷文化开始了交流、融合与创新。而发源于今山东临沂市蒙阴县的蒙氏，就曾追随嬴姓东夷西迁，到战国时代成为秦国著名的武将家族，名人有蒙武、蒙恬等。

擅蒙山沂水之美的鲁南临沂，又是文化齐鲁的一个极为重要的板块，它与毗邻的济宁（今所辖曲阜曾是鲁国国都）、淄博（今所辖临淄曾是齐国国都）是古代文化齐鲁的核心三角，可以称之为“济淄沂上古中古齐鲁文化核心带”。沂蒙文化在全国也具有不可忽视的重要地位，这一点可以从三个部分来认识。

一是沂蒙先秦儒家文化。临沂毗邻儒学发祥地曲阜，春秋时期涌现出一批儒学之士，他们追随孔子，是孔子七十二贤徒的重要成员，如闵子骞、曾点和曾参父子、仲由（子路）、澹台灭明、原宪等。其中曾参被后人尊为“宗圣”，地位排在亚圣孟子之后。战国后期，儒学大师荀子两次出任兰陵（今临沂兰陵县）令，晚年定居兰陵，著书立说，授徒讲学，《荀子》一书带有对先秦诸子百家学术思想进行总体批判与总结的性质。

二是沂蒙中古士族文化。主要是指沂蒙地区的文化士族南迁，为开创东晋南朝并发展士族文化、捍卫华夏文明做出杰出贡献。开创东晋的晋元帝司马睿，在西晋所分封的琅邪国，驻地是下邳（今徐州邳州），封地很大部分是在临沂。琅邪王司马睿正是接受了其姨表兄弟、琅邪王氏家族王旷（王羲之父）的建议，才向朝廷请示移镇江东的。王旷又说服堂兄王导带领全族追司马睿南渡。王导促成南北士族联合，扩大了东晋政权的基础，形成“王与马，共天下”的局面，琅邪王氏遂成为东晋南朝的第一士族，后人有诗云，山阴道上桂花初，王谢风流满晋书。那时沂蒙地区南渡的著名家族，还有琅邪颜氏、东海（东海王国封地在今临沂郯城县）徐氏、东海王氏、东海何氏、东莞（今日照莒县，原属临沂）刘氏、兰陵萧氏等。其中的兰陵萧氏，还开创了南齐与南梁两个朝代，它还是那时全国南迁士族中唯一能够在隋唐两代也兴盛不衰的士族，唐代出了八位宰相，史称“与国升降”。

魏晋南北朝时期的士族，是家传儒学、以儒学为安身立命之本、以儒学与文化赢得政治自尊的一类特殊家族，这是古代政治文明中闪烁光芒的一部分。士族对于皇权相对独立，坚守儒学与文化的尊严，坚守对专制皇权的制约，坚守道统高于治统。包括临沂士族在内的以儒学与文化为家族传承的诸多士族在东晋南朝的实践，是古代儒学、文化、家族等因素参与多元治理的典范，是儒学自尊、文化自尊的一个较好时期。这些士族整体上与皇族持合作态度，对于抵御当时异族对先进文明的破坏，起到过积极的历史作用。

三是沂蒙现代红色文化。主要是指沂蒙地区曾是山东抗日根据地、山东与华东解放区的主要组成部分，是山东与华东解放区首府所在地。山东抗日根据地由山东地方武装组织开辟，是当时共产党最大的省级战略区，到抗战后期，山东的人民武装力量是共产党在全国最强大的军事集团，正规军人数占共产党军队的三分之一。毛泽东曾说："山东的棋下活了，全国的棋也就活了。山东把所有的战略点线都抢占和包围了。只有山东全省是我们完整的、最重要的战略基地。北占东北，南下长江，都主要依靠山东。"

因此，积极发掘沂蒙历史文化、促进文化发展创新，于今大有必要，沂蒙文化也引起专家学者的浓厚兴趣与热切关注。

沂蒙历史文化学者武纪东、武凯旋经过长期潜心研究，形成专著《凤隐于林——"桃花源"考论》，不以我为鄙陋而命序之。著作认为，东晋文学家陶渊明《桃花源诗并记》中的"桃花源"，原型来自临沂蒙阴。蒙阴蒙山与叟虎寨山之间是桃墟镇，有桃墟河，古籍记载虞舜生于桃墟，《水经注》引杜预注《左传》卞县（今蒙阴以西）东南有桃墟，虞舜所处。《山海经》记载"夸父追日，逮之禺谷，弃之杖化为邓林"，又记载"夸父之山……其北有林焉，名曰桃林"，古今学者认为禺谷即虞，邓林即桃林，任昉《述异记》载"武陵源在吴中，山无他木，尽生桃李"，蒙阴自古至今都以桃闻名于世。桃墟之名为全国唯一的地名，对于从蒙阴迁徙别处的蒙氏来说，桃林、桃墟成为其绵绵不绝的故乡记忆的重要标识。秦末大乱，秦将蒙恬家族的后人避难南方，有的来到武陵（今湖南常德），这里在东晋时属于荆州行政区划。陶渊明曾在荆州任职多年，在此期间对蒙氏后人有过接触，熟悉蒙氏的故乡桃林叙述。另外，陶渊明晚年归隐之后，与江州刺史、西晋末年从临沂南迁的琅邪王氏家族成员王弘交往密切，王弘的先祖是与蒙武一同伐楚的秦朝大将王翦，王翦的后代于秦末避乱迁徙至临沂。这些都促成陶渊明以临沂蒙阴桃花源为原型写成《桃花源诗并记》，描绘了一幅无拘无束、自由自在的归隐闲适理想生活画卷。

拜读完大作，我颇多感慨。这部著作探幽发微，钩沉索隐，史料丰富，论证严密，令人信服，是一部沂蒙历史文化研究的力作，一部陶渊明研究的力作，也为当下全国多地百花齐放、百家争鸣的桃花源文化增添了新的内容。我深深感觉，与其说它是对区域历史文化的一次有益探索，毋宁说是在深重而壮阔的地域文化交流的历史长河中的一次庄重巡礼，对于先辈们充满着温情与敬意。蒙氏族人从山东迁徙西部、迁徙到南国；王氏族人从西部迁徙到山东，又从山东迁徙到南国。他们在创造历史文化的过程中，想必同时也对曾经的故乡充满绵绵不断的留恋与记忆，为我们留下了独特的审美文化与精神营养。

我突然想起了2010年的秋冬之交，当时在重庆某高校工作的我带队去重庆秀山、酉阳一带考察。我们去了号称重庆第一历史文化名镇、“乌江画廊核心景区和璀璨明珠”的酉阳龚滩古镇，也考察了酉阳的桃花源景区。这个景区的宣传口号给我们留下了深刻印象：“世界上有两个桃花源，一个在您心中，一个在重庆酉阳。”是的，心中的桃花源比现实中的桃花源更为重要。如果你能在历史文化中得到心灵慰藉、心智成长，你就能够诗意地栖居，就会时时处在桃花源中。

那次考察，我们还到了秀山的洪安古镇，以及与它隔河相望的湖南湘西州花垣县的边城镇。这里是渝湘黔交界之地，有沈从文小说《边城》中那个神秘、幽美而静谧的“边城”的原型，也有当年刘邓大军从湘西挺进大西南的指挥部旧址。在这个旧址，我曾浮想联翩，想象有多少齐鲁等北方子弟从晋冀鲁豫根据地告别家人、告别家乡南下，于役漫漫，风雨兼程。而贵州解放后第一届省委常委的六人中，有两位是吾邑山东聊城冠县人：赵健民和徐运北。

我想，在他们的人生经历中，故乡记忆也应该是魂牵梦绕的桃花源。

于是，我带着诸多感慨，不揣鄙陋而欣然为此序。

李宜春

临沂大学历史文化学院（沂蒙文化研究院）特聘教授

2020 年 9 月 3 日于沂河之滨

序言二

自《桃花源诗并记》问世以来，有关桃花源和武陵源原型地的研究就成为相关学者们所热衷研究的有趣话题，著名学者陈寅恪先生和唐长孺先生对此就曾进行过考证。这些考证各有理据，各有特色，自成一说。然而，学问无止境，探讨无边界。关于桃花源和武陵源的原型地问题、它们的历史文化渊源问题以及陶渊明撰写《桃花源诗并记》的心路历程问题等等，当然还可以从更加广阔的视野、利用更加丰富的史料、从各种不同的维度进行全方位的考究，才有可能得出更加科学的结论。我很高兴地认识了武纪东和武凯旋两位同志，知道他们在这方面付出了大量的心血和辛勤的探索。我作为第一读者阅读了他们在这方面的研究成果——《凤隐于林——“桃花源”考论》。在书稿即将付梓之际，他们请我为其书写一序言。我对陶渊明素无研究，但是依然记得他那“少无适俗韵，性本爱丘山。误落尘网中，一去三十年。羁鸟恋旧林，池鱼思故渊。……”“采菊东篱下，悠然见南山。”“登东皋以舒啸，临清流而赋诗。聊乘化以归尽，乐夫天命复奚疑!”等诗所体现的志趣和境界，往往戚戚然而心向往之。本着大道相通、学术公器、文史哲一家的想法，我勉为其难，根据自己的粗浅认识，简单写几句话，并就教于方家。

解开桃花源和武陵源之渊源和原型地的钥匙，首先要从《桃花源诗并记》原文中探寻有效信息，如：

第一，《桃花源记》中的“晋太元中，武陵人捕鱼为业……自云先世避秦时乱，率妻子邑人来此绝境，不复出焉，遂与外人间隔。问今是何世，乃不知有汉，无论魏晋。”

第二，《桃花源诗》中的“嬴氏乱天纪，贤者避其世……奇踪隐五百，一朝敞神界。淳薄既异源，旋复还幽蔽。借问游方士，焉测尘嚣外。愿言蹑清风，高举寻吾契。”

其次，要从陶渊明的家世、家学、性格、志趣以及与此相关的各种资料来考察，包括所能利用的已有考古成果等，从外到内，由表及里，抽丝剥茧，去粗取精，去伪存真，才有可能窥得庐山真面目。

“武陵人”“避秦时乱”“嬴氏乱天纪，贤者避其世……”这些都是解开桃花源和武陵源之谜的关键所在。这些关键信息促使作者把祖籍在山东蒙阴的秦代蒙氏——蒙骜、蒙武、蒙恬等有机联系起来，并把蒙氏家族与蒙邑、颛顼、颛臾、君子之国、社稷之臣和蒙氏的迁徙避难等有逻辑、成体系地串联起来，形成一个与桃花源和武陵源直接相关的资料翔实、证据充分、令人信服的证据链。在此之前由于各种原因，这个证据链并没有被有关专家学者发现，也就谈不到更深入的研究。通过这个证据链，我们知道秦代及秦代的蒙氏是破解桃花源和武陵源原型地之谜和其文化渊源的关键，这个证据链对于本书的研究结论起着重要的支撑作用。

作者通过综述前人的研究成果，借助各种丰富的资料，利用山东蒙阴是秦代蒙氏故乡的独特历史人文史实及文化遗迹，认为：地处齐鲁大地东南部、沂蒙山区腹地、蒙阴县境内的颛臾风国是古籍所记载的凤凰圣地“东方君子之国”，是“羲皇上人”风姓的祖地，也正是陶渊明《桃花源记》和《桃花源诗》的寓意之地。《桃花源记》和《桃花源诗》的写实部分，则是指世居于蒙阴、兴盛于秦代又遭难于秦后期、而后避难于武陵的蒙氏人对于故乡的追想和怀念。换言之，陶渊明念兹在兹的桃花源，不在他处，就是蒙阴县的颛臾风国。我认为这个结论是能够成立的。

《风隐于林——“桃花源”考论》全书分为四章，综合看来具有以下四个特点。

第一，全面梳理、归纳了有关桃花源原型地的研究成果，通过分析后指出这些研究的意义和存在的不足。

第二，从武陵、新武陵、武陵郡名称的起源、地理位置着手，利用地下出土的竹简资料来解读新武陵和武陵郡，将这些解读必然地与秦代的蒙氏兴衰结合起来，把研究建立在翔实史料之上，这是全书结论的基础。

第三，追根溯源，条分缕析，用翔实的史料，指出武陵人、桃源秦人都是秦代自蒙恬蒙难之后，从山东蒙阴颛臾风国流散、避难到今湖南、广西和贵州等地的蒙氏后人。换言之，桃花源与蒙阴颛臾风国是末与本、枝与根的关系。

第四，从陶渊明的身世、学养、品位、活动地域、心路历程等方面进行全面解析，得出陶渊明钟情于洙泗沂蒙文化，与琅邪名士志趣相投，这是陶渊明撰写《桃花源记》和《桃花源诗》的内心依据、心理寄托、心路指归，这就抓住了破解桃花源原型地和武陵人之源头的钥匙。

正是基于以上四点，我认为武纪东、武凯旋同志的《凤隐于林——“桃花源”考论》是一部考证全面、资料翔实、结论合理的关于陶渊明和桃花源研究的最新成果。实际上，陶渊明的桃花源所暗含和指向的沂蒙文化源远流长，在这里不仅出土了举世文明的盘足龙化石，而且发现了与北京猿人生存在同一时期的沂源猿人。在沂蒙历史上，先后出现了许多影响深远的文人学者，如被称为“算圣”的汉代伟大天文学家刘洪、三国时期的诸葛亮、晋代的王羲之和王献之、南北朝时期的刘勰、唐代的颜真卿、明朝的“五世进士、父子翰林”的公鼐和公鼒家族、明朝的“铁板御史”李枀父子、明朝的兵部尚书秦士文等等，他们都是沂蒙文化的杰出代表。沂蒙文化是齐鲁文化的重要组成部分，也是东夷文化的重要组成部分。当前学界一致认为东夷文化是中华文明的源头之一，而不是源流。地处沂蒙腹地的颛臾风国、蒙氏故里，其颛臾庙就是专门用来祭祀中华民族的人文始祖之一颛顼。本书作者认为桃花源的原型地在蒙阴颛臾风国，即蒙氏故里，是以沂蒙深厚的历史文化积淀和渊源为基础的。

世代变迁，沧海桑田。陶渊明的桃花源，早已成为人们心目中、理想里自由自在、无拘无束的世外桃源或者理想国，它已经成为一个响亮的历史文化品牌和标志性符号。我们可以对这种世外桃源发思古之幽情，寄无限之遐想，做深沉之缅怀，但是还应当清醒地认识到，人类由必然王国向自由王国迈进的历程还需要很长的路要走。迄今为止，人类经历了远古洪荒的开天辟地，从刀耕火种，到机械纺织、火车轮船、声光化电、飞机大炮、火箭卫星、互联网、云计算、大数据、人工智能再到万物互联，这种发展是不可逆的。同时，对于桃花源及其原型地进行不断研究探索，不断挖掘其在当代关照下的历史文化和审美价值，不断反思人类如何更自觉地与自然和谐相处，如何在经济社会快速发展的同时，使我们的山更青、水更绿、天更蓝，毫无疑问具有十分重要的意义，我想这也是本书两位作者致力于陶渊明和桃花源研究的初心之一。

两位作者对于沂蒙家乡的一草一木怀有深厚的感情，对于博大精深的中国传统文化，尤其对于家乡的沂蒙文化、齐鲁文化和东夷文化情有独钟。他们在潜心研究的同时，也虚心向许多专家学者请教、求证、学习。两位作者一直与我有交流。我认为他们的研究很有创新和地域文化特色，对于进一步弘扬桃花源原型地——颛臾风国的历史文化价值、人文资源价值、文化品牌建设价值都具有很好的指导意义。

希望作者继续努力，取得更多成果。

是为序。

鞠方安

2020 年 6 月 22 日

修改于 2020 年 9 月 3—7 日

于中国人民大学

前　言

一千六百年前，东晋陶渊明以武陵为背景，以避乱的秦人为主人公，把现实和理想境界联系起来，创作了千古名作《桃花源诗并记》，描写了一个没有纷争，没有剥削和压迫，丰衣足食、怡然自乐的理想世界——“桃花源”。通过对“桃花源”安宁和乐、自由平等生活的描绘，作者表现出了对美好生活的向往和追求，为世人描绘出一个“君子之国”的乌托邦式社会形态。从此之后，武陵源、桃花源便成为“理想国”的代名词，“桃花源”原型地更是成为古今众多学者研究、探讨的话题。

陶渊明笔下的桃花源是否真实存在？桃花源有没有原型？原型在何处？由《桃花源记》所引发的寻觅和探索桃花源原型的努力，自古代一直延续到今天。中国许多地方都声称发现了桃花源，地区遍及湖南、江西、安徽、山东、四川、广西……简直是“天下无处不桃源”。然而，正如唐代诗人王维《桃源行》诗所叹：“春来遍是桃花水，不辨仙源何处寻。”桃花源究竟在何处？至今仍是未解之谜。

现代著名学者陈寅恪先生在《〈桃花源记〉旁证》一文中，认为《桃花源记》是寓意之文，亦是纪实之文，真实的桃花源在北方而不在南方。而唐长孺先生则著《读〈桃花源记旁证〉质疑》一文，质疑陈寅恪先生的观点，认为陶渊明是根据晋宋时期流传于荆湘一带的传说创作了《桃花源记》。笔者认为，陶渊明刻意将“桃花源”埋藏在自己心里，在增加作品的神秘感和吸引力的同时，更重要的是使“桃花源”避免了苏轼所言“使武陵太守得至焉，则已化为争夺之场”[①] 的命运。

当今，探讨、发现桃花源原型地，并将桃花源里所体现的自然和人文生态文化发扬光大，给后人留下一片净土，留下一处传承中华民族优良传统的真正的“世外桃源”，应当很有意义。笔者在前人研究的基础之上，发现陶渊明家族具有“凤隐于林，幽人在丘”的传统，《桃花源记》的寓意之文是写凤凰圣地“东方君子之国”，也就是陶渊明自喻的“羲皇上人”的祖国，孔子所言的“社稷之臣”“椟中龟玉”——颛臾风国。《桃花源记》纪实之文是写来自颛臾风国，隐居于武陵“避秦时乱（难)”的蒙氏后人对故乡的怀念。

笔者根据传世文献和考古发现得出如下结论：武陵郡之名始源于秦始皇二十六年的一枚里耶秦简中的“新武陵”，“新武陵”是指秦始皇二十四年“攻楚，虏楚王”的蒙武之陵，即 1978 年在溆浦县（新武陵）马田坪出土的 M24 号高级别秦将军墓。从出土文物看蒙武率军出征时的身份是九卿之中最重要的“少府”（“少府”是秦始皇时期的“虞官”，“虞”是蒙阴叟虎寨山，是虞舜命秦之先祖伯益“主虞”“驯予上下草木鸟兽”之地，虞后来演化为管理山泽的虞官，秦嬴先祖伯益封地和蒙氏故里即在虞山下，因此蒙武任“少府”一职恰如其分)。蒙武在湘西溆浦去世后，秦始皇追封其为“中脯王”，蒙氏后人及蒙家军将士在此守陵，溆浦是蒙氏的第二故乡。秦始皇病逝后，胡亥、赵高、李斯等人密谋篡位，蒙武之子蒙恬、蒙毅被害，蒙氏后人、族人、邑人纷纷南逃，隐居于武陵以避秦难。蒙氏后人关于故乡颛臾风国的故事，经历数百年演化成为当地一种版本大同小异的传说。

笔者通过考证陶渊明年谱发现，陶渊明曾在荆州任职多年，武陵郡即属荆州，陶渊明在此期间想必会听闻蒙氏后人的传说。

---

① 陶澍：《陶渊明全集》，上海：上海古籍出版社，2015 年，第 147 页。

笔者还发现，陶渊明晚年归隐之后，与江州刺史、琅邪籍王弘交往密切。王弘是“王与马，共天下”所指东晋丞相王导的曾孙，其先祖就是与蒙武一同伐楚的秦朝老将王翦，王翦之曾孙王元于秦朝末期避乱迁徙至琅邪“皋虞”。笔者根据学者们的相关研究认为，“皋虞”之“皋”与太皞之“皞”均源自大汶口文化遗址出土的陶文刻符“日月山”和《山海经》中记载的天枢“日月山”，“日月山”即蒙山。笔者通过论证，认为“虞”即蒙山之阴、蒙氏故里所在地“叟虎寨山”，因此琅邪王氏的祖先王元避乱之处“皋虞”之地即在蒙氏故里。陶渊明通过与王弘的密切交往，得知蒙氏避难于武陵的历史史实，从而进一步印证了他在武陵听到的传说，于是在与王弘交往两年之后根据武陵传说和蒙氏避难武陵的历史史实创作了《桃花源诗并记》。

陶渊明在《桃花源诗并记》中刻意隐匿其原型，而与陶渊明同时代的任昉则更真实地将蒙氏后人的故事记载在《述异记》中：“武陵源在吴中，世传秦末丧乱，吴中人于此避难。”笔者认真考证后认为，“吴中人”并非后人理解的江苏吴县，而是指来自蒙阴虎头崖下“蒙邑”的蒙氏因丧乱避难之人。虎头崖即《山海经》中君子国之神“天吴”“吴”“虞”，所以蒙氏后人称自己为“吴中人”。任昉说“武陵源在吴中”是说武陵之源在颛臾风国虎头崖下的桃墟，也就是陶渊明《读山海经》诗之九所言的夸父“俱走虞渊下”“余迹化邓林”，虞即虎头崖，邓林即桃林。

笔者在论证《桃花源》原型地在颛臾风国的同时，还进一步论证了颛臾风国即古籍中记载的凤凰所出的“东方君子之国”，《山海经》中记载的“君子国”之神“天吴”即颛臾风国之虎头崖（清志中称为“叟虎寨山”），蒙山即大汶口文化遗址出土的陶文刻符“日月山”，也即《山海经》中记载的天枢“日月山”。虎头崖是远古时期帝王们“历象日月星辰”的历山，也是众神所居的“昆仑之丘”（有关论证拟以《凤出东方——兼论古代华夏“东方君子之国”及其天文观象台“昆仑之丘”》之名面世）。

“人人都说沂蒙山好，沂蒙山上好风光，青山绿水多好看，风吹草低见牛羊”（《沂蒙山小调》歌词），地处沂蒙山区腹地的颛臾风国自古以来就以自然生态和民风淳朴而著称。《山海经》中记载的君子之国“衣冠带剑，食兽，使二文虎在旁，其人好让不争。”和昆仑之丘“鸾鸟自歌，凤鸟自舞。凤皇卵，民食之，甘露，民饮之，所欲自从也。百兽相与群居”的景象，以及《论语》中孔子所言“均无贫，和无寡，安无倾。夫如是，故远人不服，则修文德以来之；既来之，则安之”的颛臾风国形象，正是黄帝梦寐以求的“华胥之国”和陶渊明笔下的“世外桃源”。

在拙作成书的过程中，笔者有幸得到中国人民大学出版社鞠方安先生的支持和帮助，也得到了笔者所在单位领导和同事们的理解与帮助。临沂大学历史文化学院特聘教授李宜春博士专门为本书撰写序言。在本书编写过程中，胞弟武凯旋、弟妹刘岚自始至终参与其中，提出了不少中肯意见和建议，并承担了大量的文字修改和校对工作；妻弟、妻妹等家人及其他亲友亦给笔者以精神支持和生活上的照顾。在此一并向他们表示衷心感谢！

由于笔者历史文化研究和文学创作的功底有限，文字和观点有谬误和不当之处，敬请谅解并给予指正。

武纪东

2020年9月1日

目　录

第一章

千古之争　桃源之源

陶渊明（公元365—427年），字元亮，又名潜，世称靖节先生，浔阳柴桑（今江西九江）人，东晋末至南朝宋初（刘裕时期）伟大的诗人、辞赋家、散文家。陶渊明是中国第一位田园诗人，被誉为“隐逸诗人之宗”，林语堂说：“陶渊明是整个中国文学传统上最和谐、最完美的人物，他的生活方式和风格是简朴的，令人敬畏的，使那些聪明与谙于世故的人自惭形秽。”

陶渊明的诗作，以描写田园风光和隐逸生活著称，在现存的一百二十多首诗中，描写农村景色和农居生活的作品占了很大的分量。《桃花源诗并记》是陶渊明晚年的代表作，他通过对桃花源的新奇构思，生动地描绘了一幅没有君主、没有压迫、人人劳动、人人平等、自由自在、淳朴安乐的社会生活图景，为人们提供了一个“秋熟靡王税”的理想之国，表达了诗人对淳朴的理想社会的向往。从思想史上看，“桃花源”是中国本土大同理想的一个艺术典范，在中国文化中已成为中国乌托邦的专有名词。

“桃花源”是一个真实的所在还是子虚乌有，自唐代便有不同看法。在“原型地”考证中更有多种说法，其中，武陵桃源虽占“近水楼台”的优势，但又与陶渊明《桃花源诗并记》结尾的交代明显不符。从自然景观和地理环境方面讲，在中国广袤的土地上，人们不难找到类似“桃花源”的环境，正如苏轼指出：“天壤间若此者甚众，不独桃源。”（《和桃花源诗序》）除湖南湘西之外，湖北、安徽、重庆、广西、江苏等地都曾宣称发现“桃花源”，因此“桃花源”的虚与实成为历史之谜，桃花源原型地在何处成为千古争论的话题。

第一节 崇尚“凤隐于林”是陶渊明家族的传统

“凤隐于林”出自陶渊明《命子》一篇：“悠悠我祖，爰自陶唐。邈焉虞宾，历世重光。御龙勤夏，豕韦翼商。……纷纷战国，漠漠衰周。凤隐于林，幽人在丘。”诗中历述了陶氏先祖的功德、祖辈的光荣，也表达了陶渊明及其家族“达则兼济天下，穷则独善其身”的处世观念，体现了其“凤隐于林”、与大自然和谐共处的人生态度。正如陈寅恪在《陶渊明之思想与清谈之关系》一文中所说，陶渊明思想为新自然主义思想，“新自然说不似旧自然说之养此有形之生命，或另学神仙，唯求融合精神于运化之中，即与大自然为一体”①。

一、陶氏家族“皆以隐德著称”

魏晋时期豪杰、名士辈出，陶渊明的曾祖父陶侃、外祖父孟嘉正是其中的代表，他们也是对陶渊明影响最深远的两个人。陶渊明通过《命子》和《晋故征西大将军长史孟府君传》表述了其曾祖父陶侃、外祖父孟嘉的功绩、地位及优秀品德。

陶渊明的曾祖父陶侃（公元259—334年），东晋开国元勋，曾任武冈县令、武昌太守。公元313年任荆州刺史，官至侍中、太尉、荆江二州刺史，都督八州诸军事，公元329年封长沙郡公，朝廷拜陶侃为征西大将军，在他治下史称“路不拾遗”，有陶侃惜谷的故事。

> 《资治通鉴》：陶侃尝出游，见人持一把未熟稻，侃问：“用此何为？”人云：“行道所见，聊取之耳。”侃大怒曰：“汝既不田，而戏贼人稻！”执而鞭之。是以百姓勤于农植，家给人足。②

① 北京大学北京师范大学中文系，北京大学中文系文史学教研室：《陶渊明资料汇编》（上），北京：中华书局，1962年，第272页、348页。

② 《资治通鉴》，北京：改革出版社，1995年，第1864页。

《资治通鉴》：长沙桓公陶侃，晚年深以满盈自惧，不预朝权，屡欲告归国，佐吏等苦留之。……侃在军四十一年，明毅善断，识察纤密，人不能欺；自南陵迄于白帝，数千里中，路不拾遗。[①]

陶侃晚年位极人臣，深感物极必反的道理，因此不参与朝政，多次主动要求告老返乡。陶侃辞官后在返回长沙封地的途中去世，享年七十六岁。根据他的遗嘱，众人把他葬在长沙南二十里的地方，成帝下诏追赠陶侃为大司马，赐谥号“桓”，以太牢礼祭祀。陶渊明在《命子》中以“在我中晋，业融长沙。桓桓长沙，伊勋伊德”记载陶侃的不朽功名。

陶渊明外祖父孟嘉，字万年，江夏郡人，东晋时期名士，娶陶侃第十女为妻。陶渊明在《晋故征西大将军长史孟府君传》一文中称其为“名冠州里，声流京邑”，重点讲述了几个事例，如庾亮赞嘉、褚裒识嘉、孟嘉落帽、龙山造饮、渐近自然等轶事。这些故事足以展示孟嘉的名士风采，后世称孟嘉“是盛德之人”。陶渊明无形之中学习了孟嘉恬淡闲静的名士风范，再内化为自己的魏晋风度，陶渊明对外祖父的早逝极为惋惜，感叹说：“惜哉，仁者必寿，岂斯言之谬乎！”[②]

陶渊明出生于晋哀帝兴宁三年（公元365年），陶澍集注《靖节先生集》记载：“侃生员外散骑岱，岱生晋安城太守逸，逸生彭泽县令、赠光禄大夫潜”，安城又作姿城、安成，旧属长沙郡，清朝时属江西吉安府庐陵、安福，府志载安福有陶渊明读书台，是陶渊明幼年随父就任读书的地方。晋太元十八年，陶渊明二十九岁时第一次出仕，“是岁为江州祭酒，未几辞归，州复以主簿召，不就”，作《归园田居》诗。陶渊明三十一岁至四十一岁时第二次出仕，在江陵任镇军参军多年，最后任彭泽县令，因“不为五斗米折腰”，解印去县，赋《归去来兮辞》，从此归隐浔阳柴桑里，直至六十三岁时病逝。[③]

陶澍《靖节先生年谱考异上》载：“君生于浔阳柴桑。……陶氏自侃以武功授世，后裔稍涉故风，多流乱岐。……皆以隐德著称。侃女适孟嘉，嘉女适君父，是生君。其气所传，造化必有可言者。”[④] 由此可见，陶

① 《资治通鉴》，北京：改革出版社，1995年，第1905页。

② 陶澍：《陶渊明全集》，上海：上海古籍出版社，2015年，第148－150页。

③ 同②，第228－270页。

④ 同②，第227－228页。

氏家族“皆以隐德著称”，曾祖父陶侃、外祖父孟嘉的盛德及其家族传统品德对陶渊明的人生观、价值观和处世态度的形成产生了重大的影响。

二、《桃花源诗并记》寓意“风隐于林”

在中国历史上，三国两晋南北朝是一个战争不断的时期。公元316年西晋灭亡，琅邪（又名琅琊，本文通称琅邪）王司马睿在南渡过江的中原氏族和江南氏族的拥护下，在建康称帝，国号仍为晋，因其继西晋之后偏安于江南，与北方的五胡十六国并存，史称东晋十六国。东晋虽然是司马氏政权的延续，但司马氏在政治上威望不高，整个朝廷都由世族大家把持，最先是琅邪王氏的王导，其后又有陈郡谢氏的谢安、谢玄等。东晋初王导主持大局，东晋政权得以稳定，故时人称“王与马，共天下”。

东晋末期内乱频生，四分五裂，先有王敦之乱、苏峻之乱，后期又有孙恩、卢循之乱。公元420年，宋公刘裕废除晋安帝，建立刘宋，进入南北朝时期。东晋与之前的孙吴以及其后的宋、齐、梁、陈合称六朝。陶渊明生活的时代背景在东晋末期至南朝刘宋初期，虽然有过短暂的太平时期，但还是战乱频繁。陶渊明自小勤奋好学，博学儒家与道家思想，深受儒家孔子济人救世思想的影响，年少时就怀有远大的志向，渴望为人民、为社会、为国家奉献出自己的热情。二十岁时，陶渊明进入仕途。然而，十多年的官场生涯并没有实现陶渊明的理想，官场的黑暗让陶渊明不得不重新审视自己的人生态度，最终毅然选择辞官归隐田园。《桃花源诗并记》就是在这样的背景下产生的。

> 《桃花源记》：晋太元中，武陵人捕鱼为业。缘溪行，忘路之远近。忽逢桃花林，夹岸数百步，中无杂树，芳草鲜美，落英缤纷，渔人甚异之。复前行，欲穷其林。林尽水源，便得一山，山有小口，仿佛若有光。便舍船，从口入。初极狭，才通人。复行数十步，豁然开朗。土地平旷，屋舍俨然，有良田美池桑竹之属。阡陌交通，鸡犬相闻。其中往来种作，男女衣着，悉如外人。黄发垂髫，并怡然自乐。见渔人，乃大惊，问所从来，具答之。便要还家，设酒杀鸡作食。村中闻有此人，咸来问讯。自云先世避秦时乱，率妻子邑人来此绝境，不复出焉，遂与外人间隔。问今是何世，乃不知有汉，无论魏晋。此

人一一为具言所闻，皆叹惋。余人各复延至其家，皆出酒食。停数日，辞去。此中人语云："不足为外人道也。"既出，得其船，便扶向路，处处志之。及郡下，诣太守，说如此。太守即遣人随其往，寻向所志，遂迷，不复得路。南阳刘子骥，高尚士也，闻之，欣然规往。未果，寻病终，后遂无问津者。

《桃花源诗》直接地表达了作者对淳朴的理想社会的向往，有描述也有议论和抒情。先叙避世之迹，后写桃源之境，最后交代了要和志趣相投的人乘着高风去遥远的地方寻找"桃花源"。

《桃花源诗》：嬴氏乱天纪，贤者避其世。黄绮之商山，伊人亦云逝。往迹浸复湮，来径遂芜废。相命肆农耕，日入从所憩。桑竹垂余荫，菽稷随时艺。春蚕收长丝，秋熟靡王税。荒路暧交通，鸡犬互鸣吠。俎豆犹古法，衣裳无新制。童孺纵行歌，斑白欢游诣。草荣识节和，木衰知风厉。虽无纪历志，四时自成岁。怡然有余乐，于何劳智慧。奇踪隐五百，一朝敞神界。淳薄既异源，旋复还幽蔽。借问游方士，焉测尘嚣外。愿言蹑清风，高举寻吾契。

《桃花源诗并记》是陶渊明晚年的作品，陶渊明一生历经坎坷与波折，目睹了过多的社会动荡与黑暗，体验了过多的庶民百姓生活的磨难与艰辛，所以他在这部作品中寄寓了他一生的人格追求、生命体悟和社会理想。陶渊明成功地运用了虚景实写的手法，使人感受到桃源仙境是一个真实的存在，显示出高超的叙事写景的艺术才能。同时，又实中有虚，有意留下几处似无非无，似有非有，使人费尽猜想也无从寻求答案的话题。桃源人的叮嘱和故事结尾安排的"不复得路""规往未果"等情节，虚虚实实，恍惚迷离，成为最堪寻味之笔。它的开而复闭，渔人的得而复失，是陶渊明有意留下的千古之谜。《桃花源诗并记》对后代影响甚大，其后其他作者相继，皆有歌诗，争出新意，遂使桃花源名传不衰。

三、"风隐于林"是陶渊明的人生态度和创作主线

陶渊明自认为自己的祖先出自陶唐虞舜，历代身世都很光荣。夏朝时是御龙氏，商朝时是豕韦氏，都是地位很高的重臣，到了战国和周朝末

年，陶氏人才像凤凰隐蔽在山林一样，隐居山丘而不仕。“凤隐于林，幽人在丘”是陶渊明家族的传统，也是陶渊明一生的真实写照，是贯穿于陶渊明作品的一条主线。从下面列举的陶渊明作品中可以看出其理想向往和人生态度。

《时运》：延目中流，悠想清沂。童冠齐业，闲咏以归。我爱其静，寤寐交挥。但恨殊世，邈不可追。……清琴横床，浊酒半壶。黄唐莫逮，慨独在余。①

“悠想清沂”的典故出自《论语·先进》，孔子问弟子曾皙的志向，曾皙说他既不讲从政，也不讲会盟，而是“暮春者，春服既成，冠者五六人，童子六七人，浴乎沂，风乎舞雩，咏而归”②。后多用“浴沂”比喻一种怡然处世的高尚情操。陶渊明《时运》诗写自己在暮春之时独自出游，喝着美酒，自得其乐，望着河中滔滔的水流，遥想起《论语》“浴乎沂”的故事，梦寐以求那种恬静的生活，但是先贤的足迹无法追随，黄帝和唐尧时期的盛世也没有赶上，从而感慨自己的孤独。

《与子俨等疏》：告俨、俟、份、佚、佟：天地赋命，生必有死。……但恨邻靡二仲，室无莱妇，抱兹苦心，良独内愧。少学琴书，偶爱闲静，开卷有得，便欣然忘食。见树木交荫，时鸟变声，亦复欢然有喜。常言五六月中，北窗下卧，遇凉风暂至，自谓是羲皇上人。③

《劝农》：悠悠上古，厥初生民。傲然自足，抱朴含真。④

《与子俨等疏》中所言的“二仲”是指汉代的两位隐士羊仲、求仲。“莱妇”是指隐居蒙山的老莱子的妻子，楚王曾用重礼来聘请老莱子做官，她竭力劝阻老莱子说：“今先生食人酒肉，受人官禄，为人所制也，能免于患乎?”“羲皇上人”是指羲皇太皞之前的古人，也就是指悠悠上古之时抱朴含真、恬淡闲适的生活状态。

从上面列举的陶渊明诗文中可以得知，陶渊明以“凤隐于林，幽人在丘”自居，以“羲皇上人”自喻，向往“东蒙客”和“浴乎沂”的隐居和

---

① 陶澍：《陶渊明全集》，上海：上海古籍出版社，2015年，第3页。

② 《论语·大学·中庸》，北京：中华书局，2011年，第135页。

③ 同①，第159页。

④ 同①，第13页。

恬静生活，所有这些都体现在“桃花源”恬淡闲适和抱朴含真的社会形态之中，也为寻找“桃花源”提供了方向和线索。

第二节　学者关于“桃花源”的论述及观点

在整个晋朝一百多年中，骈俪文学风靡文坛，玄言诗长期泛滥。而陶诗能在这样一个形式主义占统治地位的时代里，卓尔不群，独树一帜，在当时是难能可贵的，同时，对后代的影响更为深远。从南北朝时期开始，历代学者就不断从事陶渊明及其著作的研究，唐朝时期著名诗人都学习并传承了陶渊明诗的风格，尤其是李白诗中那种蔑视权贵的精神，正是陶渊明那种不与权贵同流合污精神的发展。宋朝时期，陶渊明研究出现高潮，以苏轼、朱熹为代表的一批文化名人，大力推崇陶渊明，整理并刻印陶集，研究陶渊明诗文，编纂陶渊明年谱，都取得了前所未有的成绩。元代李公焕《笺注陶渊明集》就是南北朝至宋代陶渊明研究的第一次总结。

清朝时期，陶澍（1779—1839）又在前人研究的基础上对陶渊明著作进行集注。陶澍是陶渊明后人，字子霖，号云汀，湖南安化县人，晚年自号“桃花渔者”。陶澍一生著文赋诗，造诣很深，其中，陶澍集注《靖节先生集》，是对宋代以来陶渊明研究的总结，由于陶澍见到的有关文献远比李公焕所见的多，陶本超过李本也就成了历史的必然。陶澍集注《靖节先生集》，是作者苦心经营数十年的学术成果，是陶渊明研究的集大成之作，在陶学研究史上具有重要地位。经过历代文人的编纂和研究，《陶渊明全集》得以完整地保存至今，堪称中国文化史上的奇迹。①

总之，陶渊明《桃花源诗并记》对后代影响甚大，千百年来，学者从来就没有停止过对“桃花源”的研究和创作，如王摩诘（王维）、韩退之（韩愈）、苏轼、刘禹锡、王安石等，皆有歌诗，争出新意，对“桃花源”是虚是实各持己见。陶澍在《靖节先生集》中对于古代学者文人关于“桃花源”的观点都一一做了列举。

---

① 陶澍：《陶渊明全集》，上海：上海古籍出版社，2015 年，第 1 - 19 页。

一、桃花源是实情实景说

陶澍集注《靖节先生集》中记载，唐代文人康骈曾说陶渊明所记桃花源是指鼎州桃花观。

> 《陶渊明全集》：唐代康骈曰："渊明所记桃花源，今鼎州桃花观即是其处。自晋宋来，由此上升者六人，山十里皆无杂禽，惟二鸟往来观中，未尝有增损。每有贵客来，鸟辄先鸣庭间，人率以为占。渊明言刘子骥闻之，欲往不果。子骥见《晋书·隐逸传》，即刘驎之，子骥其字也，南阳人，好游山泽，志存遁逸。"①

康骈，池阳（今安徽贵池）人，生卒不详，约唐僖宗时期（公元862—888年）在世，据《新唐书·艺文志》记载，他和晚唐诗人杜荀鹤曾同为宣州刺史田頵的幕僚，乾符四年登进士第，有过十二年官宦生活，后因事贬黜，退居田园并在京洛一带游历。昭宗景福、乾宁年间（公元892—897年），黄巢攻入长安，他避乱于故乡池阳山中，后复出，官至崇文馆校书郎，著有剧谈录三卷。其关于桃花源在鼎州的说法对后世影响很大，但究其"鼎州"所指何处，似乎没有定论。

二、桃花源是寓言故事说

视《桃花源诗并记》为寓言故事的代表人物是宋代宝庆二年进士赵与时（1172—1228年）。陶澍在《靖节先生集》中记载："赵与时曰：'靖节所记桃花源，人谓桃花观是其处，不知公盖寓言也。'"② 由此可见，赵与时不赞同唐骈关于鼎州桃花观就是陶渊明所记桃花源的说法，认为陶渊明《桃花源记》是寓言作品，不存在于现实之中。

三、桃花源是仙人仙境说

唐代文人在以桃花源为主题的诗作之中，大多视桃花源中人为神仙，

① 陶澍：《陶渊明全集》，上海：上海古籍出版社，2015年，第146页。

② 同①。

其中的主要代表人物有王维（公元 701—761 年）和刘禹锡（公元 777—842 年）。王维在《桃源行》中写有“渔舟逐水爱山春，两岸桃花夹古今。……春来遍是桃花水，不辨仙源何处寻”，刘禹锡也在《桃源行》写有“渔舟何招招，浮在武陵水。……仙家一出寻无踪，至今流水山重重”。从王维和刘禹锡的诗中可以看出，他们理解的陶渊明所记“桃花源”是神仙居住的地方，是虚构的仙境。

四、桃花源是“传说之乡”说

在唐代学者中，对于桃花源的观点除了实景论、仙境论之外，还有桃花源是传说之乡、想象之境的观点，其代表人物是韩愈（公元 768—824 年）。他在《桃源图》一诗中说：“世俗宁知伪与真，至今传者武陵人。”对于韩愈这首诗中关于“桃花源”的观点，历来文人都给予了高度评价，陶澍集注《陶渊明全集》中列举了南宋洪迈（1123—1202 年）《容斋随笔》中的评价。

> 洪迈《容斋随笔》：渊明作《桃花源记》云云，自是之后，诗人多赋《桃源行》，不过称赞仙家之乐。唯韩公云《桃源图》：“神仙有无何渺茫，桃源之说诚荒唐。……世俗宁知伪与真，至今传者武陵人。”①

汤贵仁在《韩愈诗选注》中说，韩愈借桃源图画为题材，力辟神仙之说，力排众议，认为桃花源是武陵人的“传说之乡”。②

五、桃花源中人是秦人子孙说

对陶渊明及其诗作最为崇尚的当属宋代文学家苏轼。苏轼说他和了陶渊明的诗一百零九篇，还说自己并不是只好陶诗，更是仰慕陶的为人。其对陶渊明及其著作的喜好程度从下面文字中可见一斑。

> 《东坡题跋·书渊明羲农去我久诗》：余闻江州东林寺，有陶渊明

① 陶澍：《陶渊明全集》，上海：上海古籍出版社，2015 年，第 147 页。
② 汤贵仁：《韩愈诗选注》，上海：上海古籍出版社，1984 年，第 137 页。

诗集，方欲遣人求之，而李江州忽送一部遗余，字大纸厚，甚可喜也，每体中不佳，辄取读，不过一篇，唯恐读尽后，无以自遣耳。

苏轼《和陶诗七十八首》：吾于诗人无所甚好，独好渊明之诗。渊明作诗不多，然其诗质而实绮，癯而实腴。自曹、刘、鲍、谢、李、杜诸人皆莫及也。

苏轼喜欢陶渊明的诗歌，有感于陶渊明的为人，所以才“和其诗”“师范其人”。就是因为苏轼与陶渊明的这种神交，所以苏轼才能从内心深处理解陶渊明的《桃花源记》，在《和桃源诗序》中阐明自己对于“桃花源”之事的观点。陶澍在集注《靖节先生集》中收录了陶渊明《和桃源诗序》及胡仔《苕溪渔隐丛话》对陶渊明观点的评语。

陶澍集注《靖节先生集》：东坡曰：“世传桃源事，多过其实。考渊明所记，止言先世避秦乱而来，则渔人所见，似是其子孙，非秦人不死者也。又云杀鸡作食，岂有仙而杀者乎？旧说南阳有菊水，水甘而芳，居民三十余家，饮其水皆寿，或至百二三十岁。蜀青城山老人村，有五世孙者。道极险远，生不识盐醯，而溪中多枸杞，根如龙蛇，饮其水，故寿。近岁道稍通，渐能致五味，而寿益衰。盖此比也。使武陵太守得至焉，则已化为争夺之场久矣。常意天地间若此者甚众，不独桃源。”①

苏轼的这篇诗序中说，后世所传桃花源是仙境之事，大多言过其实，考察陶渊明所记，是说其先祖逃避秦朝之乱来到这里，那么渔人所见的都是避乱人的子孙，并不是说那些秦朝人是不死的，从而否定了唐代文人关于桃源仙境的说法。又列举了南阳菊水、四川青城山老人村等，说明桃花源并非仙境，只是它与世隔绝，民风淳朴，水甘食简，人皆长寿。他说在天地之间像这样的地方很多，不单单是桃花源而已。

苏轼一方面驳斥了唐人认为桃花源里的人是神仙的说法，指出了武陵渔人所见的是秦时避乱之人的子孙，另一方面说像桃花源这样的地方很多，却没有那样的社会。苏轼还说，如果武陵太守当时找到了桃花源的话，那里早就已经成为很多人争夺的地方。也正是因为这个原因，苏轼即

① 陶澍：《陶渊明全集》，上海：上海古籍出版社，2015年，第146－147页。

使知道陶渊明所指的桃花源在哪里，也不会直白地告诉世人，从而非常默契地配合陶渊明刻意隐匿了桃花源真正的原型地。

与苏轼所持观点基本一致的还有北宋著名的思想家、政治家、文学家、改革家王安石。

> 胡仔《苕溪渔隐丛话》曰："东坡此论，盖辨证唐人以桃源为神仙，如王摩诘、刘梦得、韩退之诸《桃花源》是也。惟王介甫《桃源行》，与东坡之论暗合。"[①]

王安石（1021—1086 年），字介甫。其在《桃源行》一诗中一反历来桃源诗以景象描写为主的传统，而主要由议论出之。作者洗削桃源传说的神仙色彩，而着眼于历史的兴亡，展示一个真实存在的人间世界。诗中既表达了对乱世的不满，又道出了对"虽有父子无君臣"的淳朴平等社会的向往。

> 王安石《桃源行》：望夷宫中鹿为马，秦人半死长城下。避时不独商山翁，亦有桃源种桃者。此来种桃经几春，采花食实枝为薪。儿孙生长与世隔，虽有父子无君臣。渔郎漾舟迷远近，花间相见因相问。世上那知古有秦，山中岂料今为晋。闻道长安吹战尘，春风回首一沾巾。重华一去宁复得，天下纷纷经几秦。

王安石在《桃源行》中进一步说明了《桃花源记》所谓"避秦时乱"是指秦二世时赵高把持朝政"指鹿为马"的时代，避乱之人是世代种桃之人，描绘了桃花源里人人平等的社会形态。最后四句借桃源人之口表达对天下战乱不息、朝代替换的感慨，感叹像虞舜一样贤明的君主已不复出现了。可见在王安石的心目中，桃花源之人仍然向往着虞舜（重华）时代。

六、《桃花源诗并记》是异时所赋说

陶渊明所记的桃源之事到底是虚构的，还是真实存在的，历来是争论的焦点，元代著名学者吴师道在其所著《诗话》中列举了前人对于桃花源的一些说法，并从陶渊明主观思想上进行了分析，给出了"桃源之事未必

① 陶澍：《陶渊明全集》，上海：上海古籍出版社，2015 年，第 147 页。

无”的答案。

> 吴师道《诗话》曰：愚早岁尝题《桃源图》云：古今所传避秦，如茹芝之老，采药之女，入海之童，往往不少。桃源事未必无，特所记渔父迷不复得路者，有似异境幻界，神仙家之云，此韩公所以有是言。愚观翁慨然叔季，梦寐羲皇，异时所赋，“路若经商山，为我少踌躇。多谢绮与甪，精爽今何如”，其于桃源固所乐闻，故今诗云：“黄绮之商山，伊人亦云逝。”“愿言蹑轻风，高举寻吾契。”于此可以知其心，而事之有无奚足论哉。颇与前辈之意相发。①

吴师道（1283—1344 年），字正传。元至治元年登进士第，被荐任国子助教，国子博士，六馆诸生皆以为师。后任奉议大夫。以礼部郎中致仕。生平以道学自任，晚年益精于学，剖析精严，致力理学研究。吴师道在对陶渊明作品进行研究后，发现其《桃花源记》所表达的是“梦寐羲皇，异时所赋”，“于是可以知其心”，是说陶渊明所记桃花源之事并不是没有，只是“异时所赋”不在当时、当地罢了。

第三节　学者关于“桃花源”原型地之论述

自《桃花源记》问世，“世外桃源”一词便成为理想社会的代名词。但桃花源究竟源于何处，这一问题引起了学界的广泛关注。历代学者普遍认为，“桃花源”的原型地在湖南桃源县。但是，自 20 世纪以来，“桃花源”在桃源县的观点受到了前所未有的挑战，最早提出不同看法的当属著名历史学家陈寅恪先生，他在《〈桃花源记〉旁证》一文中指出，真实的桃花源在北方之弘农或上洛，而非南方之武陵。受此启发，现代关于桃花源原型地的考察和论证更是层出不穷，莫衷一是，尤其是当下为配合人文旅游资源开发，全国目前以“桃花源”命名的景点多达 30 余个，掀起了一股激烈的“桃花源”原型地之争的热潮。其中，影响最大的是湖南常德桃花源和重庆酉阳桃花源。

① 陶澍：《陶渊明全集》，上海：上海古籍出版社，2015 年，第 147 页。

一、湖南常德桃源县桃花源之说

常德，属古代武陵郡，唐宋时期分别称朗州、鼎州。宋太祖乾德元年（公元 963 年），转运使张咏根据朝廷析武陵县之政令，在实地考察之后建议置桃源县。从此，“桃花源”在常德桃源县似乎成为历史定论。

桃花源在常德，主要来源于唐宋以来文人墨客的诗作，尤其是康骈“今鼎州桃花观就是其处”的观点。据笔者查证，隋唐时期先后设置有三个鼎州，分别是：（1）隋武德元年改豫州凤林郡为鼎州。（2）武则天天授二年置鼎州，辖云阳、泾阳、醴泉、三原、富平、美原等县，治所在陕西云阳县。①（3）晚唐时期李茂贞设立治所在陕西美原县的鼎州。除隋唐时期的鼎州之外，宋代也曾在今湖南常德、武陵一带设置过鼎州。据李涛《续资治通鉴长编》卷 4 记载，乾德元年（公元 963 年）十月鼎州史事一则：“己丑，以前鼎州节度掌书记李观象为左补阙，嘉其始谋归顺也。”②说明鼎州的设置时间在公元 963 年之前。但也有学者认为，湖南常德在唐朝时称朗州，或武陵郡，宋真宗大中祥符五年（1012 年）因避“圣祖”赵玄朗讳，改朗州为鼎州。宋徽宗政和七年（1117 年）升为常德军节度。宋孝宗乾道元年（1165 年），以潜藩升鼎州为常德府。③

由此可见，鼎州设置于宋朝，唐朝文人康骈所言的“桃花源”是鼎州在前，而宋朝在常德、武陵置鼎州在后，故康骈所言“桃花源”不在湖南常德之鼎州，而是指隋唐时期的某一个“鼎州”。

关于“桃花源”在桃源县之说，现代学者也大多引用古人的观点加以论证，其主要依据，一是桃源县在晋代就属武陵郡；二是以历代地理志书和文人歌咏为证，说明桃源县为《桃花源记》原型地的不可置疑性；三是桃源县的桃源山，北为武陵群峰，南临沅江，地理环境和《桃花源记》的描述极为相似。湖南常德桃源县历史上曾属武陵郡，具有属地优势，又有历代文人文学作品为佐证，但经不起反复推敲和严格的论证。

---

① 王京阳：《旧唐书·地理志》校疑二则，《中国历史地理论丛》，2000 年第 02 期。

② 李涛：《续资治通鉴长编》卷 4，北京：中华书局，2004 年，第 107 页。

③ 黄晓巍：《宋代鼎州记载之疑误考辨》，《中国历史地理论丛》，2017 年第 01 期。

从陶渊明《桃花源记》和《桃花源诗》结尾交代的情况看，桃花源并不存在于当时、当地，所以常德桃花源的属地优势反而成为其并非真正桃花源的证据。

二、陈寅恪认为真实之桃花源在北方而不在南方之武陵

陈寅恪（1890—1969年），中国现代集历史学家、古典文学研究家、语言学家、诗人于一身的百年难见的人物，与叶企孙、潘光旦、梅贻琦一起被列为清华大学百年历史上四大哲人，与吕思勉、陈垣、钱穆一起被香港历史学家推崇为“前辈史学四大家”[①]。先后任教于清华大学、西南联大、香港大学、广西大学、燕京大学、中山大学等。陈寅恪长期致力于史学研究工作，以研究中古史的著述影响最大，在对魏晋南北朝史研究的成果中，他不仅在许多方面都有开拓创建，提出许多精辟见解，而且有许多方法、结论至今仍发人深思，给人启迪。其在《〈桃花源记〉旁证》一文中提出的真实的“桃花源”在北方而不在南方之武陵就是其中一例。

《〈桃花源记〉旁证》发表于《清华大学学报》1936年第一期，陈寅恪在总结前人关于桃花源论述的基础上，提出了与以往学者截然不同的观点。他说陶渊明桃花源记是寓意之文，也是纪实之文。其寓意之文是古今共知的，不用详论。其为纪实之文，则古代文人贤者及近代之人虽然论述很多，但所言大多走入误区。陈寅恪从诸多方面论证了“桃花源”的真实存在，指出陶渊明是根据东晋末期戴延之随刘裕入潼关征“姚秦”时途中所闻见的一些实事为素材，而后加以理想化创作的《桃花源诗并记》。

西晋王朝由于“八王之乱”而分崩离析，匈奴、鲜卑、氐、羌、羯等少数民族纷纷入主中原，即所谓的“五胡乱华”“五胡十六国”时期。公元351年，氐族贵族苻健雄踞关中，称帝长安，建立前秦政权，史称“苻秦”。公元357年，苻坚即位，国势日振，灭国拓土，成为雄踞北方的大国。公元383年，苻坚亲率大军号称百万伐晋，与晋军战于淝水，史称“淝水之战”，苻坚大败而归，统一的前秦政权分崩离析，羌族的姚苌在关

① 严耕望：《治史三书》，沈阳：辽宁教育出版社，1998年，第219页。

中建立后秦政权，接替氐族成为关中地区的统治者，史称“姚秦”。①

东晋末期，义熙十三年（公元417年）戴祚（延之）随刘裕大军入潼关灭姚秦，著《西征记》，此著已经失传，但郦道元《水经注》却引用了其中很多内容。

> 洛水又东迳檀山南，其山四绝孤峙，山上有坞聚，俗谓之檀山坞。义熙中，刘公西入长安，舟师所届，次于洛阳，命参军戴延之与府舍人虞道元即舟溯流，穷览洛川，欲知水军可至之处。延之届此而返，竟不达其源也。②

陈寅恪先生据此论述说：在西晋末年，戎狄盗贼并起，当时中原士族远离本土南迁，不能远离本土的则纠合宗族乡党屯聚堡坞，据险自守，洛水上游的檀山坞就是躲避苻秦之乱的堡坞之一。陈寅恪先生还引用古籍记载，说明洛水一带有桃林、桃原、桃源宫等地名。陈寅恪认为戴延之溯洛水至檀山坞而返，正是桃花“落英缤纷”之时，刘裕遣戴延之等溯洛水至檀山坞而返与桃花源记中武陵太守遣人寻桃花源终不得达者，约略相似。因此，在论文的最后得出如下结论：

> （甲）真实之桃花源在北方之弘农或上洛，而不在南方之武陵。
>
> （乙）真实之桃花源居人先世避之秦乃苻秦，而非嬴秦。
>
> （丙）《桃花源记》纪实之部分乃依据义熙十三年春夏间刘裕率师入关时戴延之等所闻见之材料而作成。
>
> （丁）《桃花源记》寓意之部分乃牵连混合刘驎之入衡山采药故事，并点缀以“不知有汉，无论魏晋”等语所作成。
>
> （戊）渊明拟古诗之二首可与《桃花源记》互相印证发明。③

陈寅恪先生提出的观点突破了古人在研究“桃花源”时空上的局限性，符合陶渊明在《桃花源记》、《桃花源诗》结尾处的交代，开拓了寻找真实桃花源的新路径、新视野、新方法。

---

① 李方：《前秦苻坚的中国观与民族观》，《西北民族研究》，2010年第01期；黄兆宏：《政策失衡与前秦覆亡》，《青海师范大学学报》（哲学社会科学版），2017年第05期；许涛：《十六国姚秦政权建立因素之综合考察》，《哈尔滨师范大学社会科学学报》，2014年第04期。

② 《水经注》，北京：中华书局，2016年，第118页。

③ 陈寅恪：《桃花源记旁证》，《清华大学学报》，1936年第01期。

三、唐长孺认为桃花源故事是荆湘一带的传说

陈寅恪先生的《〈桃花源记〉旁证》刊发以后，陆续有学者质疑其观点和结论，并渐渐演变成一种争论。事实上，由此文引起的争论延续至今尚未平息，且形成了桃花源原型之争。在众多质疑的声音之中，同样是研究魏晋南北朝历史的唐长孺先生的《读〈桃花源记旁证〉质疑》一文最具代表性。

唐长孺（1911—1994 年），武汉大学历史系主任，国家文物局文献研究室主任，中国科学院历史研究所研究员。1944 年后，专注于魏晋南北朝隋唐史研究，他领导成立的魏晋南北朝隋唐史研究室是一支学风严谨、成果显著的学术梯队。其关于魏晋南北朝史研究的著作有《魏晋南北朝史论丛》《魏晋南北朝史论丛续编》《魏晋南北朝史论拾遗》《中国古代史讲座》（魏晋南北朝隋唐史部分）等。《读〈桃花源记旁证〉质疑》是《魏晋南北朝史论丛续编》中的一篇。

唐长孺先生在《读〈桃花源记旁证〉质疑》一文说，20 年前陈寅恪指出桃花源记有寓意的部分和纪实的部分，也就是说陶渊明写此记时，曾把所闻的一些实事作为素材，而后加以理想化。陈先生所论证的专在“纪实”部分。文中从避难入山推到坞堡组织，又推到“檀山坞”和“皇天原”，又以“皇天原”所在地的阌乡即古之桃林而推到桃花源，于是作出桃花源在北方弘农或上洛的结论。他说陈先生所论在于说明当时常见的避难入山之事，是与《桃花源记》所述有关的一方面，观察非常敏锐。但是如果就结论来看，似乎缺乏足够的证据。唐长孺先生说，当时很多流亡避难集团确实建立坞堡，然而坞堡却不一定为流亡避难集团所建，汉代北方边境到处都有这样的建筑，檀山坞、皇天坞等只能说其地曾建军事防御性的小城，不能断言为避难入山者所筑，或曾保聚之处，更不能由桃林之名偶合而断定为桃花源的真实所在地。

唐长孺先生在质疑陈寅恪先生的观点之后指出，我们认为桃花源的故事本是南方的一种传说，这种传说晋、宋（刘宋）之间流行于荆湘，陶渊明根据所闻加以理想化，但闻而记之者不止陶渊明一个人。然而陶渊明在写作时并不是单纯复述了所闻的传说，他也可能结合了当时常见的逃亡入

山事。记中称桃花源居民的来历乃“先世避秦时乱，率妻子、邑人来此绝境，不复出焉”，他所说的“秦时乱”既不像后来的御用史学家以农民起义为“乱”，也不指刘邦、项羽纷争之乱，在他的诗中开头就是“嬴氏乱天纪，贤者避其世”，下面特别提到桃花源中人的生活是“春蚕收长丝，秋熟靡王税”，通篇没有一句说到逃避兵乱的话。因此，如《桃花源记》所述的那种没有剥削的生活，那种“虽有父子无君臣”的秩序是和那时常见的避兵集团的坞壁生活很不相同的。

唐长孺先生在肯定陈寅恪先生观点敏锐的同时，质疑了其真实桃花源是弘农或上洛坞堡之桃林，避秦是避苻秦而非嬴秦的说法，认为陶渊明是根据晋、宋时期在武陵一带广泛流传的传说创作了《桃花源记》，而这种传说的源头即在避嬴秦之乱的隐居族群。[①]

四、现代学者关于“桃花源”原型地的论述

唐宋以来，关于“桃花源”及其原型地的观点和说法很多，现代学者除了陈寅恪和唐长孺两位大师的观点外，还有不少学者提出新的观点，肖淑婷、王友胜在《新时期以来陶渊明〈桃花源记〉研究的回顾与展望》[②]一文列举了以下几种观点：

（一）桃花源原型地在庐山脚下的康王谷

钱耀东、孙自诚在《也谈〈桃花源记〉的原型》一文指出，桃花源的真正原型在庐山脚下的康王谷。其理由有四：一是康王谷在当地俗称桃花源。二是康王谷的地理环境与《桃花源记》中所描绘的几乎一模一样。三是康王谷又名楚王谷，得名于楚王子隐居此谷避秦乱的历史故事。四是康王谷在陶渊明家乡附近，他对康王谷的历史故事一定很熟悉。[③]

---

① 唐长孺：《魏晋南北朝史论拾遗，魏晋南北朝史论丛续编》，北京：中华书局，2011年，第185-198页。

② 肖淑婷、王友胜：《新时期以来陶渊明〈桃花源记〉研究的回顾与展望》，《黄冈职业技术学院学报》，2018年第03期。

③ 钱耀东、孙自诚：《也谈〈桃花源记〉的原型》，《九江师专学报》，1984年第01期。

（二）桃花源原型地在湘西武陵的苗族地区

刘自齐在《〈桃花源记〉与湘西苗族》一文中指出，《桃花源记》是当时湘西武陵苗族社会的纪实。① 作者根据史料证实当时的武陵地区存在桃源式社会，且“桃花源”的风情民俗和苗族社会的独特风俗极其吻合，如桃树崇拜、热情待客、能歌善舞等。另外，龙兴武在《〈桃花源记〉与武陵苗族》一文中也持此看法。②

（三）桃花源原型地在川东酉阳土家族苗族自治县

据《酉阳直隶州总志》的记载：“有秦人，负书笈，辗转来酉。”是说相传秦始皇“焚书坑儒”，一群咸阳儒生，背负诗书来至酉阳，从此与世隔绝，成为避乱秦人所居的桃花源。据杭州教育学刊发的《〈桃花源记〉的原型在川东发现》，桃花源原型在四川省酉阳县的大酉洞。③ 该文指出，此地祖先是避秦乱从咸阳迁徙而来，这里的人们与外隔绝，过着自给自足的“世外桃源”生活，且大酉洞的自然环境与《桃花源》所描述的一模一样。陶公听到蛮夷之地竟有这样一处世外桃源，便情不自禁地写出了《桃花源记》。据《酉阳州志》载：“核其型，与陶渊明‘桃花源’者毫厘不爽。”《四川省通志》也载：“酉阳汉属武陵郡之迁陵地，渔郎所问之津，安之不在于此？惟晋永嘉后，地没蛮獠，自宋及清，又世为土司地，名儒硕彦，游迹罕到，故文献无证，不能正名为桃源耳。”冉光大在其论文《桃花源应多说并存——评教科书〈桃花源记〉地址注释》中也提倡此说。④

（四）桃花源原型地在梅山地区

刘国忠在《梅山文化与〈桃花源记〉》一文认为，湖南梅山地区远离中原，直至北宋熙宁年间宋神宗增设安化、新化二县，才将此地收归王朝

① 刘自齐：《〈桃花源记〉与湘西苗族》，《学术月刊》，1984 年第 07 期。

② 龙兴武：《〈桃源源记〉与武陵苗族》，《学术月刊》，2000 年第 06 期，《文艺理论研究》，2000 年第 05 期。

③ 《〈桃花源记〉的原型在川东发现》，《杭州教育学院学刊》，1987 年第 01 期。

④ 冉光大：《桃花源应多说并存——评教科书〈桃花源记〉地址注释》，《科学咨询》，2007 年第 02 期。

管辖，在此之前，梅山处于无皇权、无赋税的原始社会。此外，作者还运用梅山地区多江西移民这一史实从侧面反映出梅山地区对江西人民的深刻影响，而这当然也包括作为江西人的陶渊明。[①]

五、溆浦县思蒙乡或为桃花源故事传说地

除了专家学者专业的学术论文之外，网络上有关“桃花源”原型地的博文也有很多，这些文章的作者虽然不是专家学者，但有些观点却有可能在无意之中触及“桃花源”的秘密所在。其中，溆浦县作协主席田真夫的博文《溆浦惊现千年桃花源》[②] 对探究“桃花源”原型地具有参考价值。田真夫在博文中说，真正的桃花源必须符合几个要求：第一，是在武陵地区并且离武陵郡治并不远；第二，要有一条可以行舟的溪流；第三，要有一座连通溪水的山洞；第四，穿过洞必须要有良田和山村；第五，还必须有《桃花源记》里描写的地形地貌。

田真夫通过实地考察，认为溆浦县思蒙乡即符合上述所有条件，因此认为此地即陶渊明创作《桃花源记》的原型地。其论证的要点是：（一）溆浦县是汉置“武陵郡”郡治“义陵”所在地，《中国古今地名大辞典》有明确记载：“武陵郡，汉置，治义陵，在今湖南溆浦县南三里。”有考古发现的武陵郡治古城；（二）思蒙乡离武陵郡治以南十多公里，地形地貌和山水风景与桃花源相符，而且有个叫“桃源洞天”的地方；（三）思蒙乡民风民俗与桃花源相似。

田真夫还认为，文学艺术创作中的生活体验有三种形式：第一种是亲眼所见、亲身经历的；第二种是自己从书本上看到的；第三种是听别人口述的。他考证说，沅水流域的溆浦历来是古代文人名士的归隐之地，屈原曾在这片土地上涉江吟唱，写下了楚辞中的《涉江》和《橘颂》。田真夫认为陶渊明的曾祖父陶侃早年曾任武冈县令，溆浦江口屈原入溆浦的水上驿站是陶侃就任的必经之地。田真夫据此推测，陶侃当年经过溆浦时曾误入思蒙，感觉如入仙境，后来这个故事流传至后人，直至陶渊明。为了记载曾祖父的这段经历，陶渊明写下了《桃花源记》。也许陶渊明真的来过

---

① 刘国忠：《梅山文化与〈桃花源记〉》《邵阳师范高等专科学校学报》，1998 年第 04 期。

② 田真夫：《溆浦惊现千年桃花源》，2015 年 8 月 21 日新浪博客。

溆浦，或许是为信守承诺，不暴露真实地址，留下了桃花源在哪里这一千古之谜。

笔者认为，田真夫《溆浦惊现千年桃花源》一文虽然不是正式的论文，也没有在桃花源之争中占有一席之地，却在无意之中切中了溆浦县“思蒙花园”与“桃花源”关系，即溆浦县“思蒙乡”可能就是“避难秦人”的聚居地，是桃花源故事的传说地。

六、陶渊明心中的“桃花源”在异时异地

桃花源到底在哪里？实际上陶渊明在《桃花源记》和《桃花源诗》里给我们提供了足够多的提示和线索，历代学者文人也为我们提供了不同的观点作为参考。

（一）“桃花源”在“异时”有“异源”

陶渊明在《桃花源记》的结尾交代得很清楚：虽然武陵渔人从桃花源出来后，一路做了标志，立即向太守报告，并带领官府的人按照原路去寻找，但最终没有找到。就连知识渊博的南阳高尚之士刘子骥在当时当地、在现实社会中，也再没能找到这处世外桃源，而且不久之后就病死了，后来再也没有人过问这个事情了。陶渊明在《桃花源诗》的结尾也明白地给出提示：“淳薄既异源，旋复还幽蔽”，陶渊明是说“桃花源”里民风淳朴，与武陵郡当时的民风差别很大，所以“桃花源”不在武陵这个地方，桃花源的原型应当在别的地方，桃源中人来自别处。桃花源在哪里？陶渊明说在“异源”，吴师道说是“异时”，由此可见陶渊明心中真正的桃花源肯定不存在于陶渊明的时代，也不存在于武陵郡当地。

（二）“游方士”焉知桃源之事

《桃花源诗》的结尾交代得更直白：“借问游方士，焉测尘嚣外。”是说这个世界上的世俗之士根本不可能知道世外桃源的事情。这就告诉我们，世俗的人理解不了陶渊明心中的桃花源，根本不可能知道更不可能找到真正的桃花源。陶渊明又说：“愿言蹑清风，高举寻吾契。”是说要找到桃花源民风的源头，需要乘着清风，高飞起来到久远的时代和地方去，才

能找到桃花源里与我志趣相投的人。

（三）陶渊明心中真正的桃花源

吴师道说他联想到了陶渊明曾经“梦寐羲皇”，又要“高举寻吾契”，于此“可以知其心”，感觉陶渊明所记的“桃源之事未可无”。但是，他却因现实条件所限，只能“事之有无奚足论哉”。今天，我们要寻找陶渊明心中的“桃花源”，就需要脱离世俗的观念和束缚，做一个与他志趣相投的人，走入陶渊明内心深处，从陶渊明诗作中发现线索，理解他的真实意图和情感，真正的“知其心”，才能找到真正的“桃花源”。

陶渊明在《桃花源诗》的最后告诉我们寻找桃花源的方向：只有离开世俗的观念，乘着清风高飞起来，才能在很远的地方、很远的时代找到和他志趣相投的人和境界。

古往今来，大部分专家学者们都认为陶渊明的《桃花源记》有寓意和纪实两部分，但在论证《桃花源记》及其原型地时，或专注于寓意，或专注于纪实，很少有人从两个角度去互相印证，因此，“桃花源”原型地至今没有令人信服的答案。在前人论证基础上，笔者认为只要找到以下问题的答案，就能找到陶渊明心中的桃花源，也能找到真正的桃花源原型地：

一、陶渊明为什么要以“武陵郡”为故事发生地？武陵郡之名蕴含着什么秘密？

二、陶渊明为什么要以“避秦时乱”为时间坐标，而不是战国之乱、三国之乱，也不是陈寅恪所言的“苻秦之乱”？

三、“避乱秦人”是避秦时何乱？为什么要来武陵避乱，而不是到其他地方避乱？这个避乱族群是什么来历，有没有史料记载？

四、陶渊明是如何知道“避乱秦人”的故事传说的？

五、陶渊明为何要以“避乱秦人”的故事传说来寄托自己的追求和向往，从而激发了创作热情，写成了如临其境、亦真亦幻的千古名作《桃花源诗并记》？

陈寅恪先生在《〈桃花源记〉旁证》一文中说：“陶渊明桃花源记寓意之文，亦纪实之文也。”[①] 笔者在前人研究成果的基础上发现，地处沂蒙山

---

① 陈寅恪：《金明馆丛稿初编》，北京：三联书店，2001 年，第 198 页。

区腹地、蒙阴境内的颛臾风国是古籍记载的凤凰圣地“东方君子之国”，是“羲皇上人”的祖国，是陶渊明《桃花源记》的寓意所在。陶渊明《桃花源记》的纪实部分则是源于世居蒙阴、兴盛于秦国、避难于武陵的蒙氏后人对故乡的传说和怀念。

第二章

千古之问　何名武陵

“武陵郡”是位于湖南湘西地区的一个历史地名，汉、晋时期属荆州。据传世文献记载，“武陵郡”一名自西汉初年一直沿用至唐朝乾元元年（公元 758 年），历时 960 年。“武陵县”一名自隋开皇九年（公元 589 年）设置开始，沿用至中华民国二年（1913 年），历时 1324 年。“武陵”一词，在唐朝以前一般是指“武陵郡”。

第一节 千古之问——“贵郡何以名武陵”

武陵郡历史悠久，又因陶渊明的《桃花源记》而闻名于天下，但“武陵郡”因何而得名却成为一个千古之谜，至今没有准确而令人信服的答案。在传世文献的记载中，“武陵郡”最早均出于西汉初期，也就是《汉书·地理志》所言的“武陵郡，高帝置”。

> 《汉书·地理志》：武陵郡，高帝置。莽曰建平。属荆州。户三万四千一百七十七，口十八万五千七百五十八。县十三：索，渐水东入沅。……义陵，鄜梁山，序水所出，西入沅。莽曰建平。[①]

西汉初年，汉高祖刘邦置武陵郡是毫无疑问的。但是武陵郡设置的具体时间则有两种不同的说法：一说是汉高祖二年，另外一说是汉高祖五年。

① 《汉书·地理志》，北京：中华书局，2007 年，第 294 页。

《水经注·卷三十七》：秦昭襄王二十七年，使司马错以陇蜀军攻楚，楚割汉北与秦。至三十年，秦又取楚巫黔及江南地，以为黔中郡。汉高祖二年，割黔中故治为武陵郡，王莽更之曰建平也。[①]

刘昭注补《后汉书·郡国志》武陵郡下注：秦昭王置，名黔中郡。高帝五年更名。[②]

武陵郡究竟是在高祖二年（公元前 205 年）割黔中故治为武陵郡，还是在高帝五年（公元前 202 年）由黔中郡更名为武陵郡，专家学者的观点不尽一致。赞同前者的学者认为，《义陵记》云："项羽弑义帝于郴，武陵人缟素哭于招屈亭。"《史记》记载项羽杀义帝是在汉高祖二年。由此可见武陵郡已有建置。[③] 赞同后者的学者认为，武陵郡设置于汉高祖二年的可能性不大，一是因为武陵郡的前身黔中郡不在其控制区内。二是因为在这一年的楚汉之争中，刘邦接连失败，甚至父亲和妻子吕后都被项羽俘虏，根本没有条件也无暇顾及郡县的设置。而汉高祖五年（公元前 202 年）置武陵郡的可能性较大，因为这一年项羽自杀于乌江，汉王即皇帝位，都洛阳，封衡山王吴芮为长沙王、越王无诸为闽越王，此时将黔中郡更名为武陵郡便顺理成章，适得其时。

一、"贵郡何以名武陵"

"武陵郡"究竟因何而得名，传世文献中没有明确的记载，历史上最早提出这一问题的，当属西晋时期的武陵郡太守赵廞。

赵廞（？—301 年），西晋巴西安汉（今四川南充）人，字叔和，曾任武陵郡太守，益州刺史。现存有关赵廞的记载，主要见于《华阳国志》、《晋书》和《资治通鉴》。据《资治通鉴》记载，晋惠帝元康六年（296 年）以扬烈将军赵廞为益州刺史。[④] 此时正逢晋室衰乱，赵廞因此萌生了割据

① 《水经注校证》，北京：中华书局，2013 年，第 832 页。

② 刘昭：《后汉书》，北京：中华书局，1965 年，第 3484 页。

③ 陈致远：《常德在历史上的行政区划名称考略——兼考其早期治城地望》，《武陵学刊》，1998 年第 02 期。

④ 《资治通鉴》，北京：改革出版社，1995 年，第 1655 页。

巴蜀之意。永康元年（公元300年）赵廞“自称大都督、大将军、益州牧，署置僚属，改易守令”，永宁元年（公元301年）赵廞被从者所杀。[1] 由此可见，赵廞任武陵郡太守的时间应当在任益州刺史之前。

据《晋书》记载，赵廞任武陵郡太守之时，曾向主簿潘京问起武陵郡因何而得名。武陵郡自西汉初年到西晋末年大约有五百多年的时间，武陵郡名到底因何而来，当时可能没有一个准确的答案。但是潘京以“机智善辩”而闻名于世，对于这样的难题总是能够找到似是而非的答案：

> 《晋书·卷九十·列传第六十·良吏》：潘京，字世长，武陵汉寿人也。弱冠，郡辟主簿，太守赵廞甚器之，尝问曰：“贵郡何以名武陵?”京曰：“鄙郡本名义陵，在辰阳县界，与夷相接，数为所攻，光武时移东出，遂得全完，共议易号。《传》曰止戈为武，《诗》称高平曰陵，于是名焉。”为州所辟，因谒见问策，探得“不孝”字，刺史戏京曰：“辟士为不孝邪?”京举版答曰：“今为忠臣，不得复为孝子。”其机辩皆此类。后太庙立，州郡皆遣使贺，京白太守曰：“夫太庙立，移神主，应问讯，不应贺。”遂遣京作文，使诣京师，以为永式。[2]

从引文中可以得知，潘京是武陵郡当地之人，二十岁时就做了武陵郡的主簿，文中列举了潘京与上司之间的三个小故事，来说明潘京在遇到难以回答的问题时的沉着应对和机智善辩，其中第一个就是关于“武陵郡”之名的问答。面对上司这一看似简单但又非常突兀的问题，潘京急中生智，想到了《左传》中有“止戈为武”，《诗经》中有“高平为陵”的句子，便由此拼凑出了“武陵”之名，看似合情合理地应付了过去。同样，在面对后面的两个难以回答又不得不答的问题时，潘京也展现出了“其机辩皆此类”的智慧。由此可见，《晋书》记载的上述内容，并非肯定潘京关于“武陵郡”之名的来历，只是说明其机智善辩而已。

关于“武陵郡”一名的来历，南朝时期的学者刘昭在注《后汉书》时，引用了《晋书》中太守赵廞与主簿潘京的对答，并明确质疑潘京关于武陵郡名之来历的说辞：

---

① 《资治通鉴》，北京：改革出版社，1995年，第1675页、1678页。

② 《晋书》卷九十，北京：中华书局，1974年，第2335页。

刘昭注补《后汉书》武陵郡下注：秦昭王置，……《先贤传》曰：……臣昭案：前书本名武陵，不知此对何出？[①]

刘昭在叙述了赵廞与潘京的问答之后说，《汉书·地理志》中明明记载了西汉初年汉高祖已经设置了以“武陵”命名的“武陵郡”，潘京为什么说是二百四十多年之后的东汉光武年间，才“共议易号”，取“止戈为武，高平曰陵”，改“义陵”为“武陵”呢？刘昭虽然质疑潘京的说法，指出了潘京本末倒置的错误，但也无法给出武陵郡真正的来历和正确含义，潘京的荒诞解释反倒以讹传讹，几成正解。

唐朝时，颜师古在《汉书》注释中明确指出：武陵郡“旧治义陵，非郡名义陵也”。也就是说武陵郡从汉高祖设立后，并没有改为义陵之说，更不存在从义陵又改回武陵的可能，义陵只是武陵郡的郡治所在地。颜师古的这一结论，彻底否定了潘京所谓的武陵郡源自义陵的说法，从而也否定了潘京杜撰的武陵郡取自《传》《诗》的不实之词。

千百年来，文人学者写武陵源、桃花源的作品很多，热度不减，但很少有人关注“贵郡何以名武陵”这一千古之问。时至今日，有学者认为“武陵”因山而得名，但在中国史书和地理志中，除《清史稿》曾把平山又名武陵山外，在之前的数千年地名方志记载中均未曾发现“武陵山”名称。而且当今学者认为的武陵山就是指武陵山脉，但山脉的概念是1840年鸦片战争以后才从西方引进的一个现代地理学概念，在古代根本无从谈起。也就是说武陵山和武陵山脉之名绝无可能在“武陵郡”之前，如果它们之间有联系的话，也应当是先有武陵郡，后有武陵山、武陵山脉。[②]

时至今日，潘京之说似乎仍被视为武陵之名的正源。如湖南文理学院陈致远教授在《常德在历史上的行政区划名称考略——兼考其早期治城地望》一文中认为，取自“止戈为武、高平曰陵”的“武陵”一名十分古雅而意蕴深刻，汉高祖之所以取“武陵”之名设置武陵郡，这与当时此地的历史背景有关。[③] 战国末期，黔中一带成为秦楚相拒、争战之地，战争破

① 刘昭：《后汉书》，北京：中华书局，1965年，第3484页。

② 赵炳清：《楚、秦黔中郡略论——兼论屈原之卒年》，《中国历史地理论丛》，2006年第03期。

③ 陈致远：《常德在历史上的行政区划名称考略——兼考其早期治城地望》，《武陵学刊》，1998年第02期。

坏十分严重。所以，西汉之初，汉高祖将黔中更名为武陵，希望这片土地从此“止息战争，建立和平”。

陈致远教授是常德本地人，又长期从事中国古代史专业的教学和科研工作，对“先秦秦汉史”、“常德地方史”以及“中国通史”等都有深入的研究。① 但是，他为什么没有摆脱潘京之说的束缚，并进一步加以修饰呢？这完全是因为在他发表这篇文章之时，里耶秦简还未出土，而随着里耶秦简中“新武陵”地名的出现，潘京所言“武陵”出自东汉、取自“止戈为武、高平为陵”之说便不攻自破。

二、武陵郡历史之演变

武陵郡之名最早出现在《汉书·地理志》中，《续汉书·郡国志》中“武陵郡”下注：“秦昭王置，名黔中郡，高帝五年更名。”也就是说汉高祖刘邦所置武陵郡是在秦昭王置黔中郡的基础上更名而来的。那么黔中郡起始于何时，地域在何地，又是怎样演变为西汉初年的武陵郡的呢？下面根据有关史料记载和专家学者的论述做一下梳理。

据赵炳清在《楚、秦黔中郡略论——兼论屈原之卒年》一文中论证，湘西的沅水、澧水流域地区，约在宣王时，楚置黔中郡，郡治沅陵。秦昭王三十年（公元前277年），秦取楚巫郡、黔中郡置秦黔中郡。秦黔中郡的郡域范围比楚黔中郡的范围大得多，应包括楚巫郡、黔中郡，约今峡江地区、湖北清江流域、湖南沅水和澧水流域，以及重庆乌江流域。②

史传秦代有三十六郡，但《史记》中却没有黔中郡的记述，班固在《汉书·地理志》中自注的三十六郡郡名中也没有黔中郡。赵炳清通过论证得出如下结论：秦始皇二十五年，秦平定楚江南地区，在楚洞庭的基础上，将秦黔中郡南部分出，设立了秦洞庭郡。又把巫县及其以东划给了南郡，巫县以西划给了巴郡。这样，黔中郡就被一分为三，至秦代时已经不存在。③

洞庭郡是仅见于出土文献的秦郡，里耶秦简发现之前，历代学者对其

---

① 《陈致远教授简介》，《常德师范学院学报》，2001年第05期。

② 赵炳清：《楚、秦黔中郡略论——兼论屈原之卒年》，《中国历史地理论丛》，2006年第03期。

③ 同②。

一无所知，随着新发现简牍的整理和公布，学界对它的认识越来越清晰。李学勤先生在《初读里耶秦简》中说："里耶简发现后，'洞庭郡'问题曾引起不少讨论和推测。我对此郡名的存在也有过怀疑，及至看到JI①1—12简明云'某某戍洞庭郡不智（知）何县署'，始觉释然。"[①]

里耶秦简证实了秦始皇二十四年王翦与蒙武伐楚，平定楚江南之后设置过"洞庭郡"，其郡治即在溆浦县，也就是秦始皇二十七年始见于里耶秦简中的地名"新武陵"。"新武陵"地名出现之后，"武陵郡"的设置时间从目前看有两种说法：一是传世文献中记载的汉高祖刘邦置"武陵郡"；二是近些年来，专家学者通过对里耶秦简的研究，得出的大约在秦始皇三十年改洞庭郡为"武陵郡"的结论。[②]

"武陵郡"从西汉之后正式载入史书，王莽时改武陵郡为建平，东汉复称"武陵郡"，晋魏以后，武陵郡沿设，但辖区缩小，只辖沅水流域诸县。据《隋书·地理下》载："武陵郡梁置武州。后改曰沅州。平陈，为朗州。"隋炀帝时"复置武陵郡"。据《旧唐书·卷四十·志第二十·地理三》载："朗州下隋武陵郡，武德四年平萧铣，置朗州。天宝元年，改为武陵郡。乾元元年，复为朗州。"北宋初年，仍沿隋唐旧称"朗州"，宋真宗时，更名为鼎州，鼎州州治改称"武陵县"。南宋时，鼎州又更名为"常德府"，从此"常德"一名沿用至今。

综上所述，"武陵郡"的历史演变为：楚黔中——秦置黔中郡——秦置洞庭郡——秦（或西汉）置武陵郡——梁置武州、沅州、朗州——隋唐复置武陵郡、朗州——北宋更名为鼎州——南宋更名为常德府。从地域上看，呈现出武陵郡辖区由南向北逐渐收缩，"武陵"之名也由南向北逐渐迁移的过程。

三、武陵郡郡治之迁徙

武陵郡始于黔中郡、洞庭郡，那么其郡治在何处呢？单纯就武陵郡郡治而言，历来就存在着以下两种说法：一曰治索县，二曰治义陵。如果追溯武陵郡之前的黔中郡郡治、洞庭郡治可能会更加复杂。

---

① 李学勤：《初读里耶秦简》，《文物》，2003年第01期。

② 郑威：《出土文献所见秦洞庭郡新识》，《考古》，2016年第11期。

《汉书·地理志》：武陵郡，高帝置。莽曰建平。……义陵，鄜梁山，序水所出，西入沅。莽曰建平。①

《水经注》：沅水又东迳辰阳县，……沅水又东与序溪合，水出武陵郡义陵县鄜梁山，西北流迳义陵县，王莽之建平县也，治序溪。其城，刘备之秭归。②

《水经注疏》：汉置县，属武陵郡。《元和志》谓武陵郡治义陵，后汉省。在今溆浦县南三里。③

《元和郡县志》：黔州……与秦、汉黔中郡犬牙难辨。其秦黔中郡所理，在今辰州西二十里黔中郡故城是，汉改黔中为武陵郡，移理义陵，即辰州溆浦县是，后魏移理临沅，即今辰州是。④

从以上引文中可以看出，西汉时刘邦所置武陵郡的郡治在序水（溆水）所出的“义陵”，也就是现在湖南省怀化市的溆浦县。王莽篡位之后，改“武陵郡”为“建平”，同时改“义陵”为“建平”，充分说明武陵郡治就是“义陵”，这也难怪后来潘京说武陵原称义陵，光武帝时“共易其号”改为武陵。但是为何出现武陵郡治在“索”县一说呢？究其原因实际上是因为《汉书·地理志》中在武陵郡下将“索”列为武陵十三个县的第一位所致，另外就是部分地方志的记载，如《武陵县志》载：“汉寿城，（武陵）县东北六十里，本汉索县城，武陵郡治焉。”

20世纪以来，学者们对汉代历史地理研究较为深入，其中如王国维、谭其骧、李子魁等著名历史学家都对西汉时期的郡国治所进行了考证。20世纪70年代初，由谭其骧先生领衔编纂了《中国历史地图集》第2册（1975年内部发行），在学术界产生了重大反响。1979年香港学者刘福注先生依据香港中文大学严耕望先生所撰《汉书地志县首书者即郡国治所辨》一文，对《中国历史地图集》第2册《西汉全图》103郡国中有12个郡国治所与《汉书·地理志》所书首县不同而致书提出异议。谭其骧先生的地图编辑组认为严先生的考订多有中肯之处，在1982年《中国历史地图集》第2册公开出版时，

---

① 《汉书》，北京：中华书局，2007年，第294页。

② 《水经注》，北京：中华书局，2013年，第829－830页。

③ 杨守敬、熊会贞：《水经注疏》，参见张修桂：《〈水经注〉洞庭湖水系校注与复原（下篇）》，《历史地理》，2014年第01期。

④ 李吉甫：《元和郡县志》卷30，北京：中华书局，1983年，第735页。

改正了 12 郡国中的 4 个。但还有 8 个仍然从原说，荆州武陵郡便是其中一个，其郡治仍然标注为“义陵”。对此，谭其骧先生认为，西汉时期“义陵”为武陵郡治证据充分，《汉书·地理志》武陵郡首书索县，可能是错简所致。《中国古今地名大词典》也记载：“武陵郡，汉置，治义陵，在今湖南溆浦县南三里。后汉移治临沅，在今湖南常德市西。”①

秦置黔中郡郡治在何处？除了“索”“义陵”之说外，还有“沅陵”一说。赵炳清根据史料记载和考古发现认为，沅陵的窑头古城没有发现典型的秦人墓葬，临沅（今湖南常德）也没有一座秦墓，从而排除了秦置黔中郡治在沅陵、临沅的可能性。而在溆浦县城西南一带有一座楚国古城，还有一批秦墓，湖南可以确定的秦墓有 20 余座，溆浦马田坪就有 10 座。战国晚期后段的秦墓如此集中，而且又有高规格的将领墓出土，充分表明溆浦马田坪是秦经营黔中的中心所在，应是黔中郡的郡治。②③

综上所述，我们可以得出如下结论：

1. 据传世文献记载，西汉初年，汉高祖刘邦将“黔中郡”更名为“武陵郡”。

2. 有迹象表明秦始皇曾改“黔中郡”为“洞庭郡”。

3. “武陵”之名来源不明。

4. “黔中郡”“洞庭郡”“武陵郡”郡治最初都在沅水中游的溆水流域，也就是西汉时期的“义陵”，即现在的怀化市溆浦县，“武陵”一名出自溆浦、始于溆浦。

第二节　“里耶秦简”所见“洞庭郡”和“新武陵”

在历史典籍中，“武陵郡”最早出现在《汉书·地理志》中，历代学者也都普遍认为“武陵”之名始见于西汉初年。但 2002 年湘西里耶古镇出

① 戴均良等：《中国古今地名大词典》中册，上海：上海辞书出版社，2005 年，第 507 页。

② 赵炳清：《楚、秦黔中郡略论——兼论屈原之卒年》，《中国历史地理论丛》，2006 年第 03 期。

③ 舒向今：《试探“五溪蛮地”的两个黔中郡》，《民族论坛》，1997 年第 03 期。

土的秦简牍，打破了这一历史成见，也使“武陵”之名因何而来这一千古之问的破解成为可能。

在中国简牍发现史上，按时代计，秦简牍面世最晚。迟至1975年底，人们才从湖北云梦睡虎地首次看到秦简牍。此后战国晚期和秦代的简牍遂接踵而至。至2010年初北京大学获捐从香港古物市场购回的一批秦简牍时，所见秦简牍已有十一批，共计3万枚、30多万字。这些简牍具有重要的文物和文献价值，极大地改变了秦朝史料奇缺的局面，为研究战国晚期至秦代的历史，提供了丰富而可靠的资源。其中，里耶秦简牍的精彩、珍贵，更在于提供了先前未知的信息，扩展、深化了对于秦国、秦代的认识。①

2002年6月3日，在湖南龙山里耶古城址一号井开始发现有文字的简。②里耶战国——秦代古城遗址位于湖南省龙山县里耶镇，处于沅水主要支流的酉水岸边。一号井位于城内遗址区，井内出土大量文物，其中最为重要的是36 000枚简牍。

里耶战国——秦代古城J1出土的简牍属秦时县一级政府的部分档案，内容包括政令、各级政府之间的往来公文、司法文书、吏员簿、物资（含罚没财产）登记和转运、里程书。涉及秦的内史、南郡、巴郡、洞庭郡、苍梧郡等。其中洞庭郡等资料从未见诸文献记载，可补史籍之缺。综合考古发掘中其他资料的时代特征，以及简文中的纪年，纪年有廿五年至三十七年和二世元年、二年。因此，这批简牍当是秦王政（始皇）及二世时的遗物。③

里耶秦简是继兵马俑以后秦代考古的又一惊世发现，蕴含着巨大的学术价值，从根本上改变了秦史研究的面貌。这批埋藏了2 200多年的秦简，纪年从秦王政二十五年（蒙武攻占楚地）至秦二世元年、二年，记事详细到月、日，十几年连续不断，里耶秦简的出土与发现为研究秦朝历史提供了可靠的资料，专家学者根据对里耶秦简的分析研究，发现汉高祖所置“武陵郡”的前身是秦始皇时期的“洞庭郡”，“洞庭郡”的郡治最初在一个叫“新武陵”的地方，这一发现打破史书上所说的秦始皇置三十六郡的

① 陈伟：《里耶秦简牍校释》第一卷，武汉：武汉大学出版社，2012年，第5页。

② 张春龙、龙京沙：《湘西里耶秦简复活秦国历史》，《中国国家地理》，2002年第09期。

③ 张春龙、龙京沙：《湖南龙山里耶战国——秦代古城一号井发掘简报》，《文物》，2003年第01期。

传统说法，也改变了汉置武陵郡是在黔中郡改置的定论。

一、里耶秦简始见“洞庭郡”和“新武陵”

“洞庭郡”“新武陵”是仅见于出土文献中的秦郡和地名（县邑），里耶秦简出土之前，历代学者对其一无所知。随着新发现简牍的整理与公布，学界对“洞庭郡”“新武陵”以及它们之间的隶属关系有了越来越清晰的认识。

“洞庭郡”仅见于出土材料，其范围目前仍难以确定，但从里耶秦简的记载中可以看出，与洞庭郡联系密切的县邑大多分布在沅水、澧水流域，有新武陵、沅阳、辰阳、沅陵、迁陵、酉阳、零阳、充、上衍、门浅、索、临沅、镡成、无阳等十四县。关于洞庭郡的郡治，已有的说法很多，有临沅说、临湘说、沅陵说、长沙说、索或临沅说等，因公布资料有限，这些说法多为推测。[①] 李学勤先生在《初读里耶秦简》中说：“汉初的武陵郡约包括《汉书·地理志》佷山、零阳、充县、迁陵、沅陵、辰阳、义陵、无阳等县境，郡治在义陵，今溆浦南。”他还说：关于洞庭郡治在哪里，洞庭郡何时建立，持续了多少年，目前尚难确论，相信里耶简全部公布时，会提供这方面的证据。[②]。

正如李学勤所言，《里耶秦简》（壹）的公布和《里耶秦简牍校释》（第一卷）出版，一个典籍中没有记载、世人从未知晓的地名呈现出来，即始见于秦始皇二十六年二月，之后三年反复出现在秦简之中的“新武陵”。

简 9－1861：“廿六年二月庚申（八日），洞庭叚（假）守高谓县丞：……新武陵布四道，以次传，别书。”[③]

15－259：“廿六年端月己丑，上軴乡，爰书人黑色，长可六月六尺九寸□端月甲戌，上軴乡奚敢言，廿六年二月癸丑，新武陵丞赿敢告□。”[④]

---

① 郑威：《出土文献所见洞庭郡新识》，《考古》，2006 年第 11 期。

② 李学勤：《初读里耶秦简》，《文物》，2003 年第 01 期。

③ 陈伟：《里耶秦简牍校释》第二卷，武汉：武汉大学出版社，2018 年，第 374 页。

④ 游逸飞、陈弘音：《里耶秦简博物馆藏第十至十六层简牍校释》。

9－2283："二十七年二月庚寅（十五日），……新武陵别四道，以道次传……新武陵言书到。"①

9－23："廿七年十一月戊申癸亥，洞庭叚守昌谓迁陵丞，……它如律令。·以新武陵印行事。十二月丁酉，迁陵守丞敦狐告司空主：以律令行事。"②

8－656（657）："□亥朔辛丑，琅邪（假）［守］□敢告内史、属邦、郡守主：琅邪尉徙治即［墨］。……六月乙未，洞庭守礼谓县啬夫听书从事□。军吏在县界中者各告之。新武陵别四道，以次传。别书写上洞庭尉。皆勿留。葆手。"③

8－1677："一人与佐带上虏课新武陵"。④

8－649："邦尉、都官军在县界中者各。皆以门亭行，新武陵言书到署。"⑤

8－994："十月辛丑，新武陵丞□。"⑥

8－1349："□端　已传洞庭。署迁陵。今徙新武 BⅠ 陵衣已传。"⑦

陈伟在《里耶秦简牍校释》（第一卷）前言中说："在洞庭郡方面，8－657 说：'新武陵别四道，以次传。'8－1677 说：'一人与佐带上虏课新武陵。'显示新武陵应是郡治所在。"⑧ 晏昌贵在《里耶秦简牍所见郡县订补》中对现在已有的秦简资料进行归纳，发现洞庭郡文书以新武陵"别四道"或"布四道"传递的时间集中于秦始皇二十六至二十八年，以"临沅下索，门浅、零阳、上衍各以道次传"形式传递的集中于三十一年之后。⑨ 而郑威则在《秦洞庭郡属县小议》中，将洞庭郡的文书传递路线经历的三个阶段的变化进行了汇总。

---

① 陈伟：《里耶秦简牍校释》第二卷，武汉：武汉大学出版社，2018 年，第 448 页。
② 同①，第 35 页。
③ 陈伟：《里耶秦简牍校释》第一卷，武汉：武汉大学出版社，2012 年，第 193 页。
④ 同③，第 377 页。
⑤ 同③，第 190 页。
⑥ 同③，第 258 页。
⑦ 同③，第 314 页
⑧ 同③，前言第 6 页，第 190－191 页。
⑨ 晏昌贵：《里耶秦简牍所见郡县订补》，《历史地理研究》，2019 年第 1 期。

（1）始皇二十六至二十八年，以新武陵为中心，别（布）四道传递；

（2）始皇三十一至三十二年，“临沅-索”“零阳-充-酉阳-迁陵”“上衍-安阳-沅陵……”“门浅-?”分别传递；

（3）始皇三十四年，新增“镡成-各‘新县’”路线。

郑威认为，秦洞庭郡置于二十五年二月或稍早的时期，在很大程度上继承了楚人故有的县邑和行政中心。第一阶段出现的“新武陵”可能本是楚人在雪峰山以西、沅澧流域的地域中心。秦人占领新地之后，如果发现县名与故地之县相同，往往加“新”字加以区分，从新武陵的情况后，秦人在县名前加“新”大概是临时性的举措，不久之后又加以改名或调整。从第一阶段到第二阶段的变化情况看，改名或调整后的洞庭郡行政中心，有可能仍在新武陵所在地，也有可能有过迁徙。①

随着里耶秦简的整理与公布，很多学者对自己原来所持的洞庭郡治的观点进行了修正，如晏昌贵在《楚秦洞庭苍梧及源流演变》中曾推测秦洞庭郡应治地临沅。但在《里耶秦简牍所见郡县订补》中说：“我们此前曾推测秦洞庭郡应治在临沅县，……但在里耶秦简中，讲到洞庭郡文件传递时还有‘新武陵布四道’，新见里耶 9－1861 号简既说‘新武陵布四道’，又说‘新武陵言书到’，可见新武陵作为洞庭郡的文书传布中心，是可以视作洞庭郡治所的。”② 陈伟在《里耶秦简牍校释》（第二卷）一书中再次确定了洞庭郡治在“新武陵”的观点。③

二、洞庭郡治“新武陵”在溆浦县

随着里耶秦简的整理、公布，以及专家学者的深入研究，秦置洞庭郡的时间、地域范围以及郡治在“新武陵”已经基本形成共识，“新武陵”地望也随之呼之欲出。台湾大学历史系博士游逸飞在《里耶秦简所见的洞庭郡》一文中综合了郑威、于洪涛、庄小霞等学者的观点，认为秦代洞庭郡疆域与西汉武陵郡多有重合，洞庭郡属县可据武陵郡的十三个属县复

① 郑威：《秦洞庭郡属县小议》，《江汉考古》，2019 年 5 月总第 164 期。

② 晏昌贵：《里耶秦简牍所见郡县订补》，《历史地理研究》，2019 年第 1 期。

③ 陈伟：《里耶秦简牍校释》第二卷，前言，第 7－8 页。

原。通过对比发现，《汉书・地理志》所载武陵郡属县中有十一个县见于里耶简文，其中大部分当为秦洞庭郡所辖，只有“义陵”和“佷山”未在里耶简文中出现（见表2-1）。因此，学者们判断里耶秦简所见洞庭郡郡治“新武陵”即西汉武陵郡郡治“义陵”。①

表2-1　游逸飞根据里耶秦简、《汉书・地理志》和庄小霞考证结果对比列表

县名	里耶秦简	地理志武陵属县	庄小霞复原	揭示隶属关系的文书简号
迁陵	有	有	有	8-159、9-712+9-758
酉阳	有	有	有	8-159、9-712+9-758
零阳	有	有	有	8-159、9-712+9-758
临沅	有	有	有	8-159、9-712+9-758
索	有	有	有	8-159、9-712+9-758
沅陵	有	有	有	8-255、8-265、8-492
无阳	有	有	有	10-1170
充	有	有	有	9-712+9-758
门浅	有	无	有	8-159、9-712+9-758
上衍	有	无	有	8-159、9-712+9-758
新武陵	有	无	不明	8-657、8-1677、9-23
沅阳	有	无	不明	8-755—8-759、8-1523
蓬	有	无	不明	9-712+9-758
上軴	有	无	无	8-1219、15-259
镡成	有	有	有	无
辰阳	有	有	有	无
孱陵	有	有	无	无
义陵	无	有	不明	无
佷山	无	有	不明	无

学者们认为：“佷山”远在夷水（今湖北清江）流域，秦代可能为南郡所辖，不可能是洞庭郡郡治“新武陵”。而沅水、澧水流域的诸县只有西汉武陵郡治“义陵”未见于秦简文中，而简文中又反复出现“新武陵”，

① 游逸飞：《里耶秦简所见的洞庭郡》，简帛网，武汉大学简帛研究中心，2015年9月29日。

因此怀疑它与汉“义陵”县本在一地。另据三国人常林要《义陵记》中记载：“项羽杀义帝于郴，武陵人曰：‘天下怜楚而兴，今吾王何罪乃见杀?’郡民素缟哭于招屈亭，高祖闻而义之，故亦曰义陵。”因而可以确定“新武陵”即《汉书·地理志》中的武陵郡治“义陵”，也就是现在的湖南怀化市溆浦县。为此，郑威还根据谭其骧《中国历史地理图集》第2册（西汉·荆州刺史部）地图[①]，绘制了秦简文中的“新武陵别四道”“新武陵布四道”的洞庭郡公文传递到各县的四条路线图[②]。

三、秦始皇或置“武陵郡”于“新武陵”

在“新武陵”地名、县名出现之后，是否存在秦置“武陵郡”的问题，郑威在《出土文献所见洞庭郡新识》一文中分析说：“联想到《里耶发掘报告》曾透露在未公布的简文中有‘武陵泰守’[③]，说明在秦始皇二十八年至三十四年之间，洞庭郡治可能从新武陵迁到了沅阳，治所迁徙的原因或与武陵郡的设置有关。在此期间，秦政府或割洞庭郡的一部分，或由洞庭郡及其他郡析置武陵郡，郡治新武陵，而洞庭郡治迁往沅阳……沅阳处沅水上游，在洞庭郡南境，与新武陵相比更为僻远。联想到秦始皇三十三年攻取岭南，设立桂林、南海、象郡，估计洞庭郡治南迁至沅阳以及武陵郡的新设或为此的前期准备，是方便物资配给与军事调动。简文中洞庭郡守、假守使用‘沅阳印’的年份集中出现在秦始皇三十四年，也验证了这一点。”[④]

游逸飞在《里耶秦简所见洞庭郡》一文中也认为，从“新武陵”发出的公文集中在秦始皇二十六年至二十八年，从沅阳发出的公文出现在三十四年以后，而从临沅发出的公文则集中于三十一年至三十三年，而且三者的时间全无交集，说明十年间洞庭郡治至少迁移了三次，迁徙的原因或与秦始皇新置武陵郡有关。[⑤]

---

① 谭其骧：《中国历史地理图集》第2册，北京：中国地图出版社，1982年，第22-23页。

② 郑威：《出土文献所见洞庭郡新识》，《文物》，2006年第11期。

③ 湖南省文物考古研究所：《里耶发掘报告》，长沙：岳麓书社，2006年，第181页。

④ 郑威：《出土文献所见洞庭郡新识》，《考古》，2006年第11期。

⑤ 游逸飞：《里耶秦简所见的洞庭郡》，简帛网，武汉大学简制研究中心，2015年9月29日。

四、“湘西粮仓”溆浦是秦军屯兵的基地

溆浦县是里耶秦简中的“新武陵”所在地，也是楚黔中郡、秦洞庭郡郡治和汉武陵郡郡治“义陵”所在地。溆浦是楚国大夫屈原的隐居之地，“溆浦”一词，最早见于屈原《涉江》一诗中的“入溆浦余儃佪兮，迷不知吾所如”。由此可见，溆水河畔的“思蒙”一带自古以来就是楚国的隐士们向往的隐居之地。唐武德五年（公元 622 年）原汉义陵县境从辰溪析出，置溆浦县至今。

溆浦县位于湖南省西部，沅水中游，沅水支流溆水由东向西，在大江口注入沅水，水陆交通方便。县境四周群山重峦，溆水所流经的中部地区，地势平坦，江河和溪谷冲积平原就有 175.7 平方千米。溆浦盆地是五溪流域最大的河谷盆地，水源充足、土地膏腴，物产丰富，农业发达，农作物以水稻、玉米、红薯为主，是湖南粮食主产区之一，因而历来有“湘西粮仓”[①] 之称，现代人称之为“湘西乌克兰”[②]。郦道元在《水经注》中称其“特宜稻，修作无废。”

> 《水经注·沅水》：沅水又东迳辰阳县，……沅水又东与序溪合，水出义陵郡义陵县鄜梁山，西北流迳义陵县，王莽之建平县也，治序溪。其城，刘备之姊归，马良出五溪，绥抚蛮夷，良率诸蛮所筑也。所治序溪，最为沃壤，良田数百顷，特宜稻，修作无废。[③]

郦道元治学是很严谨的，他在说明沅水的一大段文字里，就只给溆浦盆地说了这么一句话，足见当时溆浦的发达和溆浦人的勤劳。溆浦县地理位置优越、土地肥沃、物产丰富，沿水路行走及物资运输便捷，因而成为楚、秦、汉时期的行政中心。郑威在《出土文献所见洞庭郡新识》一文中认为，秦代“新武陵”和西汉“义陵县”故城在今湖南溆浦县马田坪乡梁家坡村西北，尚有城址、护城河遗迹。该遗址北临溆水，南依山丘，城址

---

① 湖南省博物馆，怀化市文物工作队：《湖南溆浦马田坪战国西汉墓发掘报告》，《湖南考古辑刊》，1984 年第 00 期。

② 张昌竹：《溆浦，成就了世界文化名人——屈原》，《文史博览（理论）》，2007 年第 09 期。

③ 《水经注》，北京：中华书局，2013 年，第 830 页。

呈长方形，东西长约500米，南北宽约350米，残存夯土城墙高3米，宽4～7米，南边护城河遗址还清晰可见，筑城应始于战国中期，是楚国所建的溆浦城，后来当为秦洞庭郡及武陵郡治新武陵县、汉义陵县地望。[①] 同时，也是《水经注》记载的三国时期马良所筑之城。

对于这座古城，舒向今在《试探“五溪蛮地”的两个黔中郡》一文中说：“据当时考虑，因溆浦在西汉时曾建义陵县，所以将其定为汉义陵城故址。现在看来，是否定得保守了点？据《汉书》记载，西汉武陵郡辖县十三均在今怀化地区，但怀化地区在文物普查时，除在溆浦（义陵）、沅陵两地发现的古城址有城墙和护城河遗迹外，其他县地均未发现有此种规格和规模的古城址。这种特殊的现象是否提示人们，该城址不仅与汉义陵有关，而且可能与汉武陵郡和秦黔中郡有关？……说明秦黔中郡和西汉武陵郡其治所都是设在义陵（今溆浦）县。”舒向今还考证说：“这里土地膏腴、地势平坦，溆水从东向西绕过，既为人们的生产、生活提供了便利，同时也为军事防务上构筑了一道天然的屏障，是设府立所理想之地。”[②]

溆浦盆地又因其四面环山，进可攻、退可守，有“良田数百顷，特宜稻，修作无废”，故成为古代用于屯兵的军事基地。秦将洞庭郡治设在此地的“新武陵”，秦军必然也在此屯兵垦田，在据守荆湘的同时，为之后攻岭南伐南越做准备。由此可见，溆浦是秦军伐楚之后屯兵之地，也是秦始皇三十三年出岭南伐南越的军需物资调配保障地。[③]

五、溆浦武陵故城附近发现秦国高级别将军墓

溆浦县是秦洞庭郡郡治“新武陵”的所在地，又是西汉武陵郡郡治“义陵”的所在地，除了上面所述的古城遗址可供证明外，20世纪在溆浦马田坪、大江口等地先后发现了战国和秦汉时期的墓群，同样能够证明溆浦在战国和秦汉时期的政治和军事地位。

溆浦县大江口位于溆浦县城以西30千米，溆水流入沅江的交汇处，据实地调查有战国和汉墓千余座。20世纪70年代初因建设湖南维尼纶厂，

① 郑威：《出土文献所见洞庭郡新识》，《考古》，2006年第11期。
② 舒向今：《试探“五溪蛮地”的两个黔中郡》《民族论坛》，1997年第03期。
③ 郑威：《出土文献所见洞庭郡新识》，《考古》，2006年第11期。

相当一部分墓葬受到破坏。①

溆浦县马田坪古墓群位于县城之南、溆水南岸，原是一片起伏的丘陵地带，后经历代耕耘，现大部分地区已改造成良田。据湖南省博物馆、怀化地区文物工作队《湖南溆浦马田坪战国西汉墓发掘报告》称，马田坪一带在范围上宽4～5千米，长7～8千米，战国墓分布非常密集，数量相当多，估计二三百座。考古队于1978年春开始至1979年春，分两次发掘战国、西汉和新莽时期古墓葬119座，出土文物千余件，从而为湖南湘西地区的历史情况提供了宝贵的资料。

两次发掘共发现战国时期的墓葬六十七座，其中楚墓数量较多但均属中小型墓葬，巴墓数量不多其特征是随葬品中以铜兵器为主，而秦墓相对较少，但其中编号为78溆马M24的秦代墓葬却尤其引人关注。该墓的墓口长达4.6米，宽3.5米，深5米，墓室上下和四周均填有厚20厘米的青白膏泥，有一椁一棺，出铜器11件（另有玉璧和陶壶残片各一件），器物为鼎、簋、盘、匜、勺、镜、剑、戈、矛等，器形为秦式。其中两只铜鼎刻有"中脯（府）王鼎"铭文，从形制看与咸阳出土的秦鼎相同。矛刻有秦国官职"少府"铭文。因此，可以确定该墓的主人应当是秦人，而且从出土的剑、戈、矛等兵器看，此人可能是秦国征伐楚国的一个级别较高的将领。②

1986年，怀化地区文物工作队又在此区域发掘出8座秦墓③，记为溆浦丰收7、8、9、10、11、14、15、17号墓，出土蒜头壶、釜、甑等一批典型的秦文化器物，时代为战国末期至秦代。另外，没有公布的1987年溆浦马田坪7号墓也是一座秦墓，时代接近战国末期。综合各地的考古发掘报告，湖南秦墓可以确定的有20余座，其中溆浦马田坪就有10座。战国晚期后段的秦墓如此集中，而又有高规格的将领墓出土，充分表明溆浦马田坪是秦经营黔中的中心所在，应是黔中郡的郡治。④

① 怀化地区文物工作队，溆浦县文物管理所：《1990年湖南溆浦县大江口战国西汉墓发掘报告》，《考古》，1994年第1期。

② 湖南省博物馆、怀化地区文物工作队：《湖南溆浦马田坪战国西汉墓发掘报告》，《湖南考古辑刊》，1984年第00期。

③ 怀化地区文物工作队等：《溆浦县中林、丰收楚、秦、西汉墓清理简报》，《湖南博物馆文集》，长沙：岳麓书社，1991年。

④ 赵炳清：《楚、秦黔中郡略论——兼论屈原之卒年》，《中国历史地理论丛》，2006年第03期。

秦代是我国历史上第一个统一的中央集权的朝代，但时间很短，从秦始皇二十六年（公元前221年）建立秦王朝起，至汉高祖五年（公元前206年）秦亡，仅仅15年。到目前为止，湖南发掘的墓葬已近万座，而可认定为秦墓的却只有14座，其中包括溆浦马田坪24号墓和7号墓，它们显示的时间应当是战国末期。高至喜认为湖南地区秦墓少见的原因，一是秦统治湖南地区的时间很短；二是有的秦人墓葬尚未发现；三是秦对湖南地区的统治不甚严，留驻这里的秦人不多，而把主要力量投入到进军岭南。秦始皇灭楚以后，把其主要力量用在湖南云崖和以东地区，用以对付越人。湖南地区典型的秦墓甚少，大概就反映了这一历史事实。①

根据何介钧先生对湖南战国晚期楚墓的分析，认为除澧水流域诸县和沅水支流酉水外，湖南其余各地均存在大批战国末期楚墓，其相应的区域，均应属于楚的势力范围。另外，在溆浦马田坪发掘了战国晚期后段的秦墓10座，特别是1978年的24号墓，是一座规格较高的秦军将领墓，表明沅水流域的上游地区属于秦人势力范围。②

赵炳清在《楚、秦黔中郡略论——兼论屈原之卒年》一文中认为，1978年湖南省博物馆发掘的溆浦马田坪墓的24号墓，从墓葬的规格来看，此墓在湖南的秦墓中是最高的，墓主显然系一征伐楚国、留守在溆浦城的秦军将领。③

舒向今在《试探“五溪蛮地”的两个黔中郡》一文中说：“从墓葬的出土情况看，无论从其规模、出土文物（主要指铜器和玉器）的数量和质量，都是‘黔中’地区现已经发掘出土的最大和最好的一座战国墓葬，同时也是湖南地区出土的秦墓中规格最高、随葬器物最好的一座墓葬。1986年，怀化地区文物工作队在同一地区又发现一处秦人墓地，一次就清理秦人墓葬8座，出土蒜头壶、釜、甑等一批秦文化所特有的典型器物。在同一墓地集中地出土秦人墓葬和标准的秦式器物，在整个湖南地区也是不多见的。据贺刚先生对湖南现已出土的秦墓和秦代墓的甄别，能够确认为秦墓或秦代墓的，全省只有32座，而溆浦马田坪一地就有10座，占全省出

---

① 高至喜：《论湖南秦墓》，《文博》，1990年第01期。

② 何介钧：《从考古发现看先秦湖南境内的民族分布》，《求索》，1983年第04期。

③ 赵炳清：《楚、秦黔中郡略论——兼论屈原之卒年》，《中国历史地理论丛》，2006年第03期。

土的秦墓或秦代墓的近 1/3，而具有秦文化因素的墓就更多了。较多的秦墓和具有秦文化因素的墓集中地在溆浦马田坪一带出土，规格较高的秦人‘官墓’也在溆浦马田坪被发现，说明溆浦在战国后期至秦代已经成了秦人在西南的活动中心。并在治理黔中中扮演着重要的角色。”①

综上所述，我们得出以下结论：

1. 2002 年里耶秦简出土之前，“洞庭郡”和“新武陵”不为世人所知。

2. “洞庭郡”置于秦始皇二十五年，从秦始皇二十六年二月到秦始皇二十八年，洞庭郡郡治在“新武陵”。

2. “新武陵”在溆浦县。溆浦盆地是湘西粮仓，是秦军屯兵备战南越的基地。

4. 秦始皇二十九年至三十三年，洞庭郡的公文发出地集中在沅阳，可能为伐岭南南越做准备。同时在“新武陵”设立了“武陵郡”，为前方作战筹备军事物资。

5. 溆浦县城与“思蒙镇”之间的丘陵地带，考古发现“新武陵”“义陵”的古城遗址，发掘有湖南省近一半的秦墓，其中 24 号墓规格较高。专家学者根据出土文物判定，墓主人是一位官级较高、伐楚后留守在溆浦城的秦国将领。

第三节 “新武陵”是攻楚伐越的秦将蒙武之陵

“里耶秦简”的出土和“洞庭郡”“新武陵”的发现，回答了“贵郡何以名武陵”这一千年之问：武陵郡之名显然源自“新武陵”地名。从而完全否定了当年潘京“鄙郡本名义陵，……《传》曰止戈为武，《诗》称高平曰陵，于是名焉”的误判。但是，“新武陵”因何而得名呢？为什么会突然出现在秦始皇二十六年的秦简牍中呢？这似乎又是一个令人困惑、值得研究的问题。笔者通过专家学者对里耶秦简和湖南地区秦人墓葬的研

① 舒向今：《试探“五溪蛮地”的两个黔中郡》，《民族论坛》，1997 年第 03 期。

究，尤其是对秦简中所见“洞庭郡”和“新武陵”的论述，将“新武陵”与《史记》中所呈现的秦国伐楚将领蒙武失踪之谜结合起来，推断出“新武陵”是因“蒙武之陵”而得名的结论。

一、秦始皇时期两大功勋家族王氏、蒙氏的人物结局

《史记》中对于重要人物的事迹和结局、重要事件的始终都有明确的记载，并在不同的传记中能够得到相互的印证。尤其是重要将领最后的结局都要有所交代。因此，对于“秦统一六国，王氏、蒙氏功为多，施名于天下”的王翦、蒙骜及其子孙中的武将、文臣的最后结局都有记载，唯独蒙骜之子蒙武，也就是蒙恬和蒙毅之父最后的去向没有丝毫的交代。

王翦、王贲、王离。频阳东乡人（今陕西富平），王翦“少而好兵，事秦始皇”，为秦国名将，曾为主将与蒙武一起伐楚。王翦之子王贲，王贲之子王离皆为秦将，王离还是蒙恬军中的裨将。《史记》中说“秦二世之时，王翦及其子贲已死，……项羽救赵，击秦军，果虏王离，王离军遂降诸侯。”[①] 王翦伐楚后，告老还乡，封武成侯。王翦、王贲死后均葬于富平县，王离先被俘，后被杀。

蒙骜（？—前240年）。蒙武之父，蒙恬、蒙毅之大父。自齐事秦昭王，官至上卿。秦庄襄王元年，蒙骜为秦将，伐韩、攻赵，屡立战功。蒙骜死于秦始皇七年，《史记》中记载了当时的异样天象“彗星先出东方，见北方，五月见西方。将军骜死。”[②]

蒙恬（公元前259？—前210年）、蒙毅（？—前210年）系蒙骜之孙、蒙武之子。蒙恬为秦将，破齐之后拜内史，秦始皇统一六国后，蒙恬率三十万秦军北逐戎狄，筑长城、修直道，暴师于外十余年，威震匈奴。蒙恬之弟蒙毅位至上卿，与秦始皇“出则参乘，入则御前。恬任外事而毅常为内谋，名为忠信”。赵高犯有重罪，蒙毅依秦始皇之命“当高罪死，除其宦籍”，但是秦始皇又赦免了他并复其官爵，因此，赵高怀恨在心。秦始皇死后，赵高与李斯、胡亥密谋篡位之后，赵高“日夜毁恶蒙氏”，杀害蒙毅，逼迫蒙恬吞药自杀。[③]

---

① 《史记》，北京：中华书局，2006年，第453、454页。

② 同①，第41页。

③ 同①，第531－533页。

蒙武是秦国四代帝王功臣蒙骜之子，培养的两个儿子又是秦始皇的“忠信”之臣，其自身又拥有“攻楚，虏楚王”的重大贡献，其地位绝不次于王氏、蒙氏中的任何一位。司马迁在《史记》中却对其最后的结局没有做出交代，蒙武在最为辉煌的时候突然失踪，成为又一个千古之谜。

二、秦始皇二十四年蒙武“攻楚，虏楚王”

关于蒙武的事迹在《史记》中有多处记载，从这些记载中可以看出蒙武的主要功绩在于“伐楚”，这期间分为三个阶段：第一阶段是与李信一起伐楚；第二阶段是与王翦一起攻楚；第三阶段可能是与王翦分兵作战，王翦主攻方向是东越，蒙武“攻楚，虏楚王”。通过分析蒙武伐楚的经历，可以发现其失踪前所在的位置。

（一）秦始皇二十一年蒙武与李信伐荆

据《史记·白起王翦列传》记载，秦始皇欲要攻荆，问年少壮勇的秦将李信需要多少兵力，李信说二十万人足够。又问老将王翦需要多少人，王翦则说至少需要六十万兵力。秦始皇因此说：“王将军老矣，何怯也！李将军果势壮勇，其言是也。”

> 《史记·白起王翦列传》：遂使李信及蒙恬将二十万南伐荆。王翦言不用，因谢病，归老于频阳。李信攻平与，蒙恬攻寝，大破荆军。信又攻鄢郢，破之，于是引兵而西，与蒙恬会城父。荆人因随之，三日三夜不顿舍，大破李信军，入两壁，杀七都尉，秦军走。①

历代专家学者一致认为，这次与李信一起伐楚国荆地的是蒙武而不是蒙恬，因为此时蒙恬尚未成名，还不是秦将。关于这次伐荆的时间，可以从《史记·秦始皇本纪》记载的秦始皇二十一年“王翦谢病老归”② 得到确认，也可以从《史记·楚世家》中记载的王负刍二年（公元前 226 年）“秦使将军伐楚，大破楚军，亡十馀城”③ 得到印证。显然此次出征伐荆，时间是在秦始皇二十一年，李信为主将，蒙武为裨将（副将），在取得初

① 《史记》，北京：中华书局，2006 年，第 453 页。

② 同①，第 43 页.

③ 同①，第 270－271 页。

步胜利之后，因为李信轻敌，最后损兵折将，无奈退回到秦国境内。

（二）秦始皇二十三年蒙武与王翦一起伐楚

秦始皇听到秦军失败的消息后，大怒，从此失去了对李信的信任，亲自赶往频阳，见谢王翦曰："寡人以不用将军计，李信果辱秦军。"恳请老将王翦重新出征，并满足了王翦提出的所有条件，包括"美田宅园池甚众"。同时，仍然派蒙武担任裨将军，与王翦一起率六十万大军攻楚。①

《史记·蒙恬列传》记载：始皇二十三年，蒙武为秦裨将军，与王翦攻楚，大破之，杀项燕。②

据《史记·白起王翦列传》记载，这次秦军伐楚兵力为六十万人，王翦采取了坚守不出、以逸待劳的战术，最后找准战机，大破荆军，"至蕲南，杀其将军项燕，荆兵遂败走。秦因乘胜略定荆地城邑"③。

（三）秦始皇二十四年蒙武"攻楚，虏楚王"

秦始皇二十四年，是王翦、蒙武伐楚的第二年，也是秦国统一楚国的决胜之年，《史记》中多处记载了这一年的战事和结局。

《史记·蒙恬列传》：二十四年，蒙武攻楚，虏楚王。④

《史记·秦始皇本纪》：二十四年，王翦、蒙武攻荆，破荆军，昌平君死，项燕遂自杀。⑤

《史记·楚世家》：五年，秦将王翦、蒙武遂破楚国，虏楚王负刍，灭楚名为［楚］郡云。⑥

从上面引文中可以看出，在秦始皇二十四年秦国与楚国的决战中，蒙武在秦军的地位越来越重要，《史记·秦始皇本纪》和《史记·楚世家》记载的是王翦、蒙武攻荆，破楚国，虏楚王负刍。而《史记·蒙恬列传》记载的是"蒙武攻楚，虏楚王"，显然，王翦此时虽为主将，但战场上的

① 《史记》，北京：中华书局，2006年，第453页。
② 同①，第531页。
③ 同①，第454页。
④ 同①，第531页。
⑤ 同①，第43页。
⑥ 同①，第271页。

实际指挥者应当是蒙武。

《史记·蒙恬列传》记载了蒙武"攻楚，虏楚王"的时间，但没有交代最后虏楚王的地点，虽然楚都在寿春（今天安徽寿县），但虏楚王之地不一定就在楚都。笔者认为王翦、蒙武此次伐楚并非沿巴蜀向东攻击，而是从现在的河南、安徽、湖北一带向南推进，攻破楚都然后从北向南占领整个楚国。因此，最后蒙武"虏楚王"应当在楚国南境湖南湘西，也就是里耶秦简所见的"洞庭郡""新武陵"。这里是沅水的上游、楚国的腹地，楚国三闾大夫屈原曾经想在此终老一生，项羽反秦取得胜利后也曾将"义帝"封于此地，最后杀义帝于江中。因此，汉高祖时将武陵郡治定为"义陵"。

> 《史记·项羽本纪》：项王使人致怀王。怀王曰："如约。"乃尊怀王为义帝。……义帝虽无功，故当分其地而王之。……项王出之国，使人徙义帝，曰："古之帝者地方千里，必居上游。"乃使使徙义帝长沙郴县。趣义帝行，其群臣稍稍背叛之，乃阴令衡山、临江王击杀之江中。①

从项羽的言辞之中可以得知，湘水、沅水的上游是楚国的大后方，是古帝王必居之地。因此，蒙武一路追击楚军最后在此地虏楚王的可能性最大。

三、秦始皇二十五年王翦"降越君，置会稽郡"

经过秦始皇二十四年的战争之后，楚国灭亡，此时在楚国境内的秦国六十万大军已经没有了强大的对手，之后的主要作战目标是"百越"。"百越"分布范围很广，从东南沿海地区一直到广东、广西的半月形地带之中。一般称东南沿海浙江、福建一带的越人为"东越""东瓯"。岭南地区为"南越""西瓯"。

> 《史记·白起王翦列传》：岁馀，虏荆王负刍，竟平荆地为郡县。因南征百越之君。②
>
> 《史记·秦始皇本纪》：二十五年，王翦遂定荆江南地；降越君，置会稽郡。③

---

① 《史记》，北京：中华书局，2006年，第64－65页。
② 同①，第454页。
③ 同①，第43页。

关于征南越的过程《史记》中仅有寥寥数语，给后世留下了很多的谜团，也为历史学家提供了很大的研究空间。文锡进在《关于秦统一岭南的战争问题》一文中分析说，秦国在公元前222年五月灭楚以后，又凭借着强大的军事力量及胜利后的锐利士气，向楚国的属部百越进攻，当然不会单单是指向会稽，而是分部向东、南、西南出击。《舆地纪胜》引《桂林志》云："秦始皇二十三年（此当二十五年之误），在兴安县筑秦城以限越。"可知王翦南征，有一军溯长江支流湘水而上，到达湘、漓二水上源之间，筑了秦城戍守。这一记载否定了主张王翦仅向荆南会稽进军的观点，说明当时是分部进击百越。杜佑《通典》卷一八四说，王翦这次军事行动的结果是"谪戍五方、南守五岭"。这五方之戍，一般都以《淮南子·人间训》所说，"一军塞镡城之岭，一军守九嶷之塞，一军处番禺之都，一军守南野之界，一军结馀干之水"①。根据《史记》中的只言片语，结合历代学者的研究成果，文锡进得出了如下结论："王翦于公元前222年五月开始南征，其中沿海之军于公元前221年得闽中、粤东，到达番禺。另外四军止于镡城、九嶷、南野、馀干。王翦军征百越在此五方即停滞不前。"②

笔者认为，秦军在这样大的范围内征伐百越，既不能集中六十万大军于一处，又不可能过于分散兵力。最现实的作战方案是兵分两路，一路向东征伐东越，然后沿东南沿海向广东一带进击。另外一路从湖南一带翻越五岭，向广西一带征伐南越。《史记》记载：王翦"降越君，置会稽郡"，因此沿东南沿海到达番禺一带的显然是王翦率领的秦军，正如文锡进在《关于秦统一岭南的战争问题》一文中说："比较可信的说法是，王翦最先率兵入岭南，取得番禺之地。"地处番禺与闽中海道之间的揭岭曾出土秦剑等文物，应是这些秦军所遗。王翦之一军向东南沿海进击，首先进入广东东部及番禺，其他军多为山岭所阻停留在南岭以北。③ 据此分析，笔者认为，受阻于"南岭"以北的另外四路秦军显然是由秦军裨将军蒙武率领。

四、蒙武失踪于秦始皇二十五年伐越受阻之际

文锡进在《关于秦统一岭南的战争问题》中说："王翦非为征越而来，

① 《淮南子》，北京：中华书局，2012年，第1090页。

②③ 文锡进：《关于秦统一岭南的战争问题》，《中山大学学报》，1986年第02期。

他本已退休，秦始皇请他重新出征，为的是灭楚。他在灭楚后，即可复命。但王翦仍挥师征越，在其五军停守于五方、戍五岭，不能前进的情况下，于公元前 221 年冬，被秦始皇召回，记功表彰。”① 在这种情况之下，秦军征越的第一战役（也可称作前哨战）告一段落。伐楚征越的秦军除到达番禺驻守的一部外，其余大部则必然由蒙武统率，在五岭以北屯兵备战，为数年之后出五岭伐南越做准备。

岭南，是我国南方五岭以南地区的概称，以五岭为界与内陆相隔。五岭由越城岭、都庞岭、萌渚岭、骑田岭、大庾岭五座山组成，大体分布在广西东部，湖南、江西南部和广东一带。

蒙武所率秦军之所以没能突破五岭到达南越地区，完全是因为地理形势。文锡进分析说：“古代战争，多以水道交通为便，王翦灭楚，分军南下。西南一军溯长江支流沅江达镡城（今湖南省靖县西南）；向南一军溯湘水抵九嶷（今九嶷山），又一军从豫章（今江西南昌）溯赣江抵达南野（今江西省大余县东北）。镡城岭、九嶷山、南野南面的大庾岭皆为五岭之属，南北往来孔道。秦军在此三处要进入岭南，就得走陆道翻山越岭，方能顺珠江各支流而下，山岭对于秦军南进起着阻碍作用。……除地理形势阻碍秦军前进之外，史载越人善于翻山越岭，善用舟，习水斗，剽悍强壮。王翦军正是受到这些越人的顽强抵抗，才不得不停止前进。”②

现有的专家学者对于秦军伐百越的论述文章，似乎都无视与王翦一起率六十万大军南征的裨将军蒙武，更没有人认识到蒙武在伐楚征越中的重要作用。从实际情况看，蒙武在秦国伐楚、攻越中所起的作用绝不亚于主将王翦，尤其是伐楚战争的后期，随着蒙武战争经验和个人威信的提升，完全取得了老将王翦的信任，王翦逐渐退居幕后，放手让蒙武指挥作战。因此，在秦军受阻于五岭，需要进行作战前准备期间，秦始皇召回年老体弱的老将王翦，将秦军指挥权交给蒙武是完全有可能的。

综上所述，秦始皇二十四年蒙武“攻楚，虏楚王”，秦始皇二十五年王翦“降越君，置会稽郡”之后，王翦老将军告病还乡是必然的，秦国六十万大军驻守楚地，继续南征南越，其主将非蒙武莫属。但是，正当此时，年富力强、德高望重、战功卓著的蒙武，本应担当完成中国历史上第

---

①② 文锡进：《关于秦统一岭南的战争问题》，《中山大学学报》，1986 年第 02 期。

一次统一大业的主角，却突然之间凭空消失再也没有出现在《史记》和任何一部史书之中，其结局成为一个千古之谜。

五、蒙武失踪于蒙恬“因家世得为秦将”之时

蒙武的突然失踪，其原因没有出现在任何史料之中。对于这一问题历来没有人谈及，更没有人进行深入的研究，所以至今没有答案。如果认真对当时的情形进行分析，对于蒙武的失踪还是能够发现其中的一些蛛丝马迹。

> 《史记·蒙恬列传》：始皇二十六年，蒙恬因家世得为秦将，攻齐，大破之，拜为内史。①
>
> 《史记·白起王翦列传》：秦始皇二十六年，尽并天下，王氏、蒙氏功为多，名施于后世。②

秦始皇二十六年，蒙恬之所以“因家世得为秦将”，并很快就“拜为内史”，掌管京师行政。说明这个时候秦始皇非常重视和尊崇蒙氏家族贡献。蒙氏家族因何得到秦始皇的褒奖呢？显然不单纯是因为去世二十年的祖父蒙骜所建立的功勋，究其主要原因是最近几年蒙恬的父亲蒙武在攻楚伐越中建立的功勋和威信。《史记》中特别强调蒙恬“因家世”而成为秦将，更重要的原因可能是蒙武在“攻楚，虏楚王”之后，在与王翦分兵进攻南越的过程中战死，或者在湘越之地因病去世，“壮士未捷身先死”的悲壮感动了秦始皇，从而将年轻而“尝书狱典文学”的蒙恬提拔为将军，并委以重任。《史记》中所言“尽并天下，王氏、蒙氏功为多，名施于后世”，也反映了此时蒙氏的地位与威望。

秦始皇二十五年，王翦、蒙武平定楚荆之地，设立郡县，又在伐越军事行动告一段落之后，王翦告老还乡，最后终老于频阳。蒙武成为驻楚湘之地的秦军主将，蒙武不幸去世之后，秦军中暂无其他有能力和威望的将领，所以蒙武的去世暂时处于保密状态，以利于楚湘之地新建政权的稳定，也有利于稳定军心。因此，司马迁在写《史记》时也无法得到明确的

① 《史记》，北京：中华书局，2006年，第531页。

② 同①，第454页。

信息，只能通过上面两句简短的文字记录隐晦地反映蒙武在秦始皇二十五年去世的这一重大事件。

六、蒙武失踪于里耶秦简“新武陵”始见之前

据上推论，蒙武在秦始皇二十四年“攻楚，虏楚王”，显然这一年在对楚的战事之中，蒙武所率秦军是胜利者，不可能因为战事或疾病去世。蒙武最有可能去世的时间是在秦始皇二十五年，因为这一年，秦军分头向东越、南越发起攻击，前面论证了王翦“降越君，置会稽郡”显然是从东路沿海向南进攻，直至番禺。而从湖南一带通过翻山越岭向岭南进攻的秦军应当是蒙武所率秦军，这一进攻路线停滞受阻，除了以上分析的地理形势和越人的强悍之外，还有一个主要的原因可能就是蒙武的去世。因此，蒙武的去世当在秦始皇二十五年，这与《史记》中蒙武的失踪时间是吻合的，同时与蒙恬因家世得为秦将的时间也是吻合的。

通过最新考古研究，发现了更为引人注意的例证，那就是在蒙武失踪之后不久，在五岭以北、湘水流域的里耶古镇发掘出土的里耶秦简中，有一枚编号为9－1861的简牍，上面刻着“廿六年二月庚申（八日），新武陵布四道，以次传别书”①，这是“新武陵”这一地名第一次出现在人们的面前，这一地名是前所未有的，而且在此后的三年时间里频繁出现在秦简牍之中。

七、蒙武失踪于湘西粮仓“新武陵”所在之地

湘西地区位于五岭以北的湘水、沅水流域，是巴蜀、荆湘战略要地，也是过五岭征南越的前进基地，而“新武陵”所在的溆浦盆地水陆交通方便、土地膏腴、物产丰富，是著名的“湘西粮仓”②，因此成为秦军统一楚国后，驻守巴蜀荆湘和备战南越的屯兵之地。③

---

① 张春龙：《里耶秦简第九层选读》，载于《中国简帛学国际论坛2012·秦简牍研究论文集》，武汉大学简帛研究中心，2012年。

② 湖南省博物馆、怀化地区文物工作队：《湖南溆浦马田坪战国西汉墓发掘报告》，《湖南考古辑刊》，1984年第00期。

③ 舒向今：《试探“五溪蛮地”的两个黔中郡》，《民族论坛》，1997年第03期。

从秦始皇二十五年秦军进攻南越的军事意图来看，有着从东、西两路合围岭南南越的态势。即：东路由王翦率领，伐东越、置会稽郡，再沿东南沿海到广东（番禺），然后从东向西进广西。西路由蒙武率领，从湘西沿沅水南下镡城（今靖州）越五岭，由北向南进入广西，然后两军会合。有关史料记载和专家学者的论述表明：秦军于二十五年在攻岭南南越之时，西南一军溯长江支流沅江达镡城（今湖南省靖州西南），向南一军溯湘水抵九嶷（今九嶷山），又一军溯赣江抵达南野（今江西省大余县东北）。[①] 笔者认为，沿沅水到达镡城的一支秦军所面临的是岭南地区南越的腹地，所以这支秦军应当是一支征伐南越的主力部队，其将领显然非蒙武莫属。

进攻岭南受阻之后，秦始皇伐南越的目标和决心没有变，秦军不可能全部在五岭之上驻守，大部分兵力必然会退回到湘西地区戍边垦田，为再征南越做战略准备。一方面休整备战、储备战略物资；另一方面在沅水上游凿修灵渠，连通沅水与漓水。由此可见，无论蒙武失踪于秦始皇二十五年伐越受阻之前，还是受阻之后以备再战之时，其驻守之地都在交通便捷、有“湘西粮仓”之称的溆浦盆地之中，也就是始见于秦始皇二十六年的“新武陵”所在地。

八、蒙武失踪后伐越秦将为任嚣、屠睢、赵佗

自汉以来，人们总习惯将秦朝“北征匈奴”和“南征岭南”二事相提并论。但是，对于北征匈奴一事，其用兵时间、所用兵力、统军将领均无疑问，且史书有明文可据，即《史记·蒙恬列传》所言：“秦始皇二十六年，……秦已并天下，乃使蒙恬将三十万众北逐戎狄。”唯独对秦朝“南征岭南”有很多问题尚无统一认识。这些分歧主要集中在秦对岭南用兵的时间、秦军将领及秦军数量上，由于史料语焉不详且出处不同而互有抵触，所以今人对其事的解读也众说纷纭。[②]

> 《史记·平津侯主父列传》：又使尉屠睢将楼船之士南攻百越，使

① 文锡进：《关于秦统一岭南的战争问题》，《中山大学学报》，1986 年第 02 期。

② 黄明磊：《秦征岭南考》，《岭南文史》，2009 年第 2 期。

监禄凿渠运粮，深入越，越人遁逃。旷日持久，粮食绝乏，越人击之，秦兵大败。秦乃命使尉佗将卒以戍越。①

《淮南子·人间训》：秦皇挟《录图》，见其传曰："亡秦者胡也。'因发卒五十万，使蒙公、杨翁子将，筑修城。……又利越之犀角、象齿、翡翠、珠玑，乃使尉屠睢发卒五十万，为五军，一军塞镡城之岭，一军守九嶷之塞，一军处番禺之都，一军守南野之界，一军结馀干之水，三年不解甲驰弩。使监禄无以转饷，又以卒凿渠而通粮道，以与越人战，杀西呕君译吁宋。而越人皆入丛薄中，与禽兽处，莫肯为秦虏。相置桀骏以为将，而夜攻秦人，大破之。杀尉屠睢，伏尸流血数十万，乃发適戍以备之。②

《史记·南越列传》：南越王尉佗者，真定人也，姓赵氏。秦时已并天下，略定杨越，置桂林、南海、象郡，以谪徙民，与越杂处十三岁。佗，秦时用为南海龙川令。至二世时，南海尉任嚣病且死，召龙川令赵佗语曰：闻陈胜等作乱，秦为无道，天下苦之……吾欲兴兵绝新道，自备……东西数千里，颇有中国人相辅，此亦一州之主也，可以立国。③

陕西师范大学黄明磊在《秦征岭南考》一文中，对近代学者关于秦征岭南时间和将领的各种观点进行了归纳。秦征岭南的时间大概有四种说法：首先是秦始皇二十五年，持此说者主要是清人仇池在其著作《羊城古钞》中提出，但响应者甚少。其次是翦伯赞在其著作《中国史纲要》主张的秦始皇二十六年说。再次是秦始皇二十八年说，主要支持者是法国人鄂卢梭（见其著作《秦代初平南越考》）。最后是秦始皇二十九年说，主此说者有张荣芳、陶维英等。关于秦军南征的统帅，今人也是各执己说，或只说尉屠睢，或说是尉佗，林剑鸣先生则认为是尉官任嚣、屠睢、赵佗三人共同指挥的④。

"新武陵"地名出现之后，再也没有出现过蒙武率军征战的消息，而在其后征伐南越的过程中，先后出现了之前名不见经传的任嚣（？—前

---

① 《史记》，北京：中华书局，2006年，659页。

② 《淮南子》，北京：中华书局，2012年，第1090页。

③ 同①，第662页。

④ 黄明磊：《秦征岭南考》，《岭南文史》，2009年第2期。

206年)、屠睢(公元前262—前214年)、赵佗(公元前240—前137年)三个尉官的名字。从年龄和职务上看,他们都应是蒙武手下的部将。任嚣、屠睢的年龄与蒙武之子蒙恬、蒙毅不相上下,而赵佗则是蒙武旧部中更小的一辈。秦军经过了前哨战后完全了解了越人的强悍,加之越地暑湿瘴热,毒雾瘴气、疾疠多作,故不能轻率进兵,需充分做好进攻的准备工作,命令监禄凿灵渠,以通粮道。灵渠包括南渠、北渠、分水铧嘴、铧堤、大小天平等整套工程,全长六十多千米,连接了湘水和漓江,完成这些战争准备需要几年的时间。

从古籍记载和历代学者的研究发现,秦始皇二十五年秦军伐越是指东越,而出五岭征南越是不可信的,这与文锡进所说的秦军受阻于五岭是一致的。因为要做战前准备和灵渠的修凿,所以秦军真正出五岭统治南越、置三郡的时间是在秦始皇二十九年之后,这也与里耶秦简所呈现的,秦始皇二十八年之后洞庭郡郡治从"新武陵"迁至距离五岭更近的"沅阳",更便于物资调配是相符合的。[①]

关于出南岭征南越的秦军将领,既不是老将王翦,也未见裨将蒙武,这支最初由王翦、蒙武率领的秦军,最后竟然由几名原先名不见经传的尉官来率领,本身就不合逻辑。因此,只有一个答案,蒙武于秦始皇二十五年去世,安葬于驻军之地"新武陵",任嚣、屠睢、赵佗都曾是蒙武手下的都尉,他们在做好了充分战争准备之后,于秦始皇二十九年,先后率秦军从湘西沿沅水、湘水,通过新凿通的人工河"灵渠"过五岭征南越。

九、溆浦思蒙之"新武陵"是指秦将蒙武之陵

从上述记载可以得知:秦始皇二十三年,秦始皇将六十万大军交王翦、蒙武率领攻楚。王翦临行前乞求秦始皇赏赐了很多的田宅,其目的是为了消除秦始皇的疑心。秦始皇安排蒙武为裨将(副将)与王翦一起伐楚,表面上看是因为王翦虽然经验丰富,但毕竟年老体弱,需要一名智勇双全、年富力强的得力干将辅佐。实际上更加看重的是蒙武身上所具备的"忠信"品德,这种品德来自颛臾古国祖先太皞的圣德和凤凰所具有的

① 郑威:《出土文献所见洞庭郡新识》,《考古》,2006年第11期。

“仁、义、智、信、勇”五德。秦始皇派大军南征并非以击败楚、越为最终目的，而是为了实现南北统一的大业，结束南北长期分割、民族文化缺乏融合的局面。完成这样重大的历史任务，需要秦国大军长期驻守在南疆，显然这一历史使命不可能由年老多病的王翦来完成，只有派出最有威望、最为信任的将领才能安心，可以说这一重担非蒙武莫属。

秦始皇二十四年“王翦、蒙武攻荆，破荆军，昌平君死，项燕遂自杀”，蒙武“攻楚，虏楚王”。之后，兵分两路从东南、西南两个方向征伐楚国的从属地“百越”。东南方向的秦军由王翦率领主攻东越，秦始皇二十五年王翦“降越君，置会稽郡”。西南方向的秦军由蒙武率领攻岭南南越。蒙武所率秦军主力沿沅江溯流而上，到达沅江的上游镡城（今湖南西南部的靖州）。此时，因交通不便、越人强悍，更有可能是因为主帅蒙武因病去世（如果是因战事去世的话，《史记》中可能有所记载），这路秦军因此受阻于五岭山北。

蒙武所率“攻楚，虏楚王”之后，秦军之所以没能紧接着过五岭伐南越，是由于秦军初入楚地，湘西一带局势紧张所致。这一点在新近出版的《里耶秦简牍校释》（第二卷）中得到了确认。

陈伟在主编的《里耶秦简牍校释》（第二卷）前言中说：“在第一卷‘前言’中我们曾推测楚江南入秦、为郡，当在秦始皇二十五年（公元前222年）五月以前。其实，就当时所见的资料而言，这一推论并不精确。因为在《里耶秦简》（壹）中，已有洞庭一带入秦更早的资料。”他为此举了两个例子说明：

> 8－1450：冗佐八岁上造阳陵西就曰駋，廿五年二月辛巳初视事上衍。病署所二日。……

上衍为洞庭郡属县。这件文书清楚地表明其地入秦、设县，不晚于始皇二十五年二月。《里耶秦简》（贰）刊布的9－1125头端涂黑系签牌。其云：

> 廿六年十月以来尽后九月往来书具此中。廿五年二月、三月、六月、七月已事。尉吏曹。

这类签牌在里耶秦简中常见。虽未记地名，但相信出自迁陵官署，其中最早的公务记录始于二十五年二月。这也显示当地入秦、设县不晚于此时。把这两件文书联系起来看，洞庭郡一带在秦始皇二十五年二月或略早一点入秦的可能性很大。[1] 秦军进入湘西置“洞庭郡”及属县的时间，正是蒙武在秦始皇二十四年“攻楚，虏楚王”的时间之后。蒙武攻楚时间与楚地入秦时间前后衔接，传世文献与出土文献相互印证，达到了完美的结合。

《里耶秦简牍校释》（第二卷）前言中紧接着又说：“在秦始皇二十五年、二十六年，迁陵一带发生过战事，并有多支外地‘奔命’即救援部队进驻。”其举例说：

> 9－2287：廿六年五月辛巳朔壬辰，酉阳齮敢告迁陵主：或诣男子它。辤（辞）曰：士五（伍），居新武陵軴上。往岁八月毄（击）反寇迁陵，属邦候显、候丞［不］智（知）名。与反寇战，丞死。……

这是发生在秦始皇二十五年八月的战事。9－1874 有“迁陵邦候守建”。9－2287 中的“邦候”大概是“新武陵”的官署，邦候显所率大概是新武陵的士卒。此外，8－439＋8－519＋8－837＋9－1899 是二十五年九月将奔命校长周记录其部下在零阳失踪的爰书，9－1114 是二十六年十一月鄢将奔命尉沮致贰春乡主的文书。9－452 为某年十一月丹阳将奔命尉虞关于迁陵弗稟食的文书，所记年份残去，从朔日看，也是二十六年之事。当时洞庭郡入秦未久，局势很紧张。[2]

学者通过对里耶秦简的深入研究，逐步还原了秦始皇二十五年前后发生在湘西的历史面貌。显现出当时的复杂局面和紧张局势，从中也可以看出“新武陵”当时既是洞庭郡的行政中心，也是军事中心。公文从这里发出，各地战事告急时，也要前去救援。

在秦军刚刚击败楚国，湘西各地时有反叛的情况之下，为保持局势稳定，主将蒙武去世的消息对外秘而不宣。因此，史书中对此大事件没有任何记载。同时，为稳定蒙武所率蒙家军军心，秦始皇下令厚葬蒙武，在屯兵之地修筑陵墓，郡守及军中将士在此地守陵，处理公务、操练备战。三年守陵期满后，秦始皇二十九年秦军先后在屠睢、任嚣、赵佗的率领下开始第二次、第三次南征，洞庭郡郡治也随之迁往“新武陵”以南、沅水的上游“沅阳”，以便于调度军需物资（见图 2－3）。

---

① 陈伟：《里耶秦简牍校释》第二卷，武汉：武汉大学出版社，2018 年，前言第 3－4 页。

② 同①，前言第 4 页。

综上所述，秦军将领蒙武失踪恰好在“新武陵”出现之时、之地，“新武陵”所在地溆浦古城又出土了高规格的编号为24号的“秦将军墓”，因此，无论从传世文献，还是出土文物，无论从历史时空，还是历史人物，都能说明“新武陵”源自蒙武之陵，“新武陵”古城的秦将军墓，应当就是蒙武之墓。

距今两千多年发生的事件能够从时间、地点、人物多角度、全方位、准确无误地还原出来，是绝无仅有，也是难能可贵的。不仅如此，“新武陵”所在地的古老地名也是史实的遗存：“新武陵”和“秦将军墓”所在地是溆浦县“思蒙镇”，“新武陵”以西辰阳县的“伍家湾乡”过去也称“思蒙乡”，现在仍有“思蒙村”“思蒙溪”等以“思蒙”命名的古老地名，进一步说明此地是蒙武去世和安葬之地，也是蒙氏后人聚居和祭祀蒙武之地。

第四节 秦始皇追封蒙武为“中脯王”置“新武陵”

前文中论证了“新武陵”地名是指秦国大将蒙武之陵，《史记·蒙恬列传》中说：“骜子曰武，武子曰恬。”故蒙武曰“武”，蒙武之陵曰“武陵”。就现代而言，一般认为只有帝王之墓才能称“陵”，然而从历史上看，“陵”的称谓有一个演变的过程，秦汉之前大墓为“陵”，秦汉之后才称帝、王陵为“陵”。而在今天，我们又称集中的公共墓地为“公墓”，而将为国捐躯的烈士之墓地称“陵园”。

《说文解字》：陵，大也。释地，毛传皆曰大阜曰陵。

《史记·赵世家》：十二年，秦孝公卒，高君死。十五年，起寿陵。魏惠王卒。十六年，肃侯游大陵，出于鹿门。①

《史记·秦始皇本纪》：惠公享国十三年。葬陵圉。生出公。出公享国二年。出公自杀，葬雍。献公享国二十三年。葬嚣圉。生孝公。孝公享国二十四年。葬弟圉。生惠文王。其十三年，始都咸阳。惠文

① 《史记》，北京：中华书局，2006年，第291页。

王享国二十七年。葬公陵。生悼武王。悼武王享国四年，葬永陵。昭襄王享国五十六年。葬茝阳。生孝文王。孝文王享国一年。葬寿陵。生庄襄王。庄襄王享国三年。葬茝阳。生始皇帝。吕不韦相。①

从上面的引文中可以看出，“陵”的本义是指大土山，高大的坟墓。约从战国中期以后，帝王的坟墓开始称为“陵”，首先出现于赵、楚、秦等国，这是因为战国中期帝王的墓越修越大，越来越高，封土之高如同丘陵，才称为陵。从《史记·秦始皇本纪》的上述记载来看，在秦惠文王之前，称“公”而不称“王”，亡后只记载葬于何地，没有“陵”。从秦惠文王开始，始称“王”，亡后大多称葬于某“陵”，但也有例外，如昭襄王、庄襄王，亡后葬“茝阳”。

那么到了战国末期，蒙武之墓为何能够称为“武陵”，这里面有以下两个方面的原因：一方面是因为当时的“陵”还不是帝王墓的专属，只要是封土高大的墓都可以称陵。溆浦县马田坪 24 号秦墓发掘于 1987 年，经过了二千二百年的耕作和雨水的冲刷，发现时仍然是一座可供耕作的山丘，封土以下三米才是墓葬，可见其初建时封土之高大。蒙武之墓的封土之高大，是因为蒙武所率军士有几十万人，溆浦县又有“湘西粮仓”之称，可见驻守在此地的“蒙家军”人数不在少数，如此多的人力必然会将蒙武之墓的封土筑的又高又大，大到足以称陵的地步。②

另一方面，蒙氏辅佐秦国三代帝王，贡献巨大，因此蒙氏在秦朝的地位特殊，最受秦始皇尊崇。正如司马迁在《史记》中所言，秦始皇统一天下，蒙氏功劳最多，因此施名于后世。蒙武又是在秦始皇即将完成统一大业之时死于南疆沙场，故有可能追封其为“王”。所以蒙武之墓不但因封土高大而称“陵”，更有可能是其身份、地位崇高可以称“陵”。溆浦县马田坪 24 号秦将军墓出土的“中脯王鼎”和“少府矛”可能说明其主人生前的身份和去世后的地位。

一、秦始皇二十五年因平定楚国而“天下大酺”

《史记·秦本纪》：“秦之先，帝颛顼之苗裔。”秦嬴始源于东方，与蒙

① 《史记》，北京：中华书局，2006 年，第 57 页。

② 湖南省博物馆、怀化地区文物工作队：《湖南溆浦马田坪战国西汉墓发掘报告》，《湖南考古辑刊》，1984 年第 00 期。

氏同源。殷商时期西迁中原，西周初期迁徙至西戎，因封于秦号“秦嬴”，后封为诸侯，成为周朝诸侯国“秦国”。战国时期经过商鞅变法成为七雄之一，战国后期经过数代秦王的励精图治至嬴政时期已经成为中原霸主。秦始皇在王翦、蒙骜两大功勋家族的南征北战下，终于在秦始皇二十五年基本奠定了天下一统的格局，为此秦始皇特许全国民间大聚饮。

> 《史记·秦始皇本纪》记载：二十四年，王翦、蒙武攻荆，破荆军，昌平君死，项燕遂自杀。二十五年，大兴兵，使王贲将，攻燕辽东，得燕王喜。还攻代，虏代王嘉。王翦遂定荆江南地；降越君，置会稽郡。五月，天下大酺。①

按照秦朝法律，三人以上不得聚饮，朝廷有庆典之事，特许臣民聚会欢饮，此谓“赐酺”。从《史记》记载来看，虽然秦始皇二十五年大兴兵灭了燕和代，但这些胜利都是轻而易举的事。真正值得庆贺的显然是王翦、蒙武南征楚越的胜利，因为楚国才是唯一可与秦国抗衡的国家。蒙武二十四年“攻楚，虏楚王”，王翦二十五年“降越君，置会稽郡”奠定了秦始皇统一天下的基础。因此，秦始皇特许“天下大酺”。

二、秦始皇二十六年“尽并天下，王氏、蒙氏功为多”

司马迁在《史记·白起王翦列传》中说“秦始皇二十六年，尽并天下，王氏、蒙氏功为多，名施于后世。”② 在秦帝国历史上，王氏家族和蒙氏家族是公认的帝国两大功勋家族，若论功绩地位和秦始皇的信任程度，蒙氏远高于王氏。

蒙氏历经三代均为秦国名将重臣，蒙氏子弟遍及军旅官署，且忠正厚重之族风未曾衰减。蒙氏三代对于秦国的作用各有不同，蒙骜是秦国三朝老将，对秦国之崛起起到了重要的作用。而蒙武、蒙恬则更是青出于蓝而胜于蓝，为秦国统一天下和中国疆域之扩大起到了决定性的作用。司马迁除了在《史记·秦本纪》《史记·秦始皇本纪》中记录了蒙氏的功绩外，还在《史记·白起王翦列传》、《史记·蒙恬列传》、《史记·李斯列传》以

---

① 《史记》，北京：中华书局，2006 年，第 43 页。

② 同①，第 454 页。

很长的篇幅浓墨重彩地记载了蒙氏的事迹和品德。

《史记·蒙恬列传》：始皇甚尊宠蒙氏，信任贤之。而亲近蒙毅，位至上卿，出则参乘，入则御前。恬任外事而毅常为内谋，名为忠信，故虽诸将相莫敢与之争焉。①

《史记·蒙恬列传》：子婴进谏曰："……今蒙氏，秦之大臣谋士也，而主欲一旦弃去之，臣窃以为不可。臣闻轻虑者不可以治国，独智者不可以存君。诛杀忠臣而立无节行之人，是内使群臣不相信而外使斗士之意离也，臣窃以为不可。"②

蒙氏家族的功绩、品德、能力和威信有目共睹，如日中天，不但当时受人尊崇，而且"名施于后世"，西汉之后朝野之人皆尊称"蒙公"。正因如此，赵高、李斯、胡亥等人为了篡夺、专权的需要，迫不及待地想迫害蒙氏。《史记·李斯列传》记载，赵高问李斯："君侯自料能孰与蒙恬？功高孰与蒙恬？谋远不失孰与蒙恬？无怨于天下孰与蒙恬？长子旧而信之孰与蒙恬？"李斯回答说："此五者皆不及蒙恬，而君责之何深也？"赵高因此对李斯说，如果公子扶苏"即位必用蒙恬为丞相，君侯终不怀通侯之印归于乡里。"③

蒙氏在遭到赵高"日夜毁恶，求其罪过"的情况下，虽掌握兵权，反叛则能保全身家性命，但仍然宁死而守义，不敢辱先人之教诲，不忘先主之恩，而且能够反思自己所作所为，认为是修长城而绝了地脉，因此上天降罪于自己，从中也可以看出蒙氏对于大自然的敬畏。

《史记·蒙恬列传》："自吾先人，及至子孙，积功信于秦三世矣。今臣将兵三十馀万，身虽囚系，其势足以倍畔，然自知必死而守义者，不敢辱先人之教，以不忘先主也。"……"恬罪固当死矣。起临洮属之辽东，城堑万馀里，此其中不能无绝地脉哉？此乃恬之罪也。"④

司马迁将蒙氏的功绩和地位概括为：秦始皇"尽并天下，王氏、蒙氏功为多，名施于后世"，秦始皇"甚尊宠蒙氏，信任贤之"，除此之外还借

---

① 《史记》，北京：中华书局，2006 年，第 454 页。
② 同①，第 531－532 页。
③ 同①，第 524 页。
④ 同①，第 532 页。

赵高、李斯、子婴之口阐述了蒙氏家族“仁、义、智、信、勇”品德。鉴于此，司马迁在《史记》中单列《蒙恬列传》，这在秦国诸多名将之中是唯一的，足见蒙氏的重要地位和作用。

三、蒙武伐楚前在秦始皇身边任“少府”一职

蒙氏功绩卓著、地位显赫，决定了秦始皇对蒙武的信任程度。蒙武的生卒年月在《史记》及其他史料中均无记载，但是通过其子蒙恬的年龄可知其年长秦始皇 20 岁左右。秦始皇嬴政（公元前 259—前 210 年）与蒙武的长子蒙恬（公元前 259？—前 210 年）同龄，而且同在秦始皇三十七年（公元前 210 年）去世，终年 51 岁。如果假设蒙武 20 岁得子蒙恬，其大约出生于公元前 280 年前后。秦始皇即位时，约 13 岁，而蒙武此时正值 30 而立之时，就其家世传统而言，应当也已经进入仕途。而且从蒙武的仕途受其父亲蒙骜的影响来看，同样，蒙武在仕途中的位置也影响到了其儿子蒙恬、蒙毅，也就是说从蒙骜和蒙恬、蒙毅的仕途经历就能得到蒙武在朝中为官的线索。

（一）蒙武之父蒙骜官至上卿

蒙武的父亲蒙骜在秦昭王时从齐国来到秦国，官至上卿。昭襄王二十二年，蒙骜伐齐。秦庄襄王元年，蒙骜为秦将，伐韩，取城皋、荥阳，置三川郡。之后攻赵，定太原，取三十七城。蒙骜在秦昭襄王时期与白起、魏冉等同为秦国将领，屡建奇功。秦昭襄王三十六年魏冉去世，秦昭襄王四十八年武安君白起获罪而死后，蒙骜成为支撑秦国天下的主将。①

> 《史记·秦始皇本纪》：秦始皇帝者，秦庄襄王子也。……李斯为舍人。蒙骜、王齮、麃公等为将军。王年少，初即位，委国事大臣。晋阳反，元年，将军蒙骜击定之。……三年，蒙骜攻韩，取十三城。王齮死。十月，将军蒙骜攻魏氏……五年，将军骜攻魏，定酸枣、燕、虚、长平、雍丘、山阳城，皆拔之，取二十城。初置东郡。……七年，彗星先出东方，见北方，五月见西方。将军骜死。②

① 《史记》，北京：中华书局，2006 年，第 38－39 页，第 531 页。

② 同①，第 41 页。

蒙骜在秦始皇七年战死沙场，其时秦始皇、蒙恬都是21岁，蒙武40岁左右，正值年富力强之时。蒙骜去世，按理说蒙武也应当“因家世”担当重任，但《史记》中并没有文字说明此事，直至14年之后秦始皇二十一年才见到蒙武与李信一同伐楚的记载。那么在这14年间，也就是在担任李信、王翦副将之前，蒙武担任什么职务呢？虽然《史记》和其他史料中完全没有这方面的信息，但是就蒙骜的功绩地位和蒙氏家族的忠信盛名而言，秦始皇肯定视蒙武为心腹之人，安排在朝廷中的重要岗位上。蒙武之所以在其父亲离世之后很长时间没出现在《史记》之中，说明其不在战场为将，而是在朝中为官。

（二）秦朝“三公九卿”中尤为特殊的“少府”

蒙武到底在秦始皇身边担任什么官职呢？这就需要先对秦国的官制进行分析探讨。

秦始皇统一六国后，整齐了各项制度。为加强中央集权，对中央官制做了规划，在中央设置诸卿来处理各种行政事务，即所谓的“三公九卿”制。秦代官制主要见于《汉书·百官公卿表》，秦代遗留下来的史料较少。因此，秦代是否实行“三公九卿”制度，成为史学界争论的问题。尤其是“九卿”中的各个职官没有逐个出现在秦代的史料之中，所以有的学者否定秦代九卿的存在。但没有“九卿”并不意味着秦代中央没有这一行政群体的存在，实际上见于记载的“九卿”在秦代有郎中令、卫尉、廷尉和少府诸官，他们的设置仿照先秦社会中家臣制度的痕迹比较重。具有皇帝奉养性质的秦代“少府”，其机构庞大，事权甚重。而相对来说，其他诸卿或不存在，或就其重要性来说，也没有“少府”重要。[①]

> 《汉书·百官公卿表》：少府，秦官，掌山海地泽之税，以给共养，有六丞。属官有尚书、符节、太医、太官、汤官、导官、乐府、若卢、考工室、左弋、居室、甘泉居室、左右司空……[②]

当代中国著名历史学家宁可在《中国封建社会的专制主义中央集权制度》一文中说，“所谓三公，即丞相主政，事无不统；太尉主兵；御史大夫（副丞相）司刑法监察。……九卿分掌各种具体事务，是习惯的称呼，

① 沈刚：《秦代列卿问题发微》，《秦文化论丛》，2006年第00期。

② 《汉书》，北京：中华书局，2007年，第104页。

多属秦制”。他认为九卿制度保留着奴隶制贵族政治的残留，因此家事、国事不分。如少府是国家官，掌管山、海、池、泽之税，负责皇室财政收支，同时又管国家财政，如铸钱。[①] 复旦大学国际文化交流学院沈振辉在《少府官制考析》一文中认为，少府是中国封建社会中一个颇为引人注目的职官，它约始于春秋战国，至元代消亡，明初又有短暂的设置。少府官有着复杂的官制体系和演变轨迹，秦汉时，它掌管皇室私人奉养及其他皇室事务，是朝中属员最多、职能很广的机构。[②]

根据史料记载，秦始皇时期的丞相、太尉、御史等相对地位较高，《史记》中经常出现其名，如：秦始皇二十六年，秦初并天下，令丞相、御史议帝号，“丞相绾、御史大夫劫、廷尉斯等皆曰：‘昔者五帝地方千里，……’”。显然，蒙武在出征楚国前其名不在“三公”之列。而“九卿”中的各个职位并未全部出现在关于秦国的史料之中，《史记》中只出现过郎中令、卫尉、廷尉和少府等诸官。如上述“廷尉斯”是指当时的李斯，还有秦始皇八年“卫尉竭、内史肆、佐弋竭、中大夫令齐等二十人皆枭首”的记载。而“少府”官职的出现是在秦二世时的章邯，在此之前并未见少府一职由谁担任。

> 《史记·秦始皇本纪》：（秦二世）二年冬，陈涉所遣周章等将西至戏，兵数十万。二世大惊，与群臣谋曰：“奈何?”少府章邯曰：“盗已至，众强，今发近县不及矣。郦山徒多，请赦之，授兵以击之。”二世乃大赦天下，使章邯将，击破周章军而走，遂杀章曹阳。二世益遣长史司马欣、董翳佐章邯击盗，杀陈胜城父，破项梁定陶，灭魏咎临济。楚地盗名将已死，章邯乃北渡河，击赵王歇等于钜鹿。[③]

章邯是秦末最为知名的将领，由此可见九卿中的“少府”并非只是文官，必要时也可为将，率兵出征，这与秦国崇尚武力是分不开的。

（三）蒙氏三代都有担任“少府”一职的经历

“少府”一职由虞舜时期伯益主“虞”管理山泽、驯鸟兽，到夏、商、

---

① 宁可：《中国封建社会的专制主义中央集权制度》，《文史哲》，2009 年第 1 期，

② 沈振辉：《少府官制考析》，《江西师范大学学报》（哲学社会科学版），1998 年第 2 期。

③ 《史记》，北京：中华书局，2006 年，第 51 页。

周时期由专门的“虞官”演化而来，掌管山水林泽。刘怀君、李恩军在《“以时禁发”话虞官》[1]一文中说，先秦许多著作均对虞有记载，虽然有时称谓、职责略有差异，但根本性质却基本一致。秦统一六国后，废除六官之制，实行三公九卿的中央行政管理体制，其中九卿中的少府主管皇室内需，过去的“虞”并未撤销，只是归少府管辖。秦设有林官、湖官、陂官等，对山林川泽进行管理。汉承秦制，建制仍归少府。

先秦时期，蒙阴境内有一地位特殊的颛臾国，即《论语·季氏将伐颛臾》之“东蒙主”，也是《左传》记载的“颛臾，风姓也，实司太皞之祀”所言颛臾风国。笔者通过认真考证认为，颛顼风国即古籍中记载的凤凰圣地“东方君子之国”，颛臾风国既是华夏民族的人文始祖太皞（伏羲氏，风姓，一说凤姓）的故国，也是包括黄帝、颛顼、虞舜等上古“五帝”（笔者认为“五帝”均为虞朝之帝）的封君之地（详见第四章第二节）。笔者还认为，蒙阴虎头崖即《山海经》中记载的君子之国虎神“天吴”，也即“有虞氏”“虞舜”之虞（详见第四章第四节）。

> 《史记·五帝本纪》：舜曰：“谁能驯予上下草木鸟兽?”皆曰益可。于是以益为朕虞。……益主虞，山泽辟。[2]
>
> 《史记·秦本纪》：秦之先，帝颛顼之苗裔孙曰女修。女修织，玄鸟陨卵，女修吞之，生子大业。大业取少典之子，曰女华。女华生大费，与禹平水土。已成，帝锡玄圭。禹受曰：“非予能成，亦大费为辅。”帝舜曰：“咨尔费，赞禹功，其赐尔皂游。尔后嗣大出。”乃妻之姚姓玉女。大费拜受，佐舜调驯鸟兽，鸟兽多驯服，是为柏益。舜赐姓嬴氏。[3]

上面两段引文说明了伯益是颛顼的后裔，也是秦嬴氏的祖先。也说明了秦嬴的始祖伯益在虞舜时期被封于蒙阴虎头崖下的颛臾风国，负责管理山泽、调驯鸟兽。

何光岳在《先吴的来源和迁徙》一文中，引《韩诗》曰：“‘驺虞，天子掌鸟兽官。’又似驺虞，其叫声即吴！吴！吴！后便以其声为吴之发音。

---

① 刘怀君、李恩军：《“以时禁发”话虞官》，《环境教育》，2004年第05期。

② 《史记》，北京：中华书局，2006年，第4-5页。

③ 同②，第29页。

惜这个慈祥之兽的驺虞现在已绝迹。”① 从学者们的论述看，虽然认定“吴”“虞”同源，至于驺虞，古人只说其是仁兽，大若虎，今人则认为是一种现已绝迹的物种。殊不知，吴、虞都出自东方君子之国，是一个形似巨虎的山体。“虞”和“吴”都是指东方君子之国——颛臾风国的虎头崖。“虞”处于蒙阴盆地之中，水泽环绕，南有蒙山，北部丘陵起伏，草木茂盛，鸟兽众多，是狩猎之最佳场所，也是驯养鸟兽的“帝之囿”。《史记》中说虞舜让伯益“主虞”管理山泽“驯予上下鸟兽”。后来，“虞”演化为专门管理山泽的官职，称为“虞官”“虞人”，秦始皇时成为九卿之一的“少府”。

“少府”既管国事又管皇帝家事，因此，此职位非秦嬴政权最信赖的人莫属。《史记》中说秦始皇视蒙氏为“忠信”，蒙恬说“自吾先人，及至子孙，积功信于秦三世矣”，为什么秦王与蒙氏之间会如此相互信赖呢？其原因就是秦嬴氏、蒙氏同祖同源，其祖先都是颛顼，其祖地都在东蒙颛臾风国，秦嬴始祖伯益曾在颛臾“主虞”驯鸟兽。因此，蒙武的父亲蒙骜、儿子蒙毅都被秦王拜为“上卿”。秦嬴之祖先伯益在虞舜时期“主虞”，管理山泽、驯鸟兽，而蒙氏则世居于颛臾之“虞”，“少府”一职亦源自“虞”，显然蒙武担任“少府”一职理所当然。

> 《史记·蒙恬列传》：蒙骜，自齐事秦昭王，官至上卿。……始皇甚尊宠蒙氏，信任贤之。而亲近蒙毅，位至上卿，出则参乘，入则御前。②

“卿”这一名称体现的应该是周制，在西周春秋时期各个诸侯国中都有“卿”。

> 《左传》：故天子建国，诸侯立家，卿置侧室。③
>
> 《左传》：凡公女嫁于敌国，姊妹则上卿送之，以礼于先君；公子则下卿送之；于大国，虽公子亦上卿送之；于天子，则诸卿皆行。公不自送；于小国，则上大夫送之。④

---

① 何光岳：《先吴的来源和迁徙》，《宝鸡文理学院学报》（哲学社会科学版），1995 年第 04 期。

② 《史记》，北京：中华书局，2006 年，第 531 页。

③ 《左传》，上海：上海古籍出版社，2016 年，第 48 页。

④ 同③，第 51 页。

从这个例子中我们可以看出上卿、下卿等不同的等级。另外，春秋时期的“卿”之所以具有身份特征，还在于他们的世袭化特征，一般各诸侯国的卿都是来源于同一个家族。尽管如此，春秋时期的卿还是有了行政官员的一些特点。在春秋时期的国家中，主要的行政事务都由卿来充任。进入战国，卿作为行政官员的一面越发显得突出，地处西陲的秦国大量使用其他国家的人为卿，这些人成为秦国在同列国竞争中所要倚重的力量。如“（蒙）恬大父蒙骜，自齐事秦昭王，官至上卿。”①

秦统一后，延续了以往的传统，将负责中央行政事务的官员也冠以“卿”这一称呼。如琅邪刻石中，所罗列的随行人员中有“卿李斯、卿王戊、五大夫赵婴、五大夫杨摎从”，李斯时任九卿之一的廷尉，这说明廷尉在当时已经被认为是“卿”了。在秦国、秦朝的官职中“上卿”不是指那一个具体的官职，但代表了它是“三公九卿”之中的一个重要“公”或“卿”。蒙骜没有为丞相，也不曾做上尉、御史，那么秦昭王拜他为上卿，很有可能就是“九卿”之中机构最庞大的、掌管国事家事的“少府”一职。

再来看蒙武的两个儿子蒙恬、蒙毅职位。秦始皇二十五年蒙武失踪之后，秦始皇因为信任、尊宠蒙氏，又将蒙毅安排在身边，位列上卿，出行与秦始皇在同一辆车上，进入皇宫则在秦始皇身边，因此蒙毅“位到上卿”就是替秦始皇掌管国事、家事的“少府”，因此《史记·蒙恬列传》中说：“恬任外事而毅常为内谋，名为忠信，故虽诸将相莫敢与之争焉。”

从上可以看出，蒙骜自齐投奔秦国之后，就得到秦王的信任，委以上卿，担负“少府”一职，替秦王掌山、海、池、泽之税和皇室的供给。而且这一职位在蒙氏三代中传承。也就是说秦庄襄王元年（公元前 249 年）“蒙骜为秦将”之后，蒙武便接替其父担任了“少府”一职，三年之后，庄襄王卒，其子嬴政登基，拜蒙骜为主将并委以国事。据《广西蒙氏族谱》，蒙武年少比武夺魁，有“秦国之剑”之称，被秦庄襄王招为驸马，成为皇亲国戚。

> 《广西蒙氏族谱》记载：蒙武十五岁冠之日，即校场比武夺魁，秦庄襄王点为将，并以公主妻之，称为驸马，从王翦破楚，后掳楚王。②

---

① 沈刚：《秦代列卿问题发微》，《秦文化论丛》，2006 年第 00 期。

② 见于广西壮族自治区图书馆，蒙阴蒙恬故里石碑。

综上所述，蒙武在三十而立之年担任“少府”一职，为秦王室掌管国事、家事是完全合乎逻辑的。

（四）蒙武以“少府”身份成为伐楚秦将

秦始皇二十一年，嬴政在朝廷之中与李信、王翦议论攻荆的用兵人数时，采信了李信“不过二十万人”的主张，令李信、蒙武领兵二十万攻荆。据《史记》记载，李信年少壮勇，是西汉名将李广的先祖，曾“以兵数千逐燕太子丹于衍水中”。秦始皇虽然认为李信“果势壮勇”，但未必十分信任，故以心腹之人蒙武担任副将共同出征。事实证明，在这次伐荆之战中，蒙武所率秦军取得胜绩之后进退有据，而李信所率秦军则盲目轻敌，致使秦军被杀七都尉，损失惨重。因此，秦始皇闻之大怒说“李信果辱秦军”，而对蒙武非但不怪罪，反而委以重任，与王翦一起率六十万秦军伐楚。此次出征，蒙武名义上为裨将，实际上还起着“监军”的作用，同时也在履行“少府”的职责。

> 《史记·白起王翦列传》：王翦既至关，使使还请善田者五辈。或曰“将军之乞贷，亦已甚矣。”王翦曰：“不然。夫秦王怚而不信人。今空秦国甲士而专委于我，我不多请田宅为子孙业以自坚，顾令秦王坐而疑我邪？”①

《孙子兵法》中有言，将在外，“君命有所不受”，秦始皇几乎将全国的兵力交给了王翦，完全没有疑虑是不可能的，这一点老将王翦心知肚明。因此，故意在出征前多次向秦始皇索要美田宅园，临出关时还专门安排使者去见秦始皇要求兑现承诺，其目的并非看重财物，只是为了消除秦始皇的疑心。

就国事而言，少府之职掌管山、海、池、泽之税，负责国家财政，蒙武以少府身份担任王翦的裨将，负责六十万大军军需物资的筹集和运输，因此蒙武在军中既是副将军，又是军需官。同时，此次伐楚并不仅以战胜楚军为目的，而是以统一楚国、百越为终极目标，因此蒙武随军作战，也是为了统一楚国后履行“少府”所负责的“山、海、池、泽之税”。就家事而言，“少府”掌皇室之供养，秦始皇征南越的目的除了一统天下之外，还有一个目

---

① 《史记》，北京：中华书局，2006 年，第 453 页。

的是获得岭南的奇珍异宝，因此蒙武以“少府”身份南征也理所当然。

> 《淮南子·人间训》：因发卒五十万，使蒙公、杨翁子将，筑修城。西属流沙，北击辽水，东结朝鲜，中国内郡挽车而饷之。又利越之犀角、象齿、翡翠、珠玑，乃使尉屠睢发卒五十万，……①

上面引文虽然是指秦始皇二十六年之后蒙恬北击匈奴和秦始皇二十九年屠睢征伐岭南南越之事，但说明了秦军南征北战，需要大批的粮饷，也为了得到越地的瑰宝。因此，蒙武以裨将军身份履行“监军”和“少府”的职责可谓是一举多得。

综上所述，秦始皇七年蒙骜去世之后，秦始皇便任命蒙武“少府”之职，视其为心腹之人，正如蒙武失踪之后，秦始皇视蒙恬、蒙毅为“忠信”一样。秦始皇二十一年委派蒙武以“少府”身份担任王翦裨将征伐楚越，犹如秦二世二年胡亥以“少府”章邯为将，讨伐陈胜叛军一样。这一推断，有没有考古证据支撑呢？答案是肯定的。

四、秦始皇追封蒙武为“中脯王”建“新武陵”

1987年春，溆浦县秦代“新武陵”古城附近发现秦汉墓葬群，其中秦墓的数量有十余座，占到了湖南省发现的秦墓的一半，而且出土物中以兵器为多，说明此地是秦军的聚集地。据湖南省博物馆、怀化地区文物工作队《湖南溆浦马田坪战国西汉墓发掘报告》称，编号懔78溆马M24号墓是这批战国墓中规模最大的一座，位于丰收大队第四生产队的罗家塘山丘之上，经过两千多年的耕作和雨水冲刷，仍然保存有3米多高的封土堆。根据专家学者的考证，M24号墓的主人是秦国伐楚以后驻守溆浦的一位级别较高的秦国将军。②

M24号墓中出土有铜戈、铜剑、铜矛等兵器，其中最引人注目的是两个镌刻有“中脯王鼎”铭文的铜鼎和镌刻“少府”铭文的铜矛。两件铜器的铭文都是镌刻而成，而非铸造而成，说明其所指不是铜器的统一名称或

---

① 《淮南子》，北京：中华书局，2012年，第1090页。

② 湖南省博物馆、怀化地区文物工作队：《湖南溆浦马田坪战国西汉墓发掘报告》，《湖南考古辑刊》，1984年第00期。

制造者的名称，而是指使用者的身份、墓主的身份。

（一）“少府”将军和“中脯王鼎”之谜

2018年4月26日《边城晚报》刊载《探秘怀化博物馆镇馆之宝——“中脯王鼎”》一文，文章中说：怀化市博物馆一楼展厅内，一件铜鼎陈列于展厅中心，仿佛自带“王者光环”，向周围散发着尊贵的王者气息，这便是怀化市博物馆镇馆之宝——中脯王鼎，因其口沿下外壁刻有“中脯王鼎”铭文而得名，1978年于溆浦县马田坪M24秦墓中出土，1994年12月被鉴定为国家一级文物（见图2-1）。

图2-1 “中脯王鼎”，为国家一级文物，怀化市博物馆镇馆之宝

据怀化市文物专家田云国介绍：“中脯王鼎”出土时本为一对，形制规格一模一样，一只带去了湖南省博物馆，一只留在怀化市博物馆。他在2019年2月27日湖南电视台《人文潇湘·宝藏》栏目中播出的《“中脯王鼎”的未解之谜》中介绍说，当时墓葬的封土有三米多高，上面还埋葬了三座现代坟，说明起码是一座中型以上的大墓。墓的主人是官职为“少府”的秦军统领，在征伐楚国时逝于今天位于怀化市溆浦附近的城池里，将军的下属将一对“中脯王鼎”的重器放置于他的墓中，直到两千多年后的1987年，考古人员发现了这座湖南境内规格最高的秦墓。他说：“它到底是一个方国，或者是一个很小的国家，或者是国家给他命名的小的王，这些东西从资料上找不到。”

田云国介绍说：“当时起出来时，里面有水声，就是晃动时候有响声，当时技术没达到，所以不敢开启，怕对文物本身有破坏，到现在为止都没有打开过。有人讲可能放了食物在里面，也有人讲可能放了一些比较值钱的东西在里面，大家的猜测很多，各种猜测，但是猜测只是猜测，因为没办法打开，至今还是个谜。”① 主持人说，经过如此漫长的岁月，留给后人解读的符号并不多，“中脯王”究竟代表了什么？它跟墓主人少府将军又有着什么样的关系呢？

在溆浦县“新武陵”古城 M24 号秦墓的考古发掘以及文物研究过程中，怀化市博物馆原副馆长向开旺和怀化市文物专家田云国都是见证者和参与者。尤其是古墓的规模和出土文物的原始状态，他们是第一见证人，他们的观点最具参考价值。在最近几年媒体采访中，他们谈到了古墓发掘的经过和研究的结果，以及相关的推测，总结起来有以下几点：

1. 溆浦县古城发现的 24 号秦墓是湖南省发现的秦墓之中规模最大的。

2. 秦墓的主人是一位伐楚的官职为“少府”的秦国将军。

3. “中脯王鼎”出土时里面有水声，晃动时有响声。

4. “中脯王”是指一个方国，或者一个很小的国家，或者是国家给他命名的小的王。

（二）“少府”将军即蒙武

前文中论述了 M24 号墓是蒙武之墓，“新武陵”地名出自“蒙武之陵”，蒙武征楚之前任“少府”之职，墓中出土镌刻有“少府”铭文的铜矛就是最好的、最直接的证明。《汉书·百官公卿表》：“少府，秦官，掌山海地泽之税，以给共养，有六丞”，这一铜矛铭文的发现充分说明蒙武是“少府”的身份，驻守在素有“湘西粮仓”的溆浦盆地，其中的一个重要任务就是“掌山海地泽之税，以给共养”。

如果说铜矛上镌刻的“少府”二字说明是蒙武生前曾任的职务，那么两件铜鼎上镌刻的“中脯王鼎”四个字可能就说明了蒙武的地位，也说明了蒙武之墓之所以能够称“陵”，就是因为其“中脯王”的身份（见图 2－2）。

① 根据湖南电视台 2019 年 2 月 27 日湖南电视台《人文潇湘·宝藏》栏目中播出的《“中脯王鼎”的未解之谜》解说词整理。

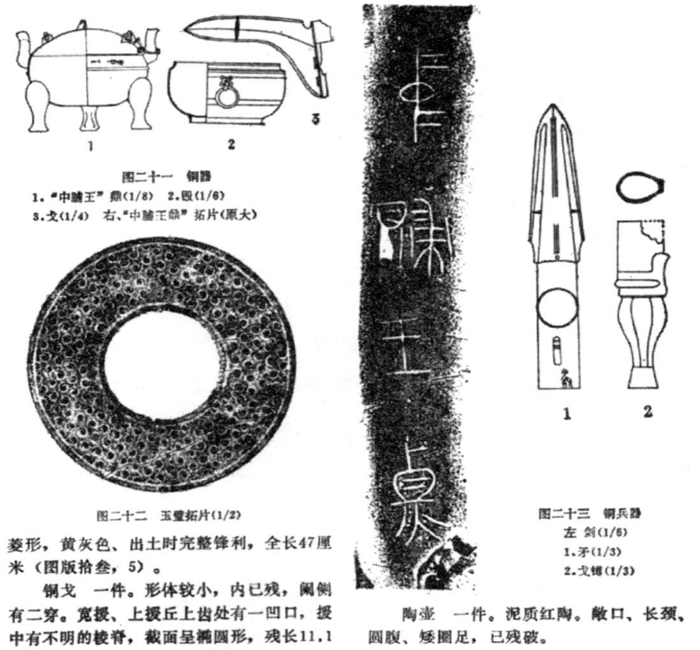
图二十一　铜器
1.“中脯王”鼎(1/8)　2.瓿(1/6)
3.戈(1/4)　右、“中脯王鼎”拓片(原大)

图二十二　玉璧拓片(1/2)

菱形，黄灰色、出土时完整锋利，全长47厘米（图版拾叁，5）。

铜戈　一件。形体较小，内已残，阑侧有二穿。宽援、上援丘上齿处有一凹口，援中有不明的棱脊，截面呈椭圆形，残长11.1

图二十三　铜兵器
左 剑(1/6)
1.矛(1/3)
2.戈镈(1/3)

陶壶　一件。泥质红陶。敞口、长颈、圆腹、矮圈足，已残破。

图 2-2　截图于知网《湖南溆浦马田坪战国西汉墓发掘报告》

（三）秦始皇二十五年“天下大酺”之时追封葬于溆浦的蒙武为“中脯王”

秦始皇“尽并天下，王氏、蒙氏功为多，名施于后世”，就资格和功绩而言蒙骜是三朝元老，秦始皇即位之初就“委国于大臣”蒙骜，而王翦无论是资格、地位、功绩均不及蒙骜；就信任程度而言，秦始皇与蒙氏相互信任，而与王氏则相互猜疑，这一点从王翦出征前假意向秦始皇索要财物消除其顾虑的行为中可以略知一二。

秦始皇二十五年“天下大酺”，必然要对功勋家族进行赏封，王翦的儿子王贲被封为通武侯，孙子王离被封为武城侯，而此时，蒙武却已经去世，蒙武的两个儿子刚刚崭露头角还不到封侯的时候，以蒙氏家族的功绩和蒙武在秦始皇心目中的地位而言，必然会得到比王贲、王离更高的封号，因此追授蒙武为某“王”是恰当的，也是可能的。至于冠以某王，似乎“新武陵”所在地 M24 号秦将军墓中的“中脯王鼎”给出了答案，那就是秦始皇追封蒙武为“中脯王”，赐予“中脯王鼎”。

关于溆浦马田坪M24秦墓铜鼎上的四个铭文，第1、3、4字都是战国常见形体，即“中”“王”“鼎”，唯第2字形体怪异，发掘报告将其释读为“脯”。《古文字研究》第十辑发表周世荣先生《湖南出土战国以前青铜器铭文考》一文又隶作左“貝”右“甫”，均注作“府”。《文博》1990年第1期发表高至喜先生《论湖南秦墓》，仍承袭发掘报告的“脯”。1998年出版的何琳仪先生的《战国古文字典》和2001年出版的张亚初先生的《殷周金文集成引得》及其后出版的《古文字谱系疏证》《新金文编》《商周金文摹释总集》《商周金文资料通鉴》等重要工具书或软件都一律将其隶定作左“貝”右“甫”。虽然有个别学者对其字形提出这样那样的疑问，如董莲池、徐善飞在《中脯王鼎铭文研究》中提出“中馈王鼎”的观点等①，但似乎更脱离了鼎文的原始意义。

要想破解“中脯王鼎”的含义和秘密，除了从字源、字形、字义等方面研究之外，还要分析“中脯王鼎”的出土地溆浦与当时发生的历史事件之间的联系，才能得出正确的答案。笔者认为，溆浦县“新武陵”“少府”将军墓中的“中脯王鼎”之“脯”，与《史记》记载，秦始皇二十五年五月“天下大酺”有关。

> 《说文解字》：酺：王德布，大饮酒也。从酉甫声。
>
> 《宋史·礼志十六》：赐酺，自秦始，秦法，三人以上会饮则罚金，故因事赐酺，吏民会饮，过则禁之。

酺，形声，从酉，甫声。从“酉”，与酒有关。酺的本义是“聚饮”。赐酺之法始自秦国，秦国法律禁止三人以上聚饮，每当国有喜庆之事，才由帝王特赐臣民聚会饮酒。而发生在秦始皇二十五年五月、载入史册的“天下大酺”事件，恰恰是因为蒙武“攻楚，虏楚王”和王翦“降越君，置会稽郡”，秦统一天下取得决定性胜利。

综上所述，蒙氏是秦始皇时期地位最高、贡献最大、秦始皇最为信任的家族。在蒙氏三代之中，蒙武辅佐秦始皇时间最长，又与秦始皇有姻亲关系，因此是秦始皇最信赖的人。在与楚国的决战中，秦始皇让蒙武以“少府”身份为将，与王翦一起攻楚伐越，主要目的是起监军作用。秦始

① 董莲池、徐善飞：《中脯王鼎铭文研究》，《中国文字研究》，2015年第01期。

皇二十四年蒙武“虏楚王”、秦始皇二十五年王翦“降越君”，秦国平定了南方，秦始皇于是赐“天下大酺”。不幸的是，正值此时，蒙武在溆水之浦去世的消息传至咸阳，秦始皇痛失心腹和爱将，为褒奖蒙氏，取“少府之府、溆浦之中、大酺之意”封“少府”蒙武为“中脯王”，并赐“中脯王鼎”建“新武陵”于溆浦。

笔者认为，秦始皇在“天下大酺”之时，追封蒙武为溆浦之王，赐其盛食物的祭祀重器“鼎”，封王名号和鼎的名字中必然带有地域特征、祭祀含义，从第二个铭文的字形结构来看，其左侧是一个“豆”字，代表了祭祀的意思，其右侧是一个“甫”字，代表了蒙武的安葬地和封王之地在溆水之浦。在古代，执政者因事、因人而造新字是常见的事，如最著名的是武则天所造的武周文字。“中脯王鼎”所处的时期正处在汉字发展史上的重要时期：从战国文字到秦汉文字的过渡时期。战国文字资料除铸刻于青铜器物上的金文以外，载体多种多样，其特点是字形简率、地域风格变化较大，体现了汉字在这一时期的复杂应用情况和快速发展演进的实际面貌。战国秦系文字在秦统一六国后成为汉字正体，小篆成为规范六国异文的标准字形。实际上从战国时期开始汉字就在经历着以秦系文字为基础的隶变过程。秦汉文字资料除石刻、金文、玺印、陶文和传世的小篆外，就是大批新发现的简牍帛书文字资料。[①] 处在这个汉字发展复杂多变的时期，为了纪念一个重要人物和事件，秦始皇发明一个左“豆”右“甫”的字来赐封蒙武是可以理解的，这种造字方法属“假借造字法”，也就是借用已有的字，作为另一字构字部件的一种手段。[②]

“豆”是象形字。甲骨文像古代高足食器。金文的形体与甲骨文相似，其上部多了一横，表示器中装有东西。“甫”字除了苗圃的意思外，在古代还用于对男子的美称（见图 2－3、图 2－4）。

从“中脯王鼎”铭文拓片上看，第二个铭文的左侧显然是一个盛食物的器皿，即“豆”字，右则无疑就是“甫”字。那么“豆”和“甫”还有什么含义呢？为什么要用这两个字来组成一个新字呢？

> 《说文解字》：豆，古食肉器也。从口，象形。凡豆之属皆从豆。[③]

---

① 黄德宽：《略论汉字发展史研究的几个问题》，《中国文字学报》，2015 年第 00 期。

② 董性茂：《假借写词法的思考》，《福建师范大学福清分校学报》，2009 年第 3 期。

③ 《说文解字》，沈阳：辽海出版社，2015 年，第 1189 页。

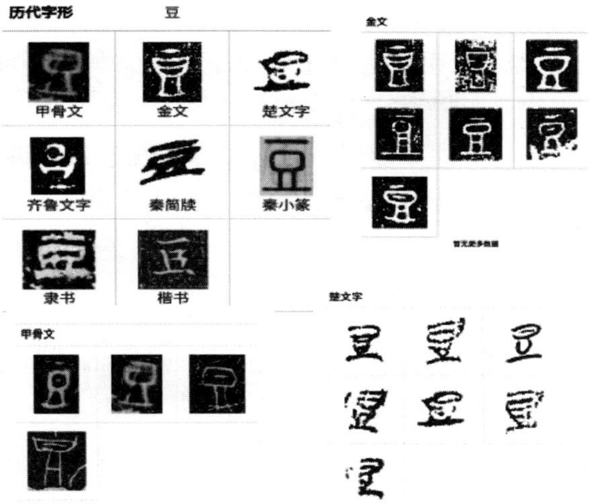

图 2-3 “豆”的历代字形（截图于北京师范大学《汉字全息资源应用系统》）

图 2-4 “甫”的历代字形（截图于北京师范大学《汉字全息资源应用系统》）

“豆”的本义为一种盛肉的容器。如《孟子·告子上》：“一箪食，一豆羹，得之则生，弗得则死。”引申为一种容量单位。战国以后，豆从盛肉的器具逐渐变为祭祀的器具。

“俎”和“豆”常组成“俎豆”一词使用，典出《论语·卫灵公》和《史记·孔子世家》“俎豆之事则尝闻之矣，军旅之事未之学也”①，是指古

① 《史记》，北京：中华书局，2006 年，第 326 页。

代祭祀、宴飨时盛食物用的两种礼器，“俎”是祭祀时盛牛羊等祭品的礼器，豆是盛食物的器皿。引申为祭祀和崇奉之意。如陶渊明《桃花源诗》“俎豆犹古法，衣裳无新制”，是说祭祀仍然用古老的方法。

“甫”是象形字。甲骨文像田中长有菜苗，是“圃”的本字。金文上边稍讹。小篆讹为从用，从父。隶变后楷书写作“甫”。“甫”，古代在男子后面加的美称，如孔子称仲尼甫。

《说文解字》：甫，男子美称也。从用、父，父亦声。[①]

“甫”本义为苗圃。在古代，古人在写信或见面时询问对方的表字，称“台甫”。“豆”是祭祀用的盛食物的礼器，甫是田园和男子的美称，“鼎”是帝王和身份高贵的人随葬的重器。笔者认为，秦始皇在“天下大酺”之年，以“豆”“甫”组合成一个别无他用的字赐封蒙武，包含着在溆浦之地建“新武陵”祭祀蒙武之意，也包含对蒙武的美称。显然，“豆”和“中脯王鼎”所盛之物是祭祀的食物，更有可能是秦始皇在“天下大酺”时赐予蒙武的“御酒”，因此晃动起来有水声。

正如怀化市文物处专家田云国所推测的，“中脯王”是国家封给的一个小的王，溆浦“新武陵”即秦始皇封给蒙武及其后代的一处小小的封地。在此基础上，秦始皇初治“新武陵”县作为洞庭郡治所在地，三年之后洞庭郡治迁至沅阳以便秦军出五岭伐南越，另置“武陵郡”取代“新武陵”，郡治仍在溆浦县。秦始皇追封蒙武为“中脯王”，溆浦“新武陵”成了蒙氏族人的第二故乡。

五、蒙武之子蒙毅曾长期留守“新武陵”

古人云“打虎亲兄弟，上阵父子兵”，也就是说古代的将领但凡出征大多要带上自己的儿子。蒙氏三代为将，是著名的武将世家，因此除蒙骜自齐事秦外，其儿子蒙武，蒙武的儿子蒙恬、蒙毅都应当有随父出征的经历，以便于在战争中得到锤炼，否则很难成为担当重任的将才。因此，虽然传世文献中关于秦史的资料很少，《史记》中关于蒙武南征的记载也只是寥寥数语。但可以断定，蒙武南征之时，他的两个儿子蒙恬、蒙毅起码

① 《说文解字》，沈阳：辽海出版社，2015 年，第 17 页。

有一位是随其一起出征的。除此之外，蒙武所率领的秦国军队还有很多的亲信，也有众多的蒙氏子弟和家乡邑人参与其中，因此这支秦军完全可以称之为“蒙家军”。

蒙武去世之后安葬在“新武陵”中，“蒙家军”的将士们在这里备战守陵，洞庭郡郡治设在此地处理政务，蒙家子弟包括蒙恬、蒙毅等众多后人也都在此守陵、祭祀。之后，其大儿子蒙恬于秦始皇二十六年“因家世得为秦将”，返回北方“攻齐，大破之，拜为内史”，秦并天下之后，又率三十万秦军北逐匈奴。

《文史春秋》资深记者岑沫考察论证，蒙武的小儿子蒙毅曾长期驻守在湖南、广西一带，与屠睢、任嚣、赵佗等一起率领秦军备战岭南百越。蒙武去世三年后，秦始皇二十八年开始“三征岭南”百越，秦始皇三十三年秦军攻占百越各部族。任嚣驻守苍梧，赵佗东下番禺，平定东越设南海郡，任嚣任南海郡尉，赵佗任南海郡龙川县令。蒙毅率偏师西进，克桂林（今桂平），置桂林郡，郡治布山县改称桂平县（取桂林郡平定之意）；再沿黔江西进，平西越，置象郡，郡治武安县（今象州县）。始皇帝三十五年（公元前 212 年），蒙毅屯兵桂平西采食，筑蒙城（今桂平市蒙圩镇故城）。始皇三十六年（公元前 211 年）春，蒙毅北返咸阳，赵佗自番禺率军沿西江西进，抵赵里（今桂平市蒙圩镇流澜村）驻兵，同年夏，联合蒙城驻兵沿郁江西攻西瓯，移象郡郡治至崇山县（今崇左市东南），再沿左江向南进军，平定今越南中、北部的雒越族的反抗，再移象郡郡治至隘云关（今越南中北部的隘云关），秦军势力至河内以南。由此，整个岭南地区划入秦朝的版图。[①]

从《史记》的记载来看，虽然在《蒙恬列传》中说秦始皇“亲近蒙毅，位至上卿，出则参乘，入则御前”，但在秦始皇三十六年前外出巡游的随行人员中却不见蒙毅的踪影，只有在秦始皇三十七年出巡时，因病“使蒙毅还祷山川”。这也说明蒙毅在秦始皇三十六年之前可能不在秦始皇身边，而是在蒙武旧部领兵伐越。

武陵郡郡治溆浦县是秦始皇追封蒙武“中脯王”之地，蒙武的子孙后代曾在此守陵祭祀蒙武，蒙武所率“蒙家军”又曾长期驻守在此地，与当

① 岑沫：《秦朝“四大军团”的最终归宿》，《文史春秋》，2015 年第 11 期。

地融合通婚，形成了相对稳定和安全的社会环境。因此，秦末蒙恬、蒙毅被赵高等人迫害致死后，蒙氏家人、族人、邑人纷纷南投避难，武陵郡溆浦一带成为蒙氏后人避秦二世之乱的最佳选择。溆浦县“思蒙镇”及周边众多的“思蒙”地名就是实证。

第五节　刘邦或因尊崇“蒙公”故沿袭秦置武陵郡

据传世文献记载和21世纪之前的专家学者论述，“武陵郡”之名最初出现在《汉书·地理志》中，“武陵郡，高帝置”，武陵郡源自黔中郡似乎是历史定论。但随着2002年里耶秦简的出土，始发现在汉高祖刘邦置“武陵郡”十多年前，已经出现“新武陵”地名、县名，是史不见经传的“洞庭郡”郡治所在地。有的专家学者甚至认为，秦始皇二十八年前后秦始皇已经从洞庭郡中分设出“武陵郡”，其郡治仍在“新武陵”。[①②③] 笔者在前文中论证了“新武陵”和“武陵郡”均因蒙武而得名。那么，作为推翻秦王朝的汉高祖刘邦为何承袭秦置“武陵郡”，或初置“武陵郡”呢？其原因是汉高祖刘邦虽然反秦但尊崇蒙氏，汉代执政者集团尊蒙氏为“蒙公”，如《淮南子·人间训》：“因发卒五十万，使蒙公、杨翁子将，筑修城。”《盐铁论·伐功》：“蒙公为秦击走匈奴，若鸷鸟之追群雀。”

一、蒙氏遇害是导致秦朝灭亡的重要原因

从秦始皇统一中国到秦朝灭亡，只有不到二十年的时间，其原因是多方面的，有社会经济的，有政治的，有军事的。单纯从军事上来讲秦朝灭亡的主要原因是蒙氏的遇害。

---

① 湖南省文物考古研究所：《里耶发掘报告》，长沙：岳麓书社，2006年，第181页。

② 郑威：《出土文献所见洞庭郡新识》，《考古》，2006年第11期。

③ 游逸飞：《里耶秦简所见的洞庭郡》，简帛网，武汉大学简制研究中心，2015年9月29日。

秦始皇即位之初，即拜蒙骜等三人为将，蒙骜排在首位，又因年少而“委国事大臣”。事实证明，蒙骜在此后的七年时间里是秦国的主将，为秦始皇统一天下打下了坚实的基础。在平定楚国的战争中，蒙武与王翦一起率秦国主要兵力六十万大军出征，取得了统一六国的决定性胜利。之后，蒙恬率三十万秦军北逐匈奴，暴师于外十余年，居上郡。由此可见，蒙氏在秦国军队中具有崇高的威望，无论是中央军团、南征军团还是北伐军团都可称为“蒙家军”。尤其是王翦病退之后，秦国的精锐之师全部在蒙恬的领导之下，驻守楚地征伐南越的秦军虽然因蒙武的去世而易帅，但蒙氏在这支秦军中的影响却是巨大的。

秦始皇病死沙丘之后，胡亥、赵高、李斯合谋赐死在蒙恬军中监军的公子扶苏，又千方百计逼迫蒙恬、蒙毅自杀，“蒙家军”虽遵照蒙恬遗言未曾谋反，但统率秦军的大旗被无端砍倒，秦军将士之心何能不剧烈浮动？后人常常不解：何以战无不胜、有“虎狼之师”之称的秦军，在横扫天下之后，为何面对后来“揭竿而起”的农民军反而倍感吃力，到了对项羽军作战之时更是一败涂地，甚至连接替蒙恬统领秦军主力的王离都一战被俘。这里根本的原因，便是蒙恬、蒙毅遇害之后，军旅中的精英和蒙氏子弟纷纷逃离，导致军心溃散，面对此起彼伏的反秦势力，已经无将可使，无军可用。因此，在不到三年的时间里，便短命而亡。正如孟祥才在《精英人才的逆淘汰是“秦二世而亡”的重要原因》文中所言：“蒙恬、蒙毅兄弟与扶苏关系密切，并且都是治国领军的骨干……他们与扶苏的冤死，使引领秦始皇以后的秦帝国走出困境的最重要的三个人物惨遭淘汰。……当一个王朝肆无忌惮地淘汰它的精英人才时，它实际上是在为自己吟唱最后的挽歌。”[1] 如果说对政治精英的逆淘汰可能改变朝政的走向，但对军队精英的逆淘汰则会直接导致国家的灭亡。

赵高、胡亥、李斯等人阴谋篡位，逼死公子扶苏、残害蒙氏忠良，秦二世昏庸残暴、赵高指鹿为马，致使民不聊生、天下大乱。陈胜、吴广起义即打着公子扶苏的旗号号召天下，从另一个方面说明，秦末农民起义的起因与扶苏和蒙氏的遇害有直接的关系。蒙氏家族的衰亡，正是秦朝衰亡

---

① 孟祥才：《精英人才的逆淘汰是“秦二世而亡”的重要原因》，《西安财经学院报》，2014年第03期。

的开始，一个家族的悲剧，隐含了一个王朝终结的原因，教训是十分深刻的。[①②]

二、蒙家军旧部与刘邦反秦义军未见冲突

秦灭六国之战，既是战国末期最后的诸侯兼并战争，又是中国历史上最早的封建统一战争。它不但结束了春秋以来长达500多年的诸侯割据混战局面，建立起中国有史以来第一个大一统的封建君主制朝代——秦朝，而且南征百越、北逐匈奴，奠定了现代中国的地域版图。在这场统一中国、扩大中国疆域的战争中，以蒙骜、蒙武、蒙恬、蒙毅为将领的秦国军队的贡献最大。在秦始皇统一中国的过程中，司马迁认为"王氏、蒙氏功为多"，而南征北战、扩大中国疆域的功绩则全是蒙恬军和蒙武旧部的功劳。这两支"蒙家军"在秦末战争中有没有参与镇压起义军，最后的去向又如何，归纳起来有下面三大疑问，这三大疑问也决定了大秦灭亡和大汉建立的历史进程：

（一）塞上雄兵何处去？

塞上雄兵即蒙恬所率领的长城军团三十万大军，这支军队是大秦帝国最精锐的部队，在蒙恬统领下北逐匈奴七百余里，使匈奴不敢南面而望十余年，为巩固边疆筑长城"延袤万馀里"、修直道直达咸阳城。然而在秦王朝岌岌可危之时，这支强悍无比的塞上雄兵哪里去了？

据《史记·李斯列传》记载，秦始皇三十七年，始皇出游至沙丘病故，赵高、李斯、胡亥密谋"沙丘之变"，伪造了秦始皇玺书，将大将蒙恬和监蒙恬军的公子扶苏赐死，"以兵属裨将王离"[③]，也就是说蒙恬死于秦末战乱之前，这支蒙恬军旧部交由裨将王离（王翦之孙）统率。那么这支昔日所向无敌的秦军在后来的战争中有何表现呢？

> 《史记·白起王翦列传》：秦二世之时，王翦及其子贲皆已死，而又灭蒙氏。陈胜之反秦，秦使王翦之孙王离击赵，围赵王及张耳钜鹿

---

① 史素文：《论秦朝蒙氏家族的兴衰》，《辽宁广播电视大学学报》，2005年第04期。

② 杨爱民：《秦朝蒙氏家族的悲剧述评》，《昆明学院学报》，1999年第01期。

③ 《史记》，北京：中华书局，2006年，第525页。

城。或曰："王离，秦之名将也。今将强秦之兵，攻新造之赵，举之必矣。"客曰："不然。夫为将三世者必败。必败者何也？必其所杀伐多矣，其后受其不祥。今王离已三世将矣。"居无何，项羽救赵，击秦军，果虏王离，王离军遂降诸侯。①

《史记·高祖本纪》：楚军出兵击王离，大破之。②

《史记·项羽本纪》：（项羽）"于是至则围王离，与秦军遇，九战，绝其甬道，大破之，杀苏角，虏王离。"③

从上面的引文中可以得知，项羽、刘邦起兵反秦时，王离带领一部分军队曾撤回到钜鹿包围"赵"，只不过这支曾击匈奴"若鸷鸟之追群雀"的秦军已经今非昔比，在项羽面前不堪一击，甚至都不如"少府"章邯率领的乌合之众有战斗力，主将王离一战被俘，污辱了"王氏"名施于后世的美誉，这充分说明了蒙恬遇害直接导致了秦军战斗力的削弱和战斗意志的衰退。塞上雄兵长城军团没落的最主要原因，在于缺乏真正的帅才。④

当然，从另一方面讲王离所率秦军可能只是三十万长城军团的一部分，另外大部分兵力应当还留守在长城内外防患于外敌趁乱内侵中原。这也是秦末战争到楚汉争霸间，各封王军、韩信北伐军都没有受到匈奴任何威胁的原因。

（二）岭南军团为何不北援？

在秦末汉初的战争中，秦王朝危在旦夕之时，蒙武旧部、在五岭征南越的"岭南军团"为何不回师北援呢？其实这里面也有着深层次的原因。

据史料记载和前文中的论述，从秦始皇二十五年平定楚地之后，蒙武旧部在湘西地区屯兵备战南越，秦始皇二十八年（公元前 219 年）发动了对百越的战争，先后共分三个阶段。第一次是公元前 219 年秦始皇命屠睢率领 50 万大军南下攻击百越；第二次是公元前 214 年，秦军在任嚣和赵佗的率领下攻占百越，在百越之地置南海、桂林、象郡；第三次是公元前 210 年，秦将赵佗自桂林郡起兵西攻瓯骆之战。这支秦军平定岭南地区后

① 《史记》，北京：中华书局，2006 年，第 454 页。

② 同①，第 74 页。

③ 同①，第 61 页。

④ 岑沫：《秦朝"四大军团"的最终归宿》，《文史春秋》，2015 年第 11 期。

即在当地驻守，后来秦末战乱时，任嚣病故，按照任嚣临终时的嘱托，赵佗接掌统帅岭南军团，下令封锁了五岭关隘，没有参与和影响中原战事。

> 《史记·南越列传》：至二世时，南海尉任嚣病且死，召龙川令赵佗语曰："闻陈胜等作乱，秦为无道，天下苦之，项羽、刘邦、陈胜、吴广等州郡各共兴军聚众，虎争天下，中国扰乱，未知所安，豪杰畔秦相立。南海僻远，吾恐盗兵侵地至此，吾欲兴兵绝新道，自备，待诸侯变，会病甚。且番禺负山险，阻南海，东西数千里，颇有中国人相辅，此亦一州之主也，可以立国。郡中长吏无足与言者，故召公告之。"即被佗书，行南海尉。嚣死，佗即移檄告横浦、阳山、湟溪关曰："盗兵且至，急绝道聚兵自守！"因稍以法诛秦所置长吏，以其党为假守。秦已破灭，佗即击并桂林、象郡，自立为南越武王。[①]

任嚣身为秦将和南海尉，为何却说"秦为无道，天下苦之"呢？这是因为任嚣、赵佗等本来就是蒙武的部将，秦始皇三十三年任嚣、赵佗再次攻越时，蒙武之子蒙毅率偏师西进，克桂林（今桂平市），置桂林郡，秦始皇三十五年蒙毅屯兵桂平西采食，筑蒙城。秦始皇三十六年春，蒙毅才北返咸阳。[②] 所以，蒙恬家族被迫害致死，他们自然以为"秦无道"，从而失去了对秦朝效忠的决心。因此，在听闻"项羽、刘邦、陈胜、吴广等州郡各共兴军聚众，虎争天下"时，首先想到的不是率兵平叛，而是想响应反秦。但终因病危，才不得不嘱托赵佗拥兵自守"待诸侯变"。赵佗按照任嚣临终嘱咐，封关，绝道，筑起了三道防线，闭关自守，没有参与秦朝平叛，赵佗此举，避免了岭南地区重新出现百越的分裂状态，也避免了中原地区战争形势的加剧。

（三）是谁平定蜀湘越吴之地？

项羽起兵于会稽（今苏州），陈胜起兵于大泽乡（今宿州），刘邦起兵于沛县，以彭城（今徐州）为中心，秦楚决战于巨鹿（今邢台）。从《史记》之《项羽本纪》和《高祖本纪》的记载来看，秦末汉楚的战争都在长江以北、中原一带，蜀湘越吴广大地区在此期间没有任何战事，汉高祖刘

---

① 《史记》，北京：中华书局，2006 年，第 662 页。

② 岑沫：《秦朝"四大军团"的最终归宿》，《文史春秋》，2015 年第 11 期。

邦是何时何法将此纳入统治范围的呢？

秦朝末年，无论是陈胜、吴广领导的农民起义，还是项羽、刘邦领导的诸侯反秦战争，战事大都集中在黄河中下游地区。而西北和长江以南地区正是蒙恬和蒙武两支秦军主力的驻扎地，在秦末汉初的争战之中却没有发生任何的战事，既无内战又无外患，刘邦称帝后将其纳入汉朝的版图。汉高祖五年（前 202 年）刘邦即皇帝位，分封前朝归汉的有功之臣，封衡山王吴芮为长沙王，越王无诸为闽越王等等，最后归汉的是拥兵自守“待诸侯变”的南越王赵佗。他们在反秦战争中闭关自守，任由秦王朝灭亡，很大原因也与蒙氏的遇害有关。同样，他们在汉初能够顺利归汉，也与汉高祖刘邦的尊崇蒙公有关。

三、蒙家军南征北战为汉朝疆域奠定基础

据《史记》记载，秦始皇先后将南征北伐的两支主力秦军全部交给了蒙氏。蒙武、蒙恬带领这两支“蒙家军”南征楚越，北逐匈奴，为秦国统一六国、开拓边疆，也为秦之后的汉朝扩大了统治范围，奠定了大一统中国的版图，蒙氏可以称得上是扩大中国领土的第一功臣，无愧于“中华第一勇士”的称号。

在南方，王翦与蒙武所率秦军占领楚地后，置洞庭郡、会稽郡，之后秦又置武陵郡和岭南三郡。在北方，蒙恬西北逐匈奴，置上郡，匈奴退却七百余里，从此不敢南下而牧马。在军事占领和设置郡县进行统治的基础上，蒙家军筑长城、修直道，长期驻守边陲、屯兵垦田。同时，秦始皇对西北和西南地区进行大规模的移民，兴修水利，开发农业，促进了与少数民族的融合发展。秦国移民主要由三类人员组成：一是迁豪，将地方贵族、豪强迁离原籍，这属于政治性移民；二是罪迁，相当于后世的流放；三是官吏、戍卒，即驻守边地郡县的官吏、士兵。秦始皇移民实边活动，是中央集权国家第一次进行的有组织、大规模的新经济区开发行动。[①] 在这个过程中，蒙氏自始至终都起到了重要的作用，不但为秦国而且为随后的汉朝、甚至对现在中国版图的形成也做出了开拓性的贡献。

① 高士荣：《秦国及秦朝开发西部的基本模式》，《西安财经学院学报》，2010 年第 03 期。

四、汉高祖或尊崇“蒙公”承袭秦置“武陵郡”

汉高祖刘邦在秦始皇时期担任泗水亭长，成为秦政治体制中的一员，从而历练了刘邦的组织能力，拓展了他的人脉关系，激发了他的政治欲望。秦二世时，刘邦在押解刑徒前往骊山的路上，因刑徒多逃亡，无法完成押解任务而被迫脱离秦体制。陈胜起义之后，刘邦被萧何等秦体制内的人共同推举为起义首领，秦体制内之人构成了刘邦队伍的核心，使其在各路反秦队伍中脱颖而出，顺利入关占领了秦朝首都咸阳。刘邦进入咸阳后，不仅没有杀掉投降的子婴，而且与秦民约法三章，宣布“诸吏人皆案堵如故”，派人和秦朝的官吏一起到各地宣传刘邦的政策措施。结果“秦人大喜，……唯恐沛公不为秦王”。与之形成鲜明对比的是，项羽对秦人与秦体制始终怀抱仇视心理，他到咸阳后，“屠烧咸阳秦宫室，所过无不残破。秦人大失望，然恐，不敢不服耳”，人心的向背最终使刘邦战胜了项羽，建立汉王朝，并在全国范围内“汉承秦制”。可以说秦制影响了刘邦，也塑造了刘邦，刘邦继承并完善了秦制，开创了大汉王朝的历史新时期。[①]

秦朝统一天下后短命而亡，其原因在汉初的思想界与史学界引发争论，即《盐铁论》中的“过秦”与“道秦”的争论。在《盐铁论》中桑弘羊等执政大夫充分肯定了蒙恬征伐匈奴的历史功绩，尊称蒙恬为“蒙公”，汉代及其后的著作中也都尊蒙氏为“蒙公”。

> 《盐铁论·伐功》：蒙公为秦击退匈奴，若鸷鸟之追群雀，匈奴势慑，不敢南面而望十馀年。

《盐铁论》中桑弘羊对蒙恬的历史功绩给予充分肯定，形容蒙恬打击匈奴如摧枯拉朽，“蒙恬征胡，斥地千里，逾之河北，若坏朽折腐”。从而给边境带来了多年的安宁。汉代匈奴为寇，正是因为缺乏蒙恬这样的人物，“及其后，蒙公死而诸侯叛秦，中国扰乱，匈奴纷纷乃敢复为边寇”[②]。

值得注意的是，汉代人大多称蒙恬为“蒙公”，如上述《盐铁论》之

---

① 王绍东：《论秦制对称帝前刘邦的塑造》，《西安财经学院学报》，2016 年第 06 期。

② 王绍东：《西汉盐铁会议上的“过秦”与“道秦”》，《史学研究》，2011 年第 02 期。

《伐功》及《险固》篇，都称之为蒙公，其他如《淮南子·人间训》“秦皇挟《录图》……使蒙公、杨翁子将”，《文选·羽猎赋》（扬雄）“越安定以容与兮，遵长城之漫漫，剧蒙公之疲民兮，为强秦乎筑怨”等。[①] 王利器先生认为：“汉人对于历史人物于国家民族曾做出重大贡献的，都尊称之为公，如萧何之称为萧公，贡禹之称为贡公。这充分反映了时代的要求、人民的意愿。”[②] 可以肯定地说，若非蒙恬大军夺取阴山南北的决胜与万里长城的矗立，其后接踵而来的“楚汉”大乱时期，匈奴族群必将大举南下，华夏文明的生存将陷入无可预料的危境，其后有没有汉王朝，有没有汉人，实在都是未知之数。蒙恬作为一代名将，文明屏障之功不可没也！

综上所述，汉高祖刘邦身为秦王朝体制中人，之所以响应陈胜吴广起义反秦，主要是反秦二世之秦，正如陈胜吴广打着公子扶苏的旗号反秦一样，刘邦对与扶苏关系密切的蒙氏一族同样尊崇。这体现在汉朝朝廷上下对蒙恬功绩的高度评价和“蒙公”的称谓上。加之蒙氏旧部未参与秦末战争，刘邦称帝后又顺利归汉，因此汉高祖刘邦对蒙氏家族的尊崇程度并不亚于秦始皇。因此将秦始皇所置“武陵郡”建置承袭下来，因秦史资料的缺失，《汉书·地理志》所言“武陵郡，高帝置”似乎成为千百年来“武陵郡”之正源，秦置“新武陵”和“武陵郡”反而湮灭在史籍中，直至2002年里耶秦简的出土。

刘邦“汉承秦制”，善待秦人、尊崇蒙氏，封秦吏吴芮为“长沙王”，袭秦旧制“武陵郡”，为后来遣使封赵佗为“南越王”做铺垫。南越王赵佗于公元前204年创立南越国，国境与长沙国、武陵郡接壤。公元前196年，汉高祖刘邦派遣大夫陆贾出使南越，劝服赵佗归汉，赵佗接受了刘邦封予的“南越王”，对汉称臣通使，消除了南边患害，东南地区的大片领土纳入中国版图。

武陵山在楚黔中郡境内，原名黔山，后因秦、汉置“武陵郡”而得名“武陵山”[③]，居住在武陵郡一带的族群称“武陵夷”，总之，秦始皇二十六年出现在里耶秦简中的“新武陵”是“武陵”之源。

---

① 丁宏武：《蒙恬的一封上书及其生平的几个问题》，《宁夏大学学报》（人文社会科学版），2013年第04期。

② 王利器：《盐铁论校注》，北京：中华书局，1992年，第497页。

③ 郭仁成：《楚国经济史新论》，长沙：湖南教育出版社，1990年。

本章结语：

1. “新武陵”位于怀化市溆浦县，始见于秦始皇二十六年。是秦置洞庭郡郡治，后为秦置“武陵郡”郡治和汉置“武陵郡”郡治。

2. “新武陵”是秦始皇二十四年“攻楚，虏楚王”、秦始皇二十五年后失踪的秦国伐楚将领蒙武之陵。

3. “新武陵”是指 1987 年溆浦县马田坪发现、发掘的 24 号秦将军墓。墓中出土的铭刻有“少府”二字的矛和铭刻有“中脯王鼎”四字的鼎，证明了蒙武的身份和地位。

4. 蒙武旧部长期屯兵于溆浦，秦始皇追封蒙武为“中脯王”，溆浦“新武陵”所在地“思蒙”一带成为蒙武名义上的封地，也被蒙氏视为第二故乡。因此成为秦末蒙恬、蒙毅遇害之后，蒙氏家人、族人、邑人南逃，避秦时乱的隐居之地。

第三章

千古之谜　桃源秦人

陶渊明以武陵为背景创作《桃花源记》，并非随意之举，这个故事必然与“武陵”有着直接的关系。否则，“假使完全出于虚构，那么东西南北任何一地都可由作者自由指定，没必要加以考证”①。因此，陶渊明之后的历代文人又将“桃花源”称为“武陵源”。②

笔者认为，无论是“桃花源”还是“武陵源”，重点就在一个“源”上，这个“源”就是“武陵之源”“武陵避乱秦人之源”“桃花源之源”。前面我们已经回答了“武陵之源”的问题，下面再来探究“武陵避乱秦人之源”。

第一节　学者关于“桃源秦人”的论述

陶渊明在《桃花源记》中只是大概说明了迁来武陵的时间是秦嬴时期，但没有具体的时间。“避秦时乱”也未能说明避何乱，更没有说明从何地迁来，所有这些都成为后人不断探索又难以破解的问题。

一、桃花源中人“避秦时乱”之原因

桃花源中人之先世为什么避入桃花源？现代学者持有不同的观点，其

①② 唐长孺：《魏晋南北朝论丛续编》，北京：中华书局，2011年，第186页。

代表人物分别是陈寅恪和唐长孺两位魏晋南北朝史学大家。陈寅恪在《〈桃花源记〉旁证》中从坞垒的角度立论，认为是避战乱。唐长孺在《〈桃花源记旁证〉质疑》中则从逃避徭役的角度立论，以为桃花源中“所说的‘秦时乱’，既不像后来的御用史学家以农民起义为‘乱’，也不指刘、项纷争。在他的诗中开头就是‘嬴氏乱天纪，贤者避其世’，显然是承用汉代以来‘过秦’的议论，下面特别提到桃花源中人的生活是‘春蚕收长丝，秋熟靡王税’，通篇没有一句说到逃避兵役的话。由此可见，他所说的‘乱’是指繁重的赋役”①。

现代学者依据两位学者的论述，对桃花源中人之先世“避秦时乱”的原因提出逃避战乱与徭役兼有的观点。如龚斌在《桃花源原型在武陵之推论》一文中说，“避秦时乱”的原因单纯是为了“逃避徭役”的说法其实也不全面，因为赋役背后必定是军事机器的支撑，而人民对抗徭役的手段不是请求，因为请求无用，最后也只能是武力起义。所以，“秦时乱”绝不仅仅是当时繁重的徭役引起人民的逃亡，必定包括战争的灾难。②

总的来看，古今学者关于武陵桃花源中人之先世“避秦时乱”的原因持有三种观点：或逃避战乱，或逃避徭役，或二者兼而有之，唯独不见“避难”或“避丧乱”之说。

二、桃花源中人“避秦时乱”之来历

桃花源中人之先世来自哪里？属于什么族群？对于这一问题历来有各种猜测，现代学者所持的观点更是截然不同。

（一）陈寅恪认为“桃花源中人”为中原之人

陈寅恪在《〈桃花源记〉旁证》说：“西晋末年，戎狄盗贼并起，当时中原避难之人民其能远离本土迁至他乡者，北则托庇于慕容之政权，南明则侨居于孙吴之故域。其不能远离本土迁至他乡者，则大抵纠合宗族乡党，屯聚堡坞，据险自守，以避戎狄寇盗之难。”

“苻秦”又称“前秦”，是东晋十六国时期的政权之一。351 年氐族人

① 唐长孺：《魏晋南北朝史论丛续编》，北京：中华书局，2011 年，第 185－195 页。

② 龚斌：《桃花源原型在武陵之推论》，《中天学报》，2015 年第 06 期。

苻健占据关中，公元352年苻健称帝，定都长安，与东晋断绝，因所据之处为战国时秦国故地，故以此立国号。东晋末年，戴延之从刘裕一起入关西征，著《西征记》二卷，记录了在洛水之上堡坞中的所见所闻。陈寅恪先生认为，陶渊明与戴延之是故交，直接或间接得知戴延之入关途中之所见，以此为素材创作了《桃花源记》。因此，陈寅恪将“桃花源”中人认定为中原之人，“避秦时乱”是指避“苻秦”之时的战乱，“桃花源”原型是北方弘农或上洛的堡坞，而非南方的武陵。①

（二）唐长孺认为“桃花源中人”是当地武陵蛮人

唐长孺先生在《读〈桃花源记旁证〉质疑》一文中，在质疑陈寅恪先生观点的同时，认为桃花源故事本是南方的一种传说，晋、宋时期流传于荆、湘一带，以后故事又流入蜀地。武陵本是蛮族所居之地，这段故事发生在武陵，发现异境者是蛮人或具有蛮族氏姓的渔人，很可能本来是蛮族的传说。唐长孺引《水经注·沅水》，“沅南县西有夷望山，孤竦中流，浮险四绝，昔有蛮民避寇居之，故谓之夷望也。南有夷望溪水”。据此认为蛮民避寇进入深山在武陵是有传说的。蛮民所避之寇是什么呢？不言而喻，那该是历朝统治者政治上乃至军事上的压迫，其目的在于掠夺蛮民财富。②

（三）有学者认为“桃花源中人”是巴蜀之人

邹家例在《〈桃花源记〉与巴族人向武陵源的迁徙》一文中说，秦末的战乱发生在中原地区，长江流域相对比较安定，是不可能发生避乱武陵源的事的。但是，如果把“避秦时乱”上推到秦惠文王派军队灭亡巴蜀古国，巴族人迁徙到武陵源一带的历史，便找到了“避秦时乱”的依据。他认为，秦惠文王灭亡巴蜀古国时，巴族人还处在原始社会的晚期。至东汉初年，无论留居巴郡的巴族人，还是迁徙入武陵源的巴族人，都结成了部落，已经站到了文明时期的门槛前。至晋太元中渔夫探访桃花源，又过了三百年的时间。但在与世隔绝的桃花源中，还实行公有制度，“童孺纵行歌，斑白欢游诣”，只有在还保留公有制的社会，老人与小孩才能获得最

---

① 陈寅恪：《〈桃花源记〉旁证》，《清华大学学报》（自然科学版），1936年第01期。

② 唐长孺：《魏晋南北朝史论丛续编》，北京：中华书局，第185－195页。

充分的照顾。①

（四）有学者认为“桃源中人”是楚亡时隐居的苗族先民

龙兴武在《〈桃花源记〉与武陵苗族》一文中认为，桃花源人是“先世避秦时乱”而来此隐居的苗族先民。公元前278年，白起攻破楚都郢，次年又夺楚巫郡、黔中郡，这两次战争使楚军楚民四处溃散，楚人被迫扶老携幼，率妻子邑人沿沅水、资水、清江流域西迁至黔中地的五溪深谷之地，史称“五溪蛮”。②

（五）王先谦认为“桃源中人”是戍边秦兵后裔

关于桃花源中人之先世问题的探讨，还有一种新奇的说法，以为桃花源中人乃秦昭王时戍役不归的秦兵后裔。王先谦在《读吴窓斋尚书桃源记书后》一文解释桃源中人避秦时乱，很有新意，给人启示。他说：“《史记·秦本纪》昭襄王时，司马错定蜀，二十七年，错因蜀攻楚黔中，拔之，三十年，立黔中郡。《括地志》云：‘古城在辰州沅陵县西二十里。’刘梦得《登司马错古城》诗自注：‘秦时错征五溪蛮，城在武陵沅江南。’是当日沅、澧左侧，皆秦兵威所至。吾意必有秦人戍役不归，寻幽选僻，相率聚居，若交趾、马流之比，而为之魁首，抑岂无一二奇杰，如卢生、徐市之流，知乱世未艾，号召部署，堑险自固，不与人境通。”王氏据《史记》与刘梦得诗，以为桃源中人乃秦昭王时戍役不归的秦兵后裔。虽属推测，颇合情理。历史上逃避战乱而避世者有之，戍役不归留居当地者亦有之。当然，王氏称秦昭襄王时司马错征武陵蛮，时间比秦始皇乱天纪又提前了将近一百年，这与《桃花源记》《桃花源诗》有矛盾。③

三、桃花源中人是“避秦难”之秦人

在传世《陶渊明集》的各种版本中，《桃花源记》的文字大同小异，可以统称为陶集本。与陶集本有更大差异的是明清人辑刻的《搜神后记》

① 邹家俐：《〈桃花源记〉与巴族人向武陵源的迁徙》，《民族论坛》，1991年第02期。
② 龙兴武：《〈桃花源记〉与武陵苗族》，《学术月刊》，2000年第06期。
③ 龚斌：《桃花源原型在武陵之推论》，《中天学报》，2015年第06期。

本中的《桃花源》。陈寅恪在《〈桃花源记〉旁证》中指出，《陶渊明集》中的《桃花源记》与《搜神后记》中的《桃花源》都出自陶公之手。

《〈桃花源记〉旁证》：今本《搜神后记》中的《桃花源记》，依寅恪之鄙见，实陶公草创之本。而渊明文集中之《桃花源记》，则其增修写定之本，二者俱出陶公之手。①

《搜神后记》：村中人闻有此人，咸来问讯。自云先世避秦难，率妻子邑人至此绝境，不复出焉。②

根据学者们的论证，陶渊明创作的《桃花源记》先后有两个版本，其中《搜神后记》所载的版本是草创之本，后来《陶渊明集》所载版本为修订之本。这两种版本最明显的差异在于"避秦时乱"和"避秦难"。

范子烨在《〈桃花源记〉的"草本"与"定本"问题——陈寅恪〈桃花源记旁证〉补说》一文中说，两种文本互有不同，最需要我们关注的是陶集本"自云先世避秦时乱"，"时乱"，在《搜神后记》本作"自云先世避秦难"。③ 也就是说，陶渊明在《桃花源记》草稿中，本来记载的是桃花源人的先世是"避秦难"而来，而不是"避秦时乱"而来。对于这一字之差所蕴含的信息，历来还没有人研究过，也许这就是桃花源中人的秘密所在。桃花源中人的族群或不是因为逃避战乱、徭役避居武陵，而是因为这个族群遭遇了可能要株连九族的大难，因而远走他乡、投亲靠友，到一个他们认为能够保护家族安全的地方，从此隐居起来与世无争。

第二节 "桃源秦人"是避难于武陵的蒙氏后人

陶渊明在《桃花源诗并记》中非常清楚地交代了桃花源中人避难的地

① 陈寅恪：《金明馆丛稿初编》，北京：三联书店，1959年，第188-200页。

② 陶潜：《搜神后记》，北京：中华书局，1981年，第4页。

③ 范子烨：《〈桃花源记〉的"草本"与"定本"问题——陈寅恪〈桃花源记旁证〉补说》，《中国典籍与文化》，2011年第02期。

点和时间：武陵郡、嬴秦时。又以“淳朴有异源”排除了当地蛮人入山的可能。在《搜神后记》保留的草本中，保留了“避秦难”的原始记录。逃战乱、逃兵役和逃徭役只要入山就可逃避，无论哪座山都可以，并不一定在武陵一地。而逃难之人则要远离故土，投亲靠友，到有靠山能保证家族安全的地方去。因此，到武陵郡避秦难之人显然非蒙氏后人莫属。

一、“秦时之乱”是指秦二世时之乱

在《陶渊明集》中，《桃花源记》叙述的桃花源中人之先世是“避秦时乱”来到武陵。“避秦时乱”显然是指秦灭六国统一中国之后，否则陶渊明会写桃花源人自云“避春秋之乱”、“避战国之乱”或“避楚汉之乱”。根据陶渊明《桃花源诗》所言“嬴氏乱天纪”“奇踪隐五百”，桃花源中人所言“避秦时乱”也必然是避嬴秦之乱，而非陈寅恪先生所言避西晋末年的“苻秦之乱”。

笔者认为，《桃花源记》中“避秦时乱”除了前面所讲的“避战乱”“避徭役”之外，还应当包含着“天纪之乱”“朝纲之乱”“世道之乱”，正如陶渊明在《桃花源诗》中首句所言“嬴氏乱天纪，贤者避其世”。这里面所说的“嬴氏乱天纪”并非指秦国和秦朝的历代帝王，因为地处西陲的秦国由于文化发展相对落后于东方诸国，所以历代秦王都广揽天下贤士，大量起用其他国家的有识之士为卿，所谓“客卿”的数量要远多于其他国家，秦国的崛起和最后一统天下与其人才战略是密不可分的。[①] 因此，桃花源中人“避秦时乱”绝对不会是避秦国统一六国之前的战乱，陶渊明所言的“嬴氏乱天纪，贤者避其世”绝非指秦始皇统一六国前的嬴氏秦王。如此看来，桃源中人来武陵“避秦时乱”的时间应定格在秦始皇二十六年至秦二世三年之间。

“避秦时乱”更不可能发生在秦始皇时期，因为秦始皇登基之后，丞相绾主张“诸侯初破，燕、齐、荆地远，不为置王，毋以填之。请立诸子，唯上幸许。”就是请求秦始皇分封自己的皇子们到这些地方去为王，秦始皇问群臣的意见，结果都以为这样可行。但是秦始皇说：“天下共苦

① 沈刚：《秦代列卿问题发微》，《秦文化论丛》，2006年第00期。

战斗不休，以有侯王。赖宗庙，天下初定，又复立国，是树兵也，而求其宁息，岂不难哉!”于是，采纳了廷尉李斯的意见实行郡县制，分天下为三十六郡，郡置守、尉、监，实行了中央集权制。制定了严格的法律制度，“车同轨，书同文”，收天下兵器聚之咸阳，天下安定再无战乱可言，朝廷稳定、天下安定，所以从秦始皇二十七年至三十七年的十年间秦始皇巡游天下，所到之处必刻石立碑，歌功颂德，正如二十八年巡泰山时刻石所言：“皇帝临位，作制明法，臣下修饬。”[①] 因此，秦始皇时期是几百年间最为安全、安定的时期，不会有避乱之说，更不会有因管理不到位而“与外人间隔”的世外桃源。

根据上述用排除法推定得出的结论，所谓的“嬴氏乱天纪”应当是指胡亥篡位之后，奸臣赵高把持朝政，指鹿为马，迫害贤良，由此引发的朝纲之乱、世道之乱，故有“贤者避其世”。如此就可以把桃花源中人到武陵的时间准确到了秦二世、秦末时期。

二、“秦时之难”是指蒙氏遇害之难

古代学者都认为《搜神后记》的作者是陶渊明。现代史学大家陈寅恪认为《搜神后记》之所记“桃花源”是陶渊明创作的草本，在这个草本中称桃花源中人先世是“避秦难”于武陵，这个族群非常大，而且非常特别，既有贤良之称，又有淳朴民风，这样一个族群在秦二世时遇到了一次天大的祸难，全家老小、包括族人和家乡的人不得不逃离故土避难于武陵。那么，这个特征鲜明的族群来自哪里呢？他们又遇到了什么样的灾难呢？他们为什么要来武陵避难呢？综合前文论述，来武陵避难、避乱的秦人非蒙武、蒙恬、蒙毅后人和族人莫属。

蒙氏家族在秦始皇时期地位最为显赫，“故诸将相莫敢与之争焉”。然而，正值蒙氏家族鼎盛之时，却发生了改变中国历史进程和走向的著名的“沙丘之变”，一场始料未及的无妄之灾突然降临蒙氏家族：秦始皇突然病逝于沙丘，赵高与胡亥、李斯密谋篡位，逼迫公子扶苏、大将蒙恬、上卿蒙毅自杀身亡，整个蒙氏家族群龙无首，随时面临着株连九族

① 《史记》，北京：中华书局，2006年，第44－45页。

的巨大灾难。

据《史记》记载，秦始皇三十七年，始皇嬴政出咸阳东巡会稽，北抵琅邪。同行的有丞相李斯、中车令赵高、上卿蒙毅，始皇的二十余子中只有小儿子胡亥随从。其年七月，始皇至沙丘时得了重病，于是“使蒙毅还祷山川，未返”，又令赵高为书赐公子扶苏曰：“以兵属蒙恬，与丧会咸阳而葬。”秦始皇的这一番对身后事的安排看似缜密，却因蒙毅祷山川未返回身边，而让赵高、胡亥、李斯阴谋篡位，伪造玺书逼杀公子扶苏和大将蒙恬有了可乘之机。

> 《史记·蒙恬列传》：始皇三十七年冬，行出游会稽，并海上，北走琅邪。道病，使蒙毅还祷山川，未反。①
>
> 《史记·秦始皇本纪》：独子胡亥、赵高及所幸宦者五六人知上死。赵高故尝教胡亥书及狱令法事，胡亥私幸之。高乃与公子胡亥、丞相斯阴谋破去始皇所封书赐公子扶苏者，而更诈为丞相受始皇遗诏沙丘，立子胡亥为太子。更为书赐公子扶苏、蒙恬，数以罪，赐死。②

据《史记》记载，赵高出身卑贱，因“通于狱法”而被秦始皇任命为中车府令，让其“即私事于公子胡亥，喻之决狱”。赵高曾犯有大罪，秦始皇先是让蒙毅依法治之，随后又将其赦免并复其官职，赵高因此怨恨蒙氏。胡亥即帝位之后，想释放蒙恬，但在赵高极力诋毁陷害下，胡亥没有听取公子婴的劝说，最终杀害蒙毅，又逼迫蒙恬自杀。

> 《史记·蒙恬列传》：高有大罪，秦王令蒙毅法治之。毅不敢阿法，当高罪死，除其宦籍。帝以高之敦于事也，赦之，复其官爵。……胡亥已闻扶苏死，即欲释蒙恬。赵高恐蒙氏复贵而用事，怨之。毅还至，赵高因为胡亥忠计，欲以灭蒙氏。……太子立为二世皇帝，而赵高亲近，日夜毁恶蒙氏，求其罪过，举劾之。③
>
> 《史记·蒙恬列传》：子婴进谏曰：“……今蒙氏，秦之大臣谋士也。而主欲一旦弃去之，臣窃以为不可。臣闻轻虑者不可以治国，独

① 《史记》，北京：中华书局，2006年，第531页。

② 同①，第49页。

③ 同①，第531－532页。

智者不可以存君。诛杀忠臣而立无节之人，是内使群臣不相信而外使斗士之意离也，臣窃以为不可。”①

蒙氏兄弟的不幸，从表面上看，是由于赵高的陷害所致。但是，实际蒙氏兄弟的悲惨结局关键在于他们无意中卷入了秦始皇的长子扶苏与少子胡亥间的斗争，成了皇室内争的祭品。扶苏“刚毅而武勇，信人而奋士”，但由于对秦始皇三十五的“焚书坑儒”等残暴统治行为提出不同意见，招致秦始皇的不满，被他赶出京城到外地做监军。

《史记·秦始皇本纪》：“犯禁者四百六十馀人，皆坑之咸阳，使天下知之，以惩后。益发谪徙边。始皇长子扶苏谏曰：“天下初定，远方黔首未集，诸生皆诵法孔子，今上皆重法绳之，臣恐天下不安。唯上察之。”始皇怒，使扶苏北监蒙恬于上郡。②

秦始皇将扶苏交给蒙恬，在很大程度上表示了对蒙恬的尊重和信赖，但这也决定了蒙恬后来的悲剧命运，因为蒙恬与扶苏就此结下了不同寻常的关系，胡亥要做皇帝，就要除掉扶苏，而要除扶苏，就必除蒙恬。胡亥虽然是少子，但由于得到秦始皇的宠爱，得以跟随左右，而他又与赵高关系甚密，对赵高言听计从。这样，蒙氏兄弟与赵高的矛盾，又同扶苏与胡亥的矛盾交织在一起。故而秦始皇一死，赵高、胡亥一伙便篡改诏书，赐死扶苏，逼杀蒙恬和蒙毅。

胡亥即位之初，赵高在胡亥面前“日夜毁恶蒙氏，求其罪过”，才使得胡亥下诏赐死蒙恬、蒙毅。虽然赵高希望将蒙氏后人、族人赶尽杀绝，对“蒙家军”中众多的亲兵、将士进行清洗以绝后患，但因秦朝皇室对蒙氏的尊崇和保护（蒙氏本身亦是皇亲国戚），以及蒙氏在朝野，尤其是军中的威信，所以赵高难以立即对蒙氏家人、族人下手，这就为蒙氏家人、族人、邑人外逃提供了机会。

三、“武陵郡”是蒙氏避难的最佳选择

胡亥在赵高“日夜毁恶蒙氏，求其罪过”下，“遣御史曲宫乘传之代，

① 《史记》，北京：中华书局，2006年，第532页。

② 同①，第48页。

令蒙毅曰：‘今丞相以卿为不忠，罪及其宗。朕不忍，乃赐卿死，亦甚幸矣。卿其图之。’”[①] 从胡亥的言行中可以看出，胡亥对蒙氏还是有感情的，他本想放过蒙氏，但在赵高日夜毁恶、纠缠下才不得不赐死蒙恬和蒙毅。胡亥赐死蒙毅时说的这些话，实际上是明白无误地告诉蒙氏家族、宗亲早做打算，赶紧外逃避难。

蒙恬、蒙毅遇害，使整个蒙氏家族认识到灭顶之灾随时随地可能降临，需要立即组织外逃。要想逃脱赵高的魔掌，必须寻找一处远离咸阳、安全可靠的地方去避难。纵观秦朝天下，全国只有三个地方可以作为备选的避难地：其一是蒙氏故里，山东蒙阴；其二是蒙恬暴师于外十余年的上郡；其三是蒙武旧部的屯兵之地“武陵郡”。

分析比较以上三个备选地，齐地蒙阴虽然是蒙氏故里，有一定社会基础，却没有军事力量的保护，又在秦二世政权的控制范围内，显然不是最佳选择；驻守上郡的秦军虽然曾是蒙恬的旧部，但估计当时也是赵高、胡亥等人清洗的重点，军中蒙恬的亲信或遭清洗，或也在此次逃难的范围之内，急于离开此地，所以上郡非但不是避难之处，反而是危险之地。除此之外，蒙氏避难之处非湘西武陵郡莫属。其原因有三：

一是湘西地区自秦始皇二十五年前就是蒙武所率秦军的屯兵之地，根据秦始皇屯兵戍边的政策，在当地已经有了深厚的社会基础。

二是溆浦县“新武陵”是秦始皇追封蒙武“中脯王”之地，众多的蒙家军将士和蒙氏子弟兵在此驻守，武陵是蒙氏可以避难的第二故乡。

三是蒙武之次子蒙毅曾随父南征，蒙武去世之后蒙毅仍然留在军中担任将领，长期在武陵驻守。秦始皇二十八年至三十四年在攻取南越的战争中，蒙毅率西路秦军由湘西武陵郡出发攻入岭南，设立了桂林郡、象郡，在屯兵之地桂平筑“蒙城”，直至秦始皇三十六年北返咸阳任上卿。[②] 说明湘西一带尤其是武陵郡郡治所在地溆浦县，是蒙武的封地，是蒙氏长期经营的根据地，有着可靠的社会基础，又在当地秦军中有着深厚的人脉关系，能够为蒙氏避难提供绝对安全的环境。

蒙氏家族是一个三代为将的大家族，蒙武的儿女恐怕不只蒙恬、蒙毅兄弟二人，必然还有很多干练机智、有威信、有号召力的家族骨干。在蒙

① 《史记》，北京：中华书局，2006 年，第 532 页。

② 岑沫：《秦朝“四大军团”的最终归宿》，《文史春秋》，2015 年第 11 期。

恬遇难之后，他们马上预料到凶狠残暴的赵高、胡亥绝对不会就此罢休，一场大难可能很快就会波及整个家族。因此，他们立即做出外逃避难的决定，率妻子儿女、蒙氏族人、蒙家军中的将士亲兵逃离咸阳。同时，将蒙氏遇难的信息迅速传递给远在山东的故乡，让蒙氏未出五服的族人、邑人一并南逃避难。留在当地的蒙氏族人也都改名换姓，自此以后蒙阴作为蒙氏的故乡鲜见蒙姓之人。

在蒙恬遇害之后和蒙氏外逃的过程中，秦始皇的诸多公子、公主，朝廷中的众多秦始皇旧臣，以及蒙恬所率军队中的将士必然给予了很多的帮助，使得蒙氏举家、举族顺利逃离咸阳南下投奔蒙武旧部所在地、秦始皇追封蒙武“中脯王”的武陵郡。笔者推测，蒙氏家族南逃武陵避难的计划可能与王翦之孙、蒙恬的副将王离有关，这个计划的实施也少不了王离的协助，笔者还发现《新唐书》中记载了王离之子在秦末避乱于琅邪“皋虞”之地，这说明王氏、蒙氏不但并肩作战，而且相互庇护（详见后文）。南逃避难使蒙氏整个家族免受灭顶之灾，而留在咸阳的皇室成员、秦始皇时期的旧臣及军中将士则在劫难逃。

《史记·李斯列传》：二世燕居，乃召高与谋事。……高曰：“……臣请言之，不敢避斧钺之诛，愿陛下少留意焉。夫沙丘之谋，诸公子及大臣皆疑焉，而诸公子尽帝兄，大臣又先帝之所置也。今陛下初立，此其属意怏怏皆不服。恐为变。且蒙恬已死，蒙毅将兵居外，臣战战栗栗，唯恐不终。且陛下安得为此乐乎？”①

赵高怂恿胡亥除掉蒙恬、蒙毅之后，仍然寝食难安，唯恐不得善终。便又将矛头对准了秦始皇的子嗣和朝中的旧臣，以及居外的蒙恬旧部的将士，以耸人听闻的言辞极力劝说秦二世对自己的兄弟、姐妹，朝中的众臣和军中的将士进行血腥清洗。

《史记·李斯列传》：赵高曰：“严法而刻刑，令有罪者相坐诛，至收族，灭大臣而远骨肉；贫者富之，贱者贵之。尽除去先帝之故臣，更置陛下之所亲信者近之。……”二世然高之言，乃更为法律。于是群臣诸公子有罪，辄下高，令鞫治之。杀大臣蒙毅等，公子十

① 《史记》，北京：中华书局，2006年，第525页。

二人僇死咸阳市，十公主矺死于杜，财物入于县官，相连坐者不可胜数。[1]

赵高杀害蒙氏兄弟，又除掉群臣和诸公子、公主之后，仍然没有停止杀戮行动，连一起共谋"沙丘之变"的丞相李斯都没有放过。通过阴谋策划，坐实其谋反罪名，将其腰斩，夷三族。李斯死后，赵高"指鹿为马"，把持了整个朝政，胡亥完全成为赵高的傀儡，最后也被赵高逼杀。

纵观秦末之乱，虽然蒙恬、蒙毅遇难，但蒙氏家人、族人却成功避难于武陵，从而保全了整个蒙氏家族和蒙氏的血脉。反而密谋"沙丘之变"的赵高、胡亥、李斯等却都不得善终，赵高、李斯先后被诛灭三族。胡亥在赵高的淫威之下，为了求生宁愿放弃帝位"做一郡之王""万户侯"，直至"愿与妻为黔首"都没能获得赵高的允许，最后只得自杀了断。

梳理前文中的论述，可以归纳出以下几个要点：

1. 湖南省怀化市溆浦县是初见于秦始皇二十六年二月的"新武陵"所在地，也是秦置"洞庭郡""武陵郡"，汉置"武陵郡"郡治所在地。

2. "新武陵"是蒙武之陵，即溆浦县1978年发掘发现的24号秦将军墓。蒙武伐楚时任"少府"将军，死于湘西军事重地溆浦，被秦始皇追封为"中脯王"，因此其墓称为"陵"，其地称为"新武陵"。

3. 蒙武之子蒙恬、蒙毅等曾在"新武陵"守陵祭祀，并有随军的蒙氏子孙长期在此守祭。蒙毅在秦始皇二十八年前率秦军驻守此地，之后率军攻入岭南伐南越，在广西桂平屯兵筑"蒙城"，直到北返咸阳任上卿。

4. 溆浦盆地是蒙武旧部屯兵之地，是蒙武安葬和受封之地，是蒙氏的第二故乡。

5. 秦置"武陵郡"是秦末蒙恬、蒙毅遇害后，蒙氏家族逃离故土，避秦时难的唯一选择。

6. 隐居武陵的蒙氏后人符合"桃花源中人"所有的时空和人文条件，也是符合"桃花源中人"避秦时乱（难）所有条件的唯一族群。

四、"桃源秦人"是避难于武陵的蒙氏后人

通过上节论述得出的结论，笔者认为避难到湘西武陵地区的蒙氏后人

① 《史记》，北京：中华书局，2006年，第525页。

就是《桃花源记》中“避秦时乱（难）”的族群原型。有关历史资料、蒙氏族谱的记载以及湘西地区、溆浦县的考古发现和历史遗存也同样证实了笔者的上述观点。避难于武陵以蒙氏后人为主的秦人族群共有以下几个组成部分。

（一）南逃避难的咸阳蒙氏家人

蒙氏从蒙骜自齐投秦事秦昭襄王至蒙恬、蒙毅历时三代，在秦国形成了一个非常兴盛的蒙氏家族，在这个历时几十年的过程中，陆续有从蒙氏故乡投奔到秦国的族人和邑人。从而在秦国天水一带成为望族，在朝廷和秦军中形成了一股不可小觑的力量。蒙氏又是秦始皇时期除了皇室之外最为显赫的家族，必然与皇室和其他大家族有着姻亲关系，形成了以蒙氏为核心的大的社会族群。这个族群以及与之关联的人员避难到武陵之后，成为“桃花源中人”的组织者和领导者。

（二）南逃避难的山东蒙邑族人

东蒙颛臾风国是蒙氏的发源地，蒙氏源自风姓，颛顼之时有蒙双氏、蒙双民，因蒙山而得姓、氏。颛臾风国位于齐鲁交界处，西周到春秋时期是鲁国的附庸国。其地域在战国时期是齐鲁之间几易其主的“龟阴田”，西汉设县之前称“蒙邑”，是蒙姓的发源地和战国之前蒙姓的世居之地。蒙骜自齐国蒙阴投奔秦国，蒙阴仍然还有不少蒙姓族人，而且很多还在五服之中。

蒙氏遇难之后，消息从咸阳传到“蒙邑”。据蒙氏家谱记载，蒙恬、蒙毅被害的消息传到蒙阴蒙氏故乡之后，蒙氏族人全部南下投奔蒙武旧部避难，这一部分人数最多，是构成武陵郡“桃花源中人”族群的主体部分。

（三）戍役未归的“蒙家军”将士

清末史学家，湖南长沙人王先谦在《读吴窸斋尚书桃源记书后》一文中，根据《史记·秦本纪》昭襄王时，司马错攻取黔中郡的记载，认为湘西沅江武陵一带必有戍役不归的秦人，在这些人群中必有卢生、徐市之流的人才，知道乱世未艾，号召闭关自守，不与人境通。以为桃源中人乃秦昭王时戍役不归的秦兵后裔。华东师范大学龚斌教授在《桃花源原型在武陵之推论》[①] 一文中说王先谦的观点虽然很有新意，颇合情理，但是王氏称秦昭襄王时司马错征黔中郡，时间比秦始皇乱天纪又提前了将近一百年，这与《桃花源诗并记》有矛盾。

王先谦关于桃花源中人乃戍役未归的秦兵后裔所述有道理但时间不吻合。如果将时间轴从秦昭王时的司马错征黔中郡，推迟到秦始皇二十五年蒙武伐楚、秦始皇二十八年至三十四年秦军由武陵攻岭南这段时间，不但在时间上与《桃花源诗并记》不矛盾，而且在人文历史上更加合情合理。

蒙武不但智勇双全、战功卓著，而且宽厚仁慈、德高望重，在征服楚地后，“蒙家军”在楚地屯兵戍边，促进了南北民族的融合发展，蒙武受到了秦军将士和当地士绅民众的拥戴。因此，蒙武离世后，不但得到了秦始皇的厚葬，而且受到了秦军将领和郡府的敬重，蒙武之子蒙毅及“蒙家军”中的嫡系将士（如任嚣、屠睢、赵佗等），驻守在“新武陵”为蒙武守陵。除了蒙武、蒙毅旧部戍役未归留守武陵的将士外，武陵一带的移民族群中还包括来自北方上郡蒙恬旧部的亲信、将士。

陈伟在《里耶秦简牍校释》[②] 一书中说，一些里耶秦简记载的内容显示，有很多来自山东琅邪郡的士卒在“新武陵”“洞庭郡”戍边。如秦简8-657说：“新武陵别四道，以次传……琅邪叚（假）［守］□敢告内史、属邦、郡守主：琅邪尉徙即［墨］……琅邪守四百卌四里，卒可令县官有辟、吏卒用及有物故当辟征还……告琅邪尉，毋告琅邪守。”秦始皇二十六年蒙恬攻楚灭齐，以其地置临淄、琅邪二郡，嗣后，又分琅邪置胶东郡。这条简文从“新武陵”发出，分四路下发到洞庭郡属县，内容是告诉在这里戍役的琅邪籍士卒郡尉迁徙的信息。

从里耶秦简记载的内容看，在“新武陵”“洞庭郡”驻守的秦军中，有很多士卒来自蒙氏的故乡山东南部的琅邪郡。这些士卒之所以来到洞庭郡戍守，一个重要的原因是投奔蒙家军而来。这些跟随蒙武建功立业的蒙氏家乡的子弟兵在武陵郡戍役不归，与南逃避难的蒙氏家人、族人、邑人一起聚居在“新武陵”周边地区，繁衍生息形成了地位相对较高、族群相对集中、与外界习俗有较大差别的社会群体，这些人群就是古代通常所称

① 龚斌：《桃花源原型在武陵之推论》，《天中学刊》，2015年第06期。

② 陈伟：《里耶秦简牍校释》第一卷，武汉：武汉大学出版社，2012年，第6页。

的“老秦人”，也就是桃花源记中的避乱（难）秦人。

（四）春秋时期楚国大夫蒙榖之后人

据蒙氏族谱记载，蒙氏世居蒙阴，春秋战国时期蒙骜一支投奔秦国，蒙榖（又名蒙谷）一支投奔楚国。据《史记》记载，秦嬴和楚熊的祖先都是颛顼帝，也就是说秦国和楚国的祖地都在颛臾风国。笔者认为，蒙骜、蒙榖之所以离开故土千里迢迢投奔秦国、楚国，就是因为蒙氏与秦嬴、楚熊同祖、同源，有投亲靠友的意思。

孔子说颛臾风国乃“社稷之臣”，世居颛臾之地的蒙氏必以“社稷”安危为己任，无论是投奔秦国的蒙骜一族，还是投奔楚国的蒙榖一族，在他们身上都能体现出以国家为重的忠义思想。投奔楚国的蒙榖一族虽然在地位上不如投奔秦国的蒙骜一族显赫，但也保持着蒙氏的忠信本色，有“蒙榖负书，不徇楚难”典故。

> 《战国策·卷十四·楚策一》：吴与楚战于柏举，三战入郢。君王身出，大夫悉属，百姓离散，蒙榖给斗于宫唐之上，舍斗奔郢曰：“若有孤，楚国社稷其庶几乎?”遂入大宫，负鸡次之典以浮于江，逃于云梦之中。昭王反郢，五官失法，百姓昏乱。蒙榖献典，五官得法而百姓大治。比蒙榖之功，多与存国相若，封之执珪，田六百畛。蒙榖怒曰：“榖非人臣，社稷之臣。苟社稷血食，余岂患无君乎?”遂自弃于磨山之中，至今无胄。故不为爵劝，不为禄勉，以忧社稷者，蒙榖是也。”[①]

楚国败于吴国，楚都沦陷，昭王和大臣出逃之际，蒙榖放弃与敌人的格斗，不顾生命危险返回楚都王宫，把散乱的典籍背在身上，泅水过江，逃入云梦泽（洞庭郡）中躲藏起来。后来昭王返回郢都，因无法可依而造成社会混乱，蒙榖献出了他保存的国典“鸡次之典”，楚国方可天下大治。当楚王因此封他爵位、赐予封地时，蒙榖却生气地说：“我不是君王个人的臣子，而是国家的臣子，只要国家不亡，我还用担心汉有国君吗?”于是他自动放弃封赏而隐居到磨山之中，至今他的后代中也无人做官。所以说那不要官位、不要俸禄而为国操心的，就是蒙榖这种人啊。楚王叹息

① 《战国策》，北京：中华书局，2012年，第423-424页。

道："这是古人啊，现在哪里还有这样的人？"从这个典故中可以看出，蒙氏家族以江山社稷为重的情怀和不求高官俸禄、甘于隐居的崇高境界。

徐俊在《释〈鸡次之典〉》一文中说，《鸡次之典》是先秦楚国一部法典书名。何名"鸡次"，有何内容，史载不详。楚史佚失，似乎也匡之无据。徐俊通过论证认为，"鸡""凤"为同义语，《鸡次之典》可释为《凤次之典》，而且认为《山海经》记载的"丹穴之山，……有鸟焉，其状如鸡，五彩而文，名曰凤皇……见则天下安宁。"《说文解字》所云："凤，神鸟也。……出于东方君子之国"当系楚国。他说"蒙谷献典，而百姓大治"，与见凤后"则天下安宁"，恰是再好不过的说明。[①] 通过徐俊的论证可以得知，蒙谷所负之典为《鸡次之典》，可释为《凤次之典》，显然与蒙氏和楚王的祖国东方君子之国——颛臾风国有关联。

《说文解字》中说"郢，故楚都，在郡江陵北十里"，江陵是荆州州治所在地。蒙穀放弃封赏而隐居到磨山之中，磨山在今湖南省长沙市安福西。[②] 也就是说荆州（包括长沙郡和武陵郡）既是蒙穀一族的辞官隐居之地，又是蒙恬一族避难隐居之地。

（五）秦汉之后迁至湘西的蒙姓之人

秦末汉初，北方再次陷于战乱之中，反秦起义和楚汉之争让天下大乱，蒙阴是鲁公项羽的领地，后来也是西楚霸王所辖九郡之一的鲁郡。齐王反楚、项羽伐齐等都波及蒙阴，故蒙阴一带蒙氏族人又经历了一次逃湘楚投亲靠友的过程。自此之后，蒙阴一带的蒙姓几乎全部离开故土，避乱到了湘楚及周边地区。

五、"桃源秦人"传承了蒙氏故里的生产生活习俗

《桃花源记》中主要记载了桃花源人的好客习俗，《桃花源诗》中有关于生产生活和祭祀习俗的记载，"桃源秦人"的这些习俗源自蒙氏故里颛臾风国的传统。

---

① 徐俊：《释〈鸡次之典〉》，《江汉论坛》，1986 年第 03 期。

② 缪文远、缪伟、罗永莲：《战国策》，北京：中华书局，2012 年，第 423 页。

（一）具有凤隐于林基因

“凤隐于林”是陶渊明的人生态度和创作主线，《桃花源诗》“嬴氏乱天纪，贤者避其世”，所体现的就是“凤隐于林”的思想。蒙氏故里蒙阴颛臾风国是古籍中记载的凤凰出处、凤隐之处，又是文人贤士“东蒙客”的隐居之地。

《说文解字》：凤，神鸟也，天老曰：“凤之象也，鸿前麟后，蛇颈鱼尾，鹳颡鸳思，龙文虎背，燕颌鸡喙，五色备举，出于东方君子之国，翱翔四海之外，过昆仑饮砥柱，濯羽弱水，莫宿风穴。见则天下大安宁。”①

《轩辕本纪》：天老曰：“其雄曰凤，其雌曰凰，高五六尺，……见则天下安宁。”黄帝曰：“是鸟遇乱则去，居九夷矣！出于东方君子之国，又出丹穴之山。”②

《淮南子·览冥训》：凤皇之翔至德也……翱翔四海之外，过昆仑之疏圃，饮砥柱之湍濑，邅回蒙汜之渚。③

从以上三种不同的古籍记载来看，对于凤凰的出处可谓是大同小异，归纳起来有以下几点：

一是凤凰出于东方君子之国，又出丹穴之山，东方君子之国即蒙阴颛臾风国，丹穴之山即蒙阴盆地之中第四纪形成的褐色黏土山丘，也即《禹贡》中记载的蒙羽之地的“赤殖坟”；二是凤凰栖息于昆仑、弱水一带，“昆仑”即蒙阴虎头崖，“弱水”即虎头崖下的“若水”；三是凤凰遇乱则去居九夷，回到“蒙汜之渚”，“蒙汜之渚”非常容易理解，即蒙阴盆地水泽中的岛州、丘陵，也即前面所讲的丹穴之山。而九夷则是特指以凤凰为图腾的九夷之首领——凤夷，其地望即东方君子之国——颛臾风国。《论语》“子欲居九夷，或曰‘陋，如之何？’子曰：‘君子居之，何陋之有？”孔子“危邦不入，乱邦不居。天下有道则见，无道则隐。”“子曰：‘贤者辟世，其次辟地，其次辟色，其次辟言。”孔子的上述言论也说明其欲居

① 《说文解字》，沈阳：辽海出版社，2015年，第126页。

② 张君房：《云笈七签》，北京：中华书局，2003年，第2157－2161页。

③ 《淮南子》，北京：中华书局，2012年，第318页。

之地在“君子之国”。

综上所述，古籍中记载的凤凰出于东方君子之国，即指东蒙一带、蒙阴盆地中的颛臾风国。蒙氏族人世世代代都生活在蒙阴颛臾风国里，有着长期隐于山野的传统。《桃花源诗》开头四句所表达“凤隐于林”的思想深深根植于蒙氏族群的血脉之中，每当遇到外来的危险时，他们就会“伊人亦云逝”，选择一处隐居之地长期蛰伏起来，不会轻易暴露自己的来历。

（二）保持古法俎豆异俗

武陵夷“安土重旧”安于乡土，重视旧俗，其生活和祭祀习俗等传统应就源于东夷文化。《后汉书·东夷列传》有“东夷率皆土著，喜饮酒歌舞，或冠弁衣锦，器用俎豆。所谓中国失礼，求之四夷者也”的记载，蒙氏古里蒙阴已出土的酿酒、饮酒文物有北辛文化、大汶口文化及龙山文化时期的高足杯、陶樽、滴孔滤酒瓮及陶灶等，众多出土物证明了史书记载的确凿。[①]

陶渊明《桃花源诗》说“俎豆犹古法，衣裳无新制”，俎豆是祭祀、宴客用的器具，引申为祭祀和崇奉之意。

> 《史记·孔子世家》：孔子为儿嬉戏，常陈俎豆，设礼容。……孔子曰：“俎豆之事则尝闻之，军旅之事未之学也。”[②]

颛臾古国是远古时期祭祀中华民族人文始祖羲皇太皞的宗子之国，是远古时期祭祀文化的发源地，孔子称颛臾为“社稷之臣”“椟中龟玉”，是指颛臾古国担负着祭祀祖先、天地、山川的国之重任，显然“冠弁衣锦，器用俎豆”是颛臾古国祭祀太皞的习俗。蒙氏无论迁徙到哪里，都保持着古代祭祀先祖的传统，在西迁之后将祭祀太皞的习俗带到了天水、安定，隐居武陵深山也还是按照古法祭祀。

桃花源中“俎豆犹古法，衣裳无新制”，显然也是指避乱秦人保持着颛臾古国原来祭祀的方法和衣裳的式样。同样，桃花源中的民风民俗也是保持颛臾古国的传统。由此可见，陶渊明所描述的桃花源中秦人的祭祀习

① 习传梅、李大晋：《蒙山酿酒与文人墨客》，《春秋》，2012年第04期。

② 《史记》，北京：中华书局，2006年，第321页、326页。

俗仍然按照古时候东夷人和春秋时期鲁国人的古法进行，证明了桃花源中人是春秋战国时期来自蒙阴颛臾之人，祭祀的祖先也是太皞、高辛、高阳等先祖。

（三）沿用纪历成岁方法

《桃花源诗》中“虽无纪历志，四时自成岁”，是说桃花源人虽然没有纪历的历志，但是凭着四季太阳的变化确定年岁。这种原始的纪历纪岁方法，正是颛臾风国的祖先们的传统纪历方式。蒙山是他们观察每天早晚的景柱，蒙山与东西两侧的诸多山峰则是观察一年四季的“历山”。

> 《淮南子·天文训》：“日出于旸谷，浴于咸池，拂于扶桑，是谓晨明。……至于桑野，是谓晏食。……至于昆吾，是谓正中。……至于渊虞，是谓高舂。……至于虞渊，是谓黄昏。至于蒙谷，是谓定昏。日入于虞渊之汜，曙于蒙谷之浦。”
>
> 高诱注：“蒙谷，北方之山名也。”①

《淮南子·天文训》是根据先秦古籍的记载和流传于当时的神话传说整理编著的，因此，在先秦古籍中也有更为原始的记载和记录。

> 《山海经·海外东经》：下有汤谷。汤谷上有扶桑，十日所浴，在黑齿北。
>
> 《山海经·大荒东经》：大荒之中，有山名曰孽摇頵羝，上有扶木，柱三百里，其叶如芥。有谷曰温源谷。汤谷上有扶木，一日方至，一日方出，皆载于乌。
>
> 《尚书·尧典》：“乃命羲和，钦若昊天历象——日月星辰，敬授民时。分命羲仲宅嵎夷曰旸谷。”孔安国注云：“东夷之地称嵎夷。”
>
> 《楚辞·天问》：“出自汤谷，次于蒙汜。自明及晦，所行几里?”王逸注：“次，舍也；汜，水涯也。言日出东方汤谷之中，暮入西极蒙水之涯也。”

从以上引文中可知：汤谷、温源谷、旸谷、扶桑、阳谷是日出之处，蒙谷（蒙穀）、蒙汜、大蒙、太蒙、虞泉、虞渊是日落之处。《山海经·大

---

① 《淮南子》，北京：中华书局，2012年，第145－147页。

荒东经》的“大荒”与《诗经》中所言的“奄有龟蒙，遂荒大东”所指的地理范围是一致的，都是指龟蒙（东蒙）一带，所以其描写的“有谷曰温源谷。汤谷上有扶木，一日方至，一日方出，皆载于乌”，将“汤谷”等同于“温源谷”，同时也把汤谷、扶木定位在了东蒙。

《大荒经》中所反映的以东、西方山峰为参照物观象授时的制度，也就是《尚书·尧典》所谓舜帝东巡守“柴，望秩于山川。肆觐东后，协时月正日”制度。[①] 刘宗迪教授在《失落的天书：〈山海经〉与古代华夏世界观》一书中说，这种历法制度可以追溯到公元前2500年左右的大汶口文化。[②]《大荒经》和《海外经》所反映的历法制度就是大汶口先民仰望朝日出山，目送落日归山的真实写照。他说，群山是古人据以观测太阳出没以定时节的标志物。这种纪历方法出自东夷地区“一个方圆百里的蕞尔小国”。

从《山海经》的记载和专家学者的论述来看，大汶口的先民（东夷族群）显然生活在一处四面环山的环境之中。这一地域环境就是沂蒙山区腹地、蒙山以北的丘陵地带。笔者认为，刘宗迪教授所言的这个“蕞尔小国”即大汶口人的祖国——颛臾风国。居住于蒙阴颛臾之地的大汶口先民通过太阳在蒙山上的位置来确定时间的早晚（纪时），通过太阳出入的南北差异来确定季节（纪历），蒙山及其两翼的山丘用于纪历，故为“历山”。笔者还通过全面的考证认为，蒙山就是大汶口文化出土的陶文刻符“日月山”，也是《山海经》中记载的天枢“日月山”，蒙阴虎头崖（《水经注》中称“叟崮”）则是《山海经》中记载的君子国之“天吴”“天虞”“驺虞”“驺吾”，是《山海经》所谓的“吴姖天门”之“吴”，是《山海经》《淮南子》所言的太阳正午时所处的“昆吾”，也是昆仑之丘的守护神开明兽“陆吾”，是刘宗迪教授所言的古代华夏民族帝王“历象日月星辰”的天文观象台，因此，被神化为中华民族众神所居的“昆仑之丘”（详见笔者拙作《凤出东方——兼论古代华夏“东方君子之国”及其天文观象台“昆仑之丘”》）。

① 《尚书》，北京：中华书局，2012年，第18页。

② 刘宗迪：《失落的天书：〈山海经〉与古代华夏世界观》，北京：商务印书馆，2016年，第634－636页。

桃花源中人的纪历方式传承于颛臾风国，这种纪历方式是蒙氏族人的重要标志。这种纪历方法还体现在水族蒙氏传统中，他们仍然将一年的岁首放在农历的十月，这是秦始皇时期使用颛顼历的遗存。

（四）从事养蚕织丝生产

《桃花源诗》："桑竹垂余荫，菽稷随时艺。春蚕收长丝，秋熟靡王税。"是说桑竹茂盛成阴，五谷随着时令种植，春天养蚕便收得縻丝，秋天庄稼成熟收获了也不用交王税。桃花源中人"养蚕织丝"的习俗正是蒙氏在故乡蒙阴的传统。

根据《淮南子》的叙述，太阳"出于汤谷"之后，"拂于扶桑"天蒙蒙亮，然后"登于扶桑"天大亮之后，午饭的时候太阳"至于桑野"。[1] 笔者通过认真考证，认为蒙山以东、"郯庐断裂带"上的沂河河谷因温泉众多而著称，故称为"汤谷""温源谷"；"扶桑"在蒙山东麓，日出扶桑而为"东"，故称东蒙；"桑野"在蒙山之阴，故发源于此的河水称为"桑泉水"。

> 《诗经·豳风·东山》：我徂东山，慆慆不归。我来自东，零雨其蒙。我东曰归，我心西悲。制彼裳衣，勿士行枚。蜎蜎者蠋，烝在桑野。敦彼独宿，亦在车下。……
>
> 徂，往。东山，亦名蒙山。殷商时在奄国境内，是诗人的远征之地。
>
> 蜎蜎，软体动物蠕动之貌。蠋，蜀的俗字，三家诗作蜀，虫名。
>
> 烝，久。郑笺："久在桑野，有似劳苦者。"这是诗人触物起兴，不免产生三年征战劳苦的感慨。[2]

《诗经·豳风·东山》全诗四章，章首四句叠咏，文字全同，构成了全诗的主旋律，交代了东征所经过的路径、地点，描写了在蒙山三年征战的感受。反复交代了蒙山"零雨其蒙"气候环境和景象，反复描写了蒙山的"桑野"和蜎蜎的"蠋"（蚕虫），把身在异乡的自己比作桑林的野蚕。

"空桑""穷桑"是《山海经》和其他古籍中经常出现的地名或山名，

---

① 《淮南子》，中华书局，2012 年，第 145 页。

② 程俊英、蒋见元：《诗经注析》，北京：中华书局，2017 年，第 314－329 页。

古今学者认为“空桑”“穷桑”是一地两名。据《左传·昭公二十九年》少皞四叔济于穷桑，杜注云：穷桑在鲁北。吕思勉先生据此认为，穷桑这个地方确实靠近鲁地，自炎帝至颛顼，都邑皆近于鲁，则可信也。[①]。刘宗迪在《失落的天书〈山海经〉与古华夏世界观》一书中说：“若水出自空桑，当亦在鲁。……实际上，蜀山在鲁地，《山海经》提供了最直接的证据。……颛顼与若水、蜀山之关系，正足以证明颛顼居东方。”[②] 笔者认为，穷桑在鲁地北、近于鲁，是颛顼建都之处，显然其在颛臾之地。

《禹贡》：“济、河惟兖州……桑土既蚕，是降丘宅土。……厥贡漆丝，厥篚织文。浮于济、漯，达于河。”“海、岱惟青州……厥长篚檿丝。浮于汶，达于济。”“海、岱及淮惟徐州：淮、沂其乂，蒙、羽其艺……厥篚玄纤、缟。浮于淮、泗，达于河。”

从《禹贡》兖、青、徐三州进贡的物产看，海岱及周边地区是东夷族聚集区，盛产桑织之物。蒙阴处于兖、青、徐三州的中心位置，可见蒙阴是“桑土既蚕”、盛产檿丝之处，是养蚕织丝的发源地。蒙阴又是大汶口人的祖地，高广仁在《大汶口文化》中说：“早在30年代李济就指出：‘殷墟文化是多源的……出土品中确可指为原始于东夷的为骨卜、龟卜、蚕桑业……”[③]。

《史记·货殖列传》：“泰山之阳则鲁，其阴则齐。……齐带山海，膏壤千里，宜桑麻”、“齐、鲁千里桑麻”、“沂、泗水以北，宜五谷桑麻六畜。”[④]

司马迁在《史记·货殖列传》中对全国各地的物产进行了记载，齐鲁之地以桑麻著称，是其他地方所没有的，《史记》的记载与《禹贡》记载完全一致。

《炎黄氏族文化考》：东方九夷之区，古有扶桑，扶桑所在，……

① 吕思勉：《先秦史》，北京：中国文史出版社，2019年，第139－141页。

② 刘宗迪：《失落的天书：〈山海经〉与古华夏世界观》，北京：商务印书馆，2016年，第426页。

③ 李济：《安阳最近发掘报告及六次工作之总估计》，《安阳发掘报告》，1936年第04期。高广仁：《大汶口文化》，北京：文物出版社，2004年，第171页。

④ 《史记》，北京：中华书局，2006年，第754－755页。

风族业桑，……风族散布东方，远出海外，桑于此处者曰扶桑，桑于彼处者亦曰扶桑。扶桑之地之族，后迁他处，沿旧为称，仍曰扶桑。[①]

根据王献唐先生的论证，风族业桑，扶桑出自风族之地，随着风族迁徙他处，将扶桑之名也带到他处。蒙阴颛臾是风姓宗子之国，又是凤凰图腾的诞生地，因此扶桑自然出于东蒙。

综上所述，蒙阴有桑野，是野蚕的故乡，蒙阴又是养蚕织丝的发源地。因此，植桑、养蚕、丝织是蒙阴独特的民间习俗，家家户户养蚕，人人都会缫丝，这种习俗一直保持到20世纪，当时全县仍有不少的缫丝厂和丝织厂。陶渊明在《桃花源诗》中有“春蚕收长丝”的描写，与蒙阴生产习俗相吻合。

（五）保持君子之国民风

蒙姓起源于太皞（伏羲氏，风姓）祖国——颛臾风国，具有凤凰美德，传承着羲皇太皞的圣德，有华胥之国、君子之国的仁俗。忠信是蒙族的本性，祭祀先祖是蒙氏的本职，正如蒙恬所言：“自吾先人，及至子孙，积功信于秦三世矣。今臣将兵三十馀万，身虽囚系，其势足以倍畔，然自知必死而守义者，不敢辱先人之教，以不忘先主也。”蒙恬为保住先祖忠义仁信之名，宁死不反，证明了蒙姓深受太皞圣德、凤凰美德的影响，既保持着恬淡闲适、随遇而安的生活态度，又保持着与人为善、热情好客的传统美德，传承了君子之国的民风，这种民风恰如桃花源人的民风。

第三节　族谱揭示蒙氏隐居武陵复兴桂黔的史实

从前面的论述中可以得知，武陵之名源于蒙武，武陵旧治溆浦县是秦始皇追封蒙武之地，湘西武陵郡是蒙氏避难的最佳选择，因此武陵郡避秦时难的族群非蒙氏族群莫属。除此之外，蒙氏族谱中关于蒙氏的起源与迁徙的记载和蒙氏在全国的分布情况都可以佐证前面论证的结论。据全国各地的蒙氏

① 王献唐：《炎黄氏族文化考》，青岛：青岛出版社，2006年，第388－389页。

族谱记载，蒙姓源于山东蒙阴，经历了西迁秦地，南迁楚湘，又迁广西、贵州三次举族迁徙的过程，迁徙的时间和缘由也都有明确的记载。

一、蒙氏源于东蒙世居蒙阴

蒙氏（蒙姓）起源于山东蒙阴，无论是古籍记载、现代专家学者论述，还是各地的蒙氏（姓）族谱都证实了这一点。

> 《中华蒙氏渊源》：蒙姓“出自风姓、姬姓、高阳氏（及其分支芈姓。）……源于风姓，远祖人皇伏羲女娲氏，始祖颛臾王，以山为氏。孔子曰：‘颛臾，昔者先王以为东蒙主是也。’蒙山，一称东蒙山，在今山东蒙阴县西南。……源于姬姓高阳氏，远祖黄帝，近祖颛顼。”①
>
> 《百家姓》：包羲伏羲氏后裔掌管蒙山之祀，起源于风姓，建立东夷蒙国，世为东蒙主，属于以国为氏。②
>
> 《姓纂》：高阳氏后封蒙双，有蒙氏、双氏。③

王献唐先生在《炎黄氏族文化考》一书中说：“蒙为鲁邑。《左传·哀公十七年》：‘公会齐侯，盟于蒙。’杜注：‘蒙在东筦、蒙阴县西，故蒙阴城也。’今蒙阴县西南，南有蒙山，接费县界。《书·禹贡》：‘蒙、羽其艺。’《诗·鲁颂》：‘奄有龟、蒙。’皆即其处。……所居之地名蒙，所处之山亦名蒙。《姓纂》云：‘高阳后封以为蒙双。《路史·国名纪》引注谓‘云有双氏’。知古代为国，后属鲁邑。……汉置蒙阴县，县在蒙山之北，因以立名。……蒙族所居之山，既名蒙山，族姓散居他山，亦得沿例而名蒙山。故山西太原县西北亦有蒙山，江西新喻北亦有蒙山，湖北荆门县西、四川雅安县界、广西蒙山县、云南临安县均有蒙山，皆族迁名随，故异地同名，非偶尔巧合。”④

贵州民族大学杨先依在《三都水族自治县蒙氏家族历史文化研究》一文中，根据史籍记载和采集到的水族蒙姓族谱以及传说，总结说：“蒙氏

---

① 强省吾等：《中华蒙氏渊源》（线装大字版），香港：百姓源·缘（香港）文化传播机构，2007年，第1-14页。

② 同①。

③ 同①。

④ 王献唐：《炎黄氏族文化考》，青岛：青岛出版社，2006年，第296页。

家族，其历史源远流长，向上追溯可达‘三皇五帝’时期，即颛顼高阳氏统治时代。蒙姓是‘得姓于蒙山，发族于安定’，‘源于北方而盛于南方’。经过数次的迁徙，到达江南各地，其宗支众多，发展过程复杂。”①

蒙阴境内的颛臾风国是太皞的祖国，也是太皞之子少典、少典之子黄帝、黄帝之子昌意、昌意之子颛顼的诞生地和封君之地。蒙氏（姓）就是太皞风姓、黄帝姬姓和颛顼有虞氏的嫡系后裔，世居于蒙阴颛臾之地守太皞之祀。其先祖在颛顼帝高阳氏为“蒙双民”，西周时称“东蒙主”。

蒙阴颛臾风国即古籍记载的凤凰“出于东方君子之国”，也是凤凰“遭回蒙汜之渚”，蒙氏传承了凤凰“仁义智信勇”五德，具有君子国“衣冠带剑，食兽，使二文虎在旁，其人好让不争”的形象和尚文崇武、凤隐于林的传统。

据蒙氏族谱记载蒙氏为姬姓，战国时期蒙恬一族仍保留姬姓，说明其也是黄帝一族的后裔，秦汉以后蒙氏姬姓并为蒙姓。蒙姓源出于蒙阴，兴盛于甘肃天水、安定、上郡等，从蒙姓宗祠“望出安定，姓启蒙山”“隆基西渭，肇祀东蒙”② 等联楹之中可以得到证实。

当代蒙姓是中国人口较多的第二百位姓氏（2006 年统计资料），在桂、黔、琼地区人丁兴旺，总人口 47 万，大约占全国人口的 0.038%。蒙姓在全国的分布目前主要集中于广西、贵州两省区，大约占全国蒙姓总人口的 71%，其次分布于海南、陕西、广东、湖南、云南等，这五个省的蒙姓又集中了 19%。其中，广西为蒙姓第一大省，占蒙姓总人口的 42%。

蒙氏发源于蒙阴，兴盛于秦地，为何绝大部分蒙氏人口又迁徙南方湘西之地，目前主要分布于广西呢？我们可以从湖南、广西、贵州蒙氏（姓）族谱和有关专家学者的论述中找到答案。

目前，在全国各地的图书馆中收藏的蒙姓族谱共九部，民间收藏蒙姓族谱多部。从蒙姓人口分布情况看，主要分布在湘西及其与之相邻的江西西部、贵州东部、广西北部，因此蒙氏族谱也都出于上述地区。主要有收

---

① 杨先依：《三都水族自治县蒙氏家族历史文化研究》，贵州民族大学硕士生学位论文，2019 年。

② 强省吾等：《中华蒙氏渊源》（线装大字版），香港：百姓源·缘（香港）文化传播机构，2007 年，第 185－187 页。

藏于湖南省图书馆的武陵《靖州蒙氏族谱》，收藏于江西省南昌市图书馆、湖南省图书馆的《江西宁都赖村蒙氏族谱》，收藏于江西省南昌市图书馆的《江西于都蒙氏族谱》，收藏于广西壮族自治区图书馆的《广西平南蒙氏族谱》《广西横县新编蒙氏族谱》《广西北流蒙氏族谱》《广西博白蒙氏族谱》《广西宾阳蒙氏宗支族谱重修稿》等，另外有《贵州大方蒙氏族谱》和蒙朝吉《瑶族蒙氏口传家谱》等。[①]

二、蒙氏自齐事秦避难于武陵

据史料记载和专家学者的研究，蒙氏家族与秦国政治发生联系，肇始于蒙骜。《史记》载蒙骜“自齐事秦昭王”，蒙骜是东蒙主的后裔，可知蒙氏家族在齐国也算是家世显赫的家族。但是蒙骜为什么离开齐国并一定投奔秦国呢？原因应当是很深刻的，司马迁却未曾做出说明。《战国策》也只是偶尔涉及蒙骜（蒙傲）到秦后的几件事，并未记其离齐之事。现代著名秦史专家马非百先生作《秦集史》，其中对蒙氏家族立有专传，对蒙骜离齐奔秦之事亦未深究。然而，此事在蒙氏家族的发展史上具有转折性意义。尽管史料匮乏，难以直接寻到原因，但我们仍可以从当时的时代背景中做些尽可能符合历史事实的考察。

马非百先生考证蒙骜曾于秦昭王二十二年率兵伐齐，可推知蒙骜离齐奔秦当在秦昭王元年（齐宣王十四年，公元前 306 年）至二十二年（齐湣王十七年，公元前 285 年）间。有学者认为，在这二十一年的时间里，从齐国方面来说，较大的事件就是孟尝君田文专权，连年发动战争，使得齐国国力大伤，如苏代所言，“南攻楚五年，蓄积散；西困秦三年，民憔悴，士罢弊。北与燕战，覆三军，获二将；而又以其余人兵南面，而举五千乘之劲宋，而包十二诸侯……其民力竭也”[②]。另外，由于齐湣王等人的暴虐无道，当时齐国的阶级矛盾和统治阶级内部矛盾都非常尖锐。从齐秦间关系方面来说，作为战国前的两个大国，当时双方正处于合纵连横的激烈斗争中，两国间战事连绵不绝。到公元前 284 年，燕国乐毅统帅多国部队破

① 强省吾等：《中华蒙氏渊源》（线装大字版），香港：百姓源·缘（香港）文化传播机构，2007 年，第 101－103 页。

② 《战国策》，长沙：岳麓书社，1988 年，第 288 页。

齐都临淄，齐湣王最终为楚人淖齿所杀。对此，范雎曾感叹地对秦昭王说："诸侯见齐之罢弊，君臣不和，兴兵而伐齐，大破之。"① 蒙骜正是在这样的背景下携子孙离开齐国而投奔秦国的。蒙骜的投秦，不仅使蒙氏家族从此参与到秦的军事、政治活动中。而且顺应了当时由秦完成统一大业的历史发展趋势，使得蒙氏家族成为历史发展的促进者。从此点立论，则蒙骜离齐奔秦之事的意义就相当重大了。②

从史籍记载和专家学者的论证看，蒙骜自齐投秦的时间，基本可以确定，也没有太多的疑问。关于蒙骜离齐的原因，笔者认为不是因齐国"君臣不和"，而是因为齐南下攻楚之前，先将原属于鲁国附庸国、社稷之臣的颛臾风国占领，颛臾风国的贵族蒙氏忠臣不事二主，便带领子孙前往秦国。至于蒙骜因何不投奔他国而要自东到西去秦国，其原因是秦嬴与蒙氏同祖同源，都是颛顼帝的后裔，秦嬴的祖地就在莱芜古嬴县和费县之间的颛臾之"虞"（蒙阴叟虎寨山），所以颛臾国破之时必然会去投奔秦国，而且得到秦王的信任。

蒙骜投秦后，从秦昭王二十二年至秦始皇七年，数次领兵出征，为秦取得了大片土地。受蒙骜影响，其子蒙武亦成长为秦的军事将领，与其父一样，为秦的统一战争做出巨大贡献。而蒙武的两个儿子蒙恬和蒙毅更是为秦始皇统一中国、扩大疆域、巩固秦朝统治做出了突出贡献。蒙氏家族发展至声威最为显赫的时期，此时全国已经统一，蒙氏故乡山东蒙阴的族人、同乡等纷纷投奔蒙骜一族，或从政或从军。故蒙姓在甘肃天水、安定一带成为望族，并将祭祀先祖太皞的习俗带至天水一带。后来，蒙姓无论避难楚地，还是南迁广西，不管到了哪里都会在香火台上写上"安定堂"三字。

公元前210年，秦始皇东巡途中暴病而亡，宦官赵高与丞相李斯勾结，伪造始皇诏书立胡亥为二世，赐死长子扶苏，蒙恬、蒙毅二公皆蒙难。其后裔部分迁回山东，部分逃亡流散到江苏、河南、安徽、江西、福建、湖南、四川等地，其间约有千年，这段蒙氏历史，史书少有记载。直到唐宋时期，蒙氏子孙才逐渐复出或为官或为商。蒙恬后裔有两个支系，一是贵州大方县《蒙氏族谱》记载的蒙恬配田氏支系，主要分布在广西、广东、

---

① 《史记》，北京：中华书局，1985年，第253页。

② 杨爱民：《秦朝蒙氏家族的悲剧述评》，《昆明师范高等专科学校学报》，1999年第01期。

贵州、江西、海南、湖南、云南、四川、重庆等地。二是广西横县族谱记载的蒙恬配胡氏支系，主要分布在广西横县、灵山、浦北、贵港等地。迁入广西一带的蒙氏与当地民族融为一体，多为侗族。①

据贵州省大方县《蒙氏族谱》记载，恬、毅二公受难时愤而言于其子曰："戒之子孙，当以耕读为本，百代不入朝！"自此之后，蒙氏子孙遵循祖训，以耕读为本分，不仕于朝。故自秦后，公门宦海，朝中官吏摩肩接踵，但几乎没有一个蒙氏后人。蒙姓族人避难楚地后，隐姓埋名，约有千年，史书不记，蒙氏几乎绝于史册，寂寂无闻于世间。蒙氏后人隐居湘西，耕读为本，保持着蒙氏古人传统的生活方式和祭祀习俗，与外界几近隔绝，对族群的来历和身世口耳相传，这是桃花源中避乱秦人不愿向外人透露信息的原因，也是蒙氏族人在楚地的族谱历史记载不详的原因。

湖南现存的《靖州蒙氏族谱》是清光绪三十四年（公元1908年）的木刻活字印本。靖州古代属武陵郡，在溆浦县（里耶秦简中的"新武陵"）西南。武陵《靖州蒙氏族谱》说明了蒙氏在武陵一带的存在，蒙氏隐居湘西的证据也可从后来复兴入桂的路径中找到踪迹。

三、蒙氏复兴迁徙至岭南黔桂

据刘小兰、郑节余的《广西姓氏的源流与发展探析》一文，在秦始皇统一中国之前，广西人口不足20万，姓氏不到百家。大批的中原人移入广西是从秦代开始的。秦朝时，曾遣50万秦军戍守五岭，最后有近10万人留居广西。公元前210年，秦始皇派兵南移驻扎，同时，派了1.5万名无夫女子随军留驻定居繁衍，这些移民主要居住在桂东北及桂北灵渠周围和漓江上游。从移民史中查到，这些移民多为湖南省移入。在民国三十五年《全县志》所列443个外省来县的姓氏中，有277个来自湖南，占总数的63%。②

刘小兰、郑节余通过上述论证，得出了广西岭南移民始自秦始皇时期

---

① 杨先依：《三都水族自治县蒙氏家族历史文化研究》，贵州民族大学硕士生学位论文，2019年。

② 刘小兰、郑节余：《广西姓氏的源流与发展探析》，《广西地方志》，2007年第06期。

的戍边将士，从之后的移民史中可以查证进入广西的移民大多来自湖南。这一移民现象和移民路径恰恰与蒙氏先隐居湘西又从湘西出岭南到达广西、贵州相符合。

唐晓涛、徐惊鸿在《清代桂东南地区宗族的形成过程——以广西北流隆盛〈蒙氏族谱〉为中心的考察》一文中，通过对采集到的民国版《蒙氏族谱》共12卷的研究发现，蒙氏家族是北流隆盛镇大族，其家族历史悠久。民国《北流县志》便对蒙氏家族有所记载："蒙族，元代由湖广竹儿村宦游西粤，迁居北流。散居附城、两波等处，现历廿余代，约一千余人。邑城内建宗祠二间。"从蒙氏族谱的记述来看，隆盛蒙氏对于祖先的记忆有了一个逐渐细化并越来越清晰的形成过程。族源地由湖广、三楚精确到了"湘"，民国版家传中更将祖籍具体指向了长沙府竹儿村。①

郑节余在《广西蒙氏源流》一文中考证说，广西为蒙姓第一大省（区），蒙姓分布在广西的50多个市县，人口近20万。他根据史籍记载、蒙氏族谱记录和近人调研结果认定：蒙姓起源于风姓、姬姓、芈姓及外族改姓。蒙与蛮音通，为蛮人部落的共主。蒙氏自商末立国于山东蒙阴，至周时被周武王封为东蒙主，其后以地名为姓。自秦名将蒙恬、蒙毅兄弟冤死后，其子逃亡于襄汴闽蜀之间的湖南一带，唐宋时期又迁入广西。随着民族逐步融合，蒙氏族人在广西的民族成分发生了很大变化。迁入桂北、桂南、桂中（部分县）的，多数为汉族；迁入桂西、桂西北、桂中（大部）的不少变成了壮、瑶、侗、苗、仫佬、水、布依、毛南等民族。这就是入乡随俗、社会环境改变的结果，也是民族团结的象征。②

四、贵州水族蒙姓源自湘桂

蒙恬、蒙毅遇难之后，以蒙氏族人、邑人悉数投奔以武陵为中心的湘西地区，加之原来在此戍役未归的蒙武、蒙毅旧部将士构成了人数众多的移民群体。这些移民在当地隐居数百年，之后逐渐沿沅江逆流向上，进入

① 唐晓涛、徐惊鸿：《清代桂东南地区宗族的形成过程——以广西北流隆盛〈蒙氏族谱〉为中心的考察》，《玉林师范学院学报》，2018年第06期。

② 郑节余：《广西蒙氏源流》，《寻根》，2008年第06期。

广西、贵州，在与当地少数民族融合之后改变了民族成分。但从这些少数民族蒙姓群体的传说和习俗中还能发现其渊源。

蒙明儒在《荔波古代几位蒙姓领袖人物的族别考》一文中说，荔波在唐宋时期反封建的斗争中，有蒙赶（大唐国皇帝）、蒙承贵、蒙汉城、蒙虔玮、蒙组、蒙顶、蒙敦露（土司）等蒙姓民族领袖人物。对他们的民族成分众说不一，已出版的《布依族简史》《水族简史》，都将上述蒙姓人物各写为本民族反封建王朝的领袖人物。蒙姓氏族活动范围为古莪州、劳州、抚水州等地域。莪州置年不详，为唐黔中道治下的一个小州，州治在荔波蒙石里、蒙村，是荔波布依族主要大姓蒙姓氏族的中腹地带。据《宋史·蛮夷传》："抚水州在宜州南（应为北），有县四，曰抚水，曰京水，曰多篷，曰古劳。唐隶黔南，其酋皆蒙姓。"其疆域大部分在今广西境内。荔波县布依族蒙永贤家有一本民国十一年手抄的家谱，这部家谱记录了祭祀时的颂诗及宗祠的楹联。颂诗全部借用《诗经·楚茨》，宗祠楹联有：

"粤岭起先人，当年投笔从戎，大显勋名荣世爵；莪山传后裔，此日思源报本，重新祠宇荐馨香。"

"一树发千枝，漫云竞秀争荣，须知本是同本出；合村存九族，莫谓分门别户，可识源以共祖来。"

"到此间跄跄跻跻；在其上赫赫洋洋。"

"伏愿默佑常存，孙枝衍荫；更翼文明大启，世代光昌。"

蒙明儒认为，从这些宗祠楹联中流露出蒙氏对往时祖先无上权威的怀念和惋惜。同时，还可以感觉到，这些蒙姓后裔对于自己的姓氏、宗族有一种使命感，他们显然把联宗、认祖看作一桩大事，十分强调宗族间的团结和睦。这些特征，常常表现于一些历史悠久的望族大姓。①

笔者认为，荔波处在沅江上游的支流，这些蒙姓的先祖都是从"粤岭起先人"，显然都是从沅江中游、五岭以北的湘西地区迁徙而来，是当年隐居武陵的蒙氏后人。他们对祖先荣耀和无上权威的怀念与惋惜，就是对蒙氏避难之前的历史贡献和显赫地位的怀念与惋惜。

邝福光在《水族族源初探》一文中说，水族是一个颇具特色的少数民族。据1982年贵州省人口普查数字推算，全国大约不到三十万人，其中

① 蒙明儒：《荔波古代几位蒙姓领袖人物的族别考》，《贵州文史丛刊》，1989年第04期。

90%以上居住在贵州省，而贵州省的水族人口中有60%以上集中在三都水族自治县境内。《宋史·抚水州传》："抚水州在宜州南……唐隶黔南其酋皆蒙姓，……夹龙江居，种稻似湖湘。"这段记载和今天水族聚居地区不仅地名文物相同，连姓氏也几乎完全一致。这已是三都地区"夹龙江居"的以蒙姓为首的水族古代活动的真实写照。邝福光论证说，水族无论在语言、文化习俗、心理素质上都具有不少独特之处，和中原古汉族有着不少并非偶然的巧合，从而反映出他们的发展渊源。

一是水字的构造有一种刚好是汉文字的反写或倒写，这就是为什么把水字叫作"反书"的表面原因。邝福光认为水族先民本来是汉族，后因反抗封建统治迁到现在地方居住，为了表示对抗，有意把汉字反写或倒写。

二是水语中把筷子称为"箸"，保留了中原地区的古称。筷子是中华民族生活中不可或缺的用具，"箸"是古汉语对筷子的称谓，今天广大汉族地区都将称谓演变为"筷子"了，但是在水族聚居区今天仍一如既往地将筷子称为"箸"，音、义全同，说明其先祖来源于中原地区的汉族。

三是水族把岁首放在农历十月，保留了秦始皇时期的历法。水族统一的全民族最大节日是"端节"，即新年和一年的开端的意思。按照水族历算法，水族的"端节"在农历十月（亥月），是一年的岁首。古代中原汉族的岁首有过多次变化，到秦始皇时采用更为古老的颛顼历，把每年的岁首定在现在农历十月。后来元封七年（公元前104年），汉武帝废秦历，采用太阳历，以现在的正月为岁首。以后两千余年，汉族地区，延及朝鲜、越南、日本，都以现在的正月为岁首，没有再变动过。正月初一成为汉族的全民性盛大节日——春节。水族"端节"的岁首保留了秦始皇时期的传统，说明其渊源于秦朝。

四是水族保留了战国时期以铜为"金"的称呼。水语把铜做的鼓称为"金"，而皮做的鼓才称为"鼓"。也就是说，水语明确地把两件打击乐器合称为"金、鼓"。把铜称为金，是华夏族在战国前的事情。古代的"鸣金收兵""金鼓齐鸣"的"金"，应就是铜制的打击响器。现在水族把铜铸的鼓称为"金"，反映了水族的远祖是从以金称呼铜的地方迁到西南定居的。

另外，水族还在葬礼、婚娶、服饰、发式等方面不同于西南土著族。

邝福光据上分析说，水族不是本地的土著民族，而是同中原战国末期的诸侯小国有着非常密切的渊源关系。至于水族先民迁徙的原因，可能是战败后被秦强迫“实边”的列国遗民；另一个原因也可能是被秦强迫南下征越的原列国士卒，因不堪战乱和秦苛政之苦，过南岭后从今广西境内溯龙江而上逃到这里定居，而融合形成水族。由于长期和外界逐渐失去联系，才得以保存那么多的淳朴古风。至于迁徙路线，邝福光认为是从岭南地区沿龙江上溯到龙江源头，而不是直接从湖南方向沿都柳江入境的。①

从三都一带聚居的水族蒙姓以“箸”称筷子，以“金”称铜，以及习俗、衣着、发式来看，其祖先是来自中原的汉族移民；从其仍然使用秦始皇时期以农历十月为岁首的历法来看，其祖先移民的时间是在秦始皇到秦二世时期；从其使用反字来看，他们的祖先显然对秦有着一种逆反的心理；从其“种稻似湖湘”来看，其来自与之相邻的湖南湘西一带。从这诸多方面看，笔者认为三都一带聚居的水族蒙姓，其祖先就是避难隐居于湖南湘西、武陵一带的蒙氏后人。他们迁徙的路线有可能是沿沅江逆流而上直接到达贵州三都，也有可能是沿沅江逆流而上先过岭南进入广西，再由广西沿龙江到达贵州。

蒙明儒（布依族）在《水家、布依亲密关系初考》一文中考证说：现在居住荔波、三都、独山及广西环江县境内的蒙姓水家、布依等都自称他们是同宗的家族兄弟。为什么会形成同姓同宗而民族各异的现实呢？初步考证，主要是由于历史原因，即战乱、逃荒、避难等分居各地后，入乡随俗，日长天久之后，演变融合为各地民族。同是蒙姓共祖同宗而形成的布依、水、汉、苗、壮等原因是复杂的，年代是久远的。②

贵州师范学院瞿智琳、郭华庚、刘凯等在《贵州省少数民族家谱档案及其价值探析》一文中说，在贵州都匀独山地区发现布依族蒙氏族谱一卷。族谱记载：本族的始祖得姓根据《姓纂》记载有二：一是夏朝时期帝颛顼高阳氏的后代；二是周朝时主管东蒙山的祭祖官。因其族人定居东蒙山，便以山名为姓。蒙氏望出安定。本“族谱”及“续谱”（未付梓）内容科学、准确、合理、翔实，全面搜集、总结和记录了蒙氏自明代初期从独山分迁到此地的过程，尤其是20世纪以来的支系繁衍、人口发展及经济文化等各个层面的

① 邝福光：《水族族源初探》，《贵州师范大学学报》（社会科学版），1984年第01期。

② 蒙明儒：《水家、布依亲密关系初考》，《水家学研究（二）——贵州省水家学会第一届学术讨论会及贵州省水家学会第二届学术讨论会论文汇编》，1989年。

史实。本支名人有蒙骜，蒙骜之子蒙武，蒙武之子蒙恬、蒙毅等。[①]

第四节　地名与传说揭示蒙氏隐居武陵复兴桂黔的史实

一个移民族群的迁徙轨迹除了记录于族谱之中外，还体现在这个族群的自我称谓、地名现象和族群传说之中，蒙氏的迁徙过程尤其符合这一规律。

一、以“蒙”自称的湘西及黔东南族群

王献唐先生在《炎黄氏族文化考》中所言：“蒙为鲁邑……汉置蒙阴县，县在蒙山之北，因以立名。……蒙族所居之山，即名蒙山，族姓散居他山，亦得沿例而名蒙山。……族之所在，地名随之，山水之称，与以俱起，故凡蒙地所在，即蒙族所在；执地以求族，其分布之情势，若指诸掌，更不止牟、蒙诸族为然也。”[②] 湘西一带及其西南相邻的黔桂地区以“蒙”相称的族群和以“蒙”相称的地名即显现出蒙族聚居和迁徙的史实。

云南社会科学院民族学研究所古文凤在《苗族民族认同的层级论——对苗族“蒙人”的个案研究》一文中说，“蒙”是讲苗语西部方言川黔滇次方言苗族的群体自称。过去的苗族蒙人只知道自己是蒙，不知道自己属于哪个民族。中华人民共和国成立以后，国家通过民族识别，并征得苗族上层人士的同意，将自称为“蒙”的群体识别为“苗族”。蒙人对外称自己是苗族，对内自称“蒙”。在蒙人的观念里，“苗”与“蒙”的差别仅在于汉语和苗语的差别，二者是完全对应的，“蒙”的汉语称呼就是“苗”，“苗”也就是“蒙”，并以这样的思维逻辑来认同苗族的其他支系，认为凡属于“苗族”这个群体的成员都是“蒙”。所以当遇到一位讲着完全听不

① 瞿智琳、郭华庚、刘凯：《贵州省少数民族家谱档案及其价值探析》，《山西档案》，2016年第06期。

② 王献唐：《炎黄氏族文化考》，青岛：青岛出版社，2006年，第296－297页。

懂的语言的苗族时，蒙人会以极大的兴趣来描述这位“蒙”与自己如何不一样，但仍然认同他是蒙，只是以地区来加以区分，比如湖南蒙、贵州蒙。[①]

对于这一以“蒙”相称的族群，贵州省社会科学院副院长，研究员石朝江曾做过专门的研究，他认为这个族群来源于远古时代活动于山东东蒙地区的东夷部落。[②] 石宗仁也在《荆楚与支那》中考证说：“今贵州、云南苗族，仍自称为蒙，为芒……蒙、芒当是同一苗蛮族在鲁、皖、苏、豫大地上的残存。”[③]

湘黔一带以“蒙”相称的族群历史久远，民族成分复杂，学者们普遍以为其源自远古时代的记忆，但笔者认为这其中也包含着秦末蒙氏避难于湘西，因此加入其中并进一步施加了影响的原因。

二、武陵“思蒙”地名蕴含蒙氏思乡之情怀

蒙姓避难湘西之后，有一段隐姓埋名的历史阶段，这个时期正是从秦二世开始到陶渊明所处的东晋时期。在这五六百年间蒙氏后人遵循蒙恬、蒙毅“戒之子孙，当以耕读为本，百代不入朝”的遗训，在湘西深山中隐居耕读，与外世隔绝，过着“羲皇上人”“怡然有余乐”的田园生活。

目前，湖南省郴州市的汝城县，怀化市的靖州、城步、绥宁、新晃等市县均有蒙氏居住，这些蒙姓居住的地方大多集中在湘西南地区，显然是蒙氏隐居湘西的历史遗存，如2013年任溆浦县委书记、现任怀化市人大常委会副主任的蒙汉，即是湖南省怀化市靖州人，其民族成分是侗族。除此之外，蒙氏隐居湘西武陵更有说服力的证据是以“蒙”命名的地名，尤其是以“思蒙”命名的地名更能说明避难于武陵的蒙氏对故乡、对祖先的思念之情。

通过查询发现，在湘西沅水流域有很多以“蒙”命名的古老地名、村

① 古文凤：《苗族民族认同的层级论——对苗族“蒙人”的个案研究》，《中央民族大学学报》（哲学社会学版），2011年第02期。

② 石朝江：《上古“东方夷人”是中华文明中华民族的一个重要源头》，《西部学刊》，2013年第11期。

③ 石宗仁：《荆楚与支那》，北京：民族出版社，2008年，第124－125页。

名、溪名。其中，沅陵县有“蒙溪”“蒙户”“蒙福”“蒙溪塘”等；辰溪县东北部与溆浦县相邻地区有“伍家湾乡”，1956年建思蒙乡，1958年改思蒙公社，1984年因与相邻的溆浦县思蒙乡重名，故改称“伍家湾乡”。另外这一带还有“思蒙溪”“思蒙溶”“思蒙村”。

最古老、最具说服力的是溆浦县“思蒙镇”，镇驻地在“思蒙花园村”，位于现在溆浦县城以西12千米。这里正是里耶秦简记载的“新武陵”古城所在地，也是考古发现的M24号秦将军墓所在地，是前文中所论证的秦国“少府”将军蒙武的安葬地，也是秦始皇追封蒙武“中脯王”的领地。蒙武、武陵、思蒙，显然不只是文字和地名上的巧合，而是历史史实的证据链。

思蒙镇辖147个行政村，面积83平方千米，现有人口1.6万人。沅水的支流溆水自东向西流过全境。据当地人说“思蒙”之名源自战国时期，但其因何而来却没有合情合理的说法。有人说“思蒙”与屈原有关，“溆浦”之名出自屈原的《九章·涉江》：“入溆浦余儃佪兮，迷不知吾所如。”

溆浦是沅水中上游流域最大的河谷盆地，是屈原用生命保护的地方，也是遭流放后的目的地。两千多年前，屈原离开楚国郢都，渡长江，过洞庭，溯沅水，沿溆水入溆浦。看见这里雨雾朦胧的样子，感伤而作《涉江》：“入溆浦余儃佪兮，迷不知吾所如。深林杳以冥冥兮，乃猿狖之所居，山峻高以蔽日兮，下幽晦以多雨。霰雪纷其无垠兮，云霏霏其承宇。哀吾生之无乐兮，幽独处乎山中。”有人因此说，当年屈原看见这里碧水蓝天，烟雨丹霞，香草遍地，丝茅葳蕤。又听当地人叫丝茅（mao）为丝茅（meng），他就把这个丝茅改为思蒙了。[①]

显然，“思蒙”地名历史悠久，说其得名于二千多年前是恰如其分的。但就其地名的来历而言，推测其源自屈原的说法却过于牵强附会。我们只有将两千多年前在这里发生的诸多人文、历史故事联系在一起进行考证，才能得知蕴藏在“思蒙”二字中深邃而又显而易见的内涵，才会得到正确的答案。

无论是屈原，还是蒙氏家族和陶渊明家族，都具有“风隐于林”的思想境界。无论他们遭遇流放、避难，还是“不为五斗米而折腰”辞官归

---

① 张昌竹：《溆浦，成就了世界文化名人——屈原》，《文史博览》，2007年第09期。

隐，他们所向往的都是桃花源中的世界。也因此，溆浦这个神秘的地方在冥冥之中将他们联系在了一起。“溆浦”源自屈原，“武陵”源自蒙武，“思蒙”显然源自来此避难的蒙武的后人对故乡、故人的思念，陶渊明显然就是以武陵人对故乡的传说和思念为基础创作了《桃花源记》。

溆浦盆地四面环山，只有一条溪水（溆水）流出汇入沅水，环境相对封闭，类似于蒙氏的故乡蒙阴“四塞之崮”。溆浦古城附近“思蒙”地方的小环境类似于蒙恬故里、蒙阴颛臾风国，也类似于陶渊明笔下的桃花源。溆浦县作协主席田真夫在《溆浦惊现千年桃花源》博文中，认为“桃花源”原型地和故事地在溆浦思蒙乡。田真夫通过实地考察，认为溆浦县思蒙乡符合《桃花源记》的所有条件，尤其是思蒙乡民风民俗与桃花源相似。他说也许陶渊明真的来过溆浦，或许是为信守承诺，不暴露真实地址，留下了桃花源在哪里这一千古之谜。除此之外，田真夫还创作歌曲《思蒙恋》抒发悠悠千年不变的乡恋情怀。

三、黔桂滇的蒙山等地名显现蒙氏迁徙轨迹

除了湖南湘西武陵一带众多的“思蒙”地名、水名外，在以此为中心向东南、南、西南方向的粤、桂、黔、滇等地有众多的以蒙命名的山、水、村、寨、城等，显现出唐宋之后蒙氏从湖南向以上地区迁徙的轨迹。

王献唐先生在《炎黄氏族文化考》一书中论证了蒙阴一带的蒙族散居他地，皆族迁名随，凡以蒙命名的地方都是蒙族迁徙之地。[①] 由此可见，世居蒙阴颛臾风国的蒙氏在迁徙过程中“族迁名随”成为惯例，以广西蒙山县为例可略见一斑。

广西蒙山县地处湘西溆浦县（新武陵）正南方，避难于武陵的蒙氏族群沿沅江溯流而上，过五岭即可到达。蒙山古为百越地，汉属荔浦县，隋开皇十年（公元590年）置隋化县。唐武德四年（公元621年）改为立山县，贞观八年（公元634年）改置蒙州，因州东有蒙山，山下有蒙水，居民多蒙姓，故名蒙州。从这个时间节点上来看，与广西蒙氏族谱记载的蒙氏入桂时间相符，而且形成了较大的蒙姓族群，在当地人口中已经占据了

① 王献唐：《炎黄氏族文化考》，青岛：青岛出版社，2006年，第296页。

相当大的比重，在政治文化和习俗中占据了主流地位。从蒙山县地理环境看，四周群山环抱，境内丘陵起伏，地势东北高、西南低，气候温和，雨量充沛，县内有大小河流纵横交错。蒙姓由隐居之地武陵郡迁徙至此后，发现此地有着与故乡蒙阴相似的地理环境，故将山以故乡的“蒙山”命名，将水称“蒙水”。

除广西蒙山县因蒙氏族迁名随之外，在贵州、广西、云南、四川等地凡是蒙姓居住的地方，或历史上蒙氏曾到达过的地方都遗留下数不胜数的、古老的以蒙命名的地名、水名和村寨名，足以验证蒙姓迁徙的路径和轨迹，如2018年首届贵州黔东南蒙氏宗亲联谊大会的举办地凯里市“蒙家寨”等。

除了唐宋时期蒙氏走出湘西向南迁徙留下的足迹外，还有一些地名是因秦始皇时期秦军的“屯戍”。如在广西桂平市有蒙圩镇，其来历不是因为蒙氏移民而得名，而是因为秦始皇三十三年（公元前214年）秦军伐岭南时，蒙毅率师屯兵桂平西采食，筑蒙城（蒙圩镇故城）而得名。为了保持岭南的稳定，秦始皇进军岭南的将士留守当地“屯戍”①，这些将士都是蒙武和蒙毅的旧部，其中也有不少蒙姓子弟，他们在当地娶妻生子，因此所筑之城称蒙城，所居之地称蒙圩。

蒙氏自隋唐开始从隐居避难的湘西向外迁徙，除大部分“逾岭而南”向广西、贵州发展外，还有一部分向周边的“江淮闽蜀”“汴襄粤闽江淮”扩散，所到之处除呈现在地名上之外，还有宋代以后的族谱记录。如宋咸淳十年（1274年），赐进士及第的文天祥在《宋朝蒙氏族谱序》（三修）中称：“秦宋子孙，棋布星列于江淮闽蜀之间。”元延祐二年（1315），奉义大夫前同知州路总管府事乙丑进士及第东圆吴桂发在《宋朝蒙氏族谱序》（四修）中称：“逾岭而南，蒙为著姓，源于河东，支于汴襄粤闽江淮之间。”根据史料记载和族谱记录，相关专家学者研究后一致认为：中国蒙氏“得姓于山东，发族于安定”，成为当今一典型的南方姓氏，其源于北，而盛于南。②

蒙氏走出湘西的原因，除了外出为官为商之外，还有一个重要的原因

① 岑沫：《秦朝“四大军团”的最终归宿》，《文史春秋》，2015年第11期。

② 杨先依：《贵州三都水族自治县蒙氏家族历史文化研究》，贵州民族大学硕士生学位论文，2019年。

就是东汉之后历代王朝对武陵夷（五溪蛮）的征服和挤压，从武陵夷传说和族群性质来看，与蒙氏移民有着渊源关系。

四、武陵夷传说隐喻着蒙氏事秦的经历

在湘西一带，除了陶渊明以武陵郡为背景创作的《桃花源记》之外，还流传着“武陵夷”“武陵源”的传说，其内容都有着相似之处，说明在这一带广泛流传着一个隐居族群的故事，这些相似而又存在差别的传说，只不过是同一故事在流传过程中衍生的不同版本而已。

武陵夷，又称武陵蛮，或五溪蛮，是汉时对分布在今湘西、鄂西南等地区的少数民族的总称。最早的记载出现在《后汉书》中，后来《水经注》中也记载有武陵夷的传说。武陵夷因集中居于武陵郡而得名，其来源不明，但从习俗来看与东夷有着很深的渊源关系，有学者认为是春秋战国时期由黄淮一带迁徙而来。

> 《水经注·沅水》：沅水又东合溆水，水导源溆溪，北流注沅。……水又迳沅陵县西，有武溪，源出武山，与酉阳分山，水源石上有盘瓠迹犹存矣。盘瓠者，高辛氏之畜狗也。其毛五色，高辛氏患犬戎之暴，乃募天下有能得犬戎之将吴将军头者，妻以少女。下令之后，盘瓠遂衔吴将军之首于阙下，帝大喜，未知所报。女闻之，以为信不可违，请行，乃以配之。盘瓠负女入南山，上石室中。所处险绝，人迹不至。帝悲思之，遣使不得进。经二年，生六男六女。盘瓠死，因自相夫妻，织绩木皮，染以草实，好五色衣，裁制皆有尾。其母白帝，赐以名山。其后滋蔓，号曰蛮夷。今武陵郡夷，即盘瓠之种落也。其狗皮毛，嫡孙世宝录之。①

从《水经注·沅水》关于武陵夷的传说可以看出，“盘瓠者，高辛氏之畜狗也”，是指武陵夷的祖先是高辛氏之后或重臣。

> 《史记·五帝本纪》：帝颛顼生子曰穷蝉。颛顼崩，而玄嚣之孙高辛立，是为帝喾。帝喾高辛者，黄帝之曾孙也。高辛父曰蟜极，蟜极

① 《水经注》，北京：中华书局，2013年，第830页。

父曰玄嚣，玄嚣父曰黄帝。自玄嚣与蟜极皆不得在位，至高辛即帝位。高辛于颛顼为族子。①

蒙氏是高阳氏颛顼帝的后裔，颛顼传位给高辛氏，蒙氏的先祖自然称臣于高辛氏，成为高辛氏的重臣。武陵夷的上述传说来源于隐居武陵的蒙氏对祖先的回忆。也隐喻着蒙氏“自齐事秦”建功立业，最后又不得不避难于武陵的经历。所谓犬戎、吴将军，实际上是指蒙恬、蒙武分别征伐的匈奴和楚吴越。

《史记·秦始皇本纪》：三十三年，发诸尝逋亡人、赘婿、贾人略取陆梁地，为桂林、象郡、南海，以適遣戍。西北斥逐匈奴。自榆中并河以东，属之阴山，以为四十四县，城河上为塞。又使蒙恬渡河取高阙、阳山、北假中，筑亭障以逐戎人。徙谪，实之初县。禁不得祠。明星出西方。三十四年，適治狱吏不直者，筑长城及南越地。②

秦始皇三十三年，在取南越（蒙武之子蒙毅率偏师取桂林）的同时，又使蒙恬渡黄河“逐戎人”，由此可证明笔者的上述见解。在《搜神记》中关于“盘瓠”的传说记载要比《水经注》更加详细。尤其是记录了盘瓠死后，帝王的女儿回到王宫，把情况告诉帝王，帝王派人去迎接那些男女，可是他们喜欢山林厌恶都邑，帝王顺从他们的意愿，赐给他们名山大川，称他们为蛮夷。他们“安土重旧”，因为他们领受了上天赋予的奇异气质，所以用特殊的法律来对待他们。他们耕田贩卖，“无关繻、符传、租税之赋”，“有邑君长皆赐印绶”。现在梁州、汉中、巴、蜀、武陵、长沙、庐江等郡的蛮夷就是这样，这种风俗流传到现在。

《搜神记》卷十四：……后母归，以语王，王遣使迎诸男女，天不复雨。衣服褊裢，言语侏离。饮食蹲踞，好山恶都。王顺其意，赐以名山广泽，号曰蛮夷。蛮夷者，外痴内黠，安土重旧，以其受异气于天命，故待以不常之事。田作贾贩，无关繻、符传、租税之赋，有邑君长皆赐印绶。冠用獭皮，取其游食于水。今即梁、汉、巴、蜀、

① 《史记》，北京：中华书局，2006年，第2页。

② 同①，第46－47页。

武陵、长沙、庐江郡夷是也。用糁杂鱼肉，叩槽而号，以祭盘瓠，其俗至今。故世称："赤髀横裙，盘瓠子孙。"①

武陵夷"好山恶都""安土重旧"与蒙氏故乡蒙山之人的习俗相似，王献唐在《炎黄氏族文化考》中记载说，蒙阴"今在山中尚有野人居之，习俗独异，履山矫健，与内地隔绝，颇疑即古牟夷苗裔也。"②。武陵蛮夷"有邑君长皆赐印绶"，也正如《宋史·抚水州传》所言："抚水州在宜州南……唐隶黔南其酋皆蒙姓，……夹龙江居，种稻似湖湘。"③ 可见武陵夷的习俗即蒙氏的传统习俗，武陵夷"有邑君长"即蒙姓酋长。

笔者认为，武陵夷传说的原型即秦国将军蒙武娶秦王之女为妻，携妻子儿女南征楚国、死后葬于武陵，秦始皇追封其"中脯王"，"赐以名山广泽"，蒙氏后人"安于乡土，重视旧俗"的历史故事。蒙武子孙长期生活于少数民族地区，受其影响语言自然怪异难懂，生活习性也难以适应都市，所以秦始皇将其封于武陵，赐予山泽，放归自然。

"夷"本身应当是对东方族群的称谓，所谓西羌、东夷、北狄、南蛮，由此可见"武陵夷"之名本身就带有东方族群的特征，而"武陵夷"又称"五溪蛮"，夷蛮互用，说明了其是北方移民与南方原住民融合的族群。唐长孺先生在《〈桃花源记旁证〉质疑》一文中说："武陵本是蛮族所居之地，这段故事发生在武陵，发现异境者是蛮人或具有蛮族姓氏的渔人，很可能就是蛮族的传说。《水经注·沅水》：'沅南县西有夷望山，孤竦中流，浮险四绝，昔有蛮民避寇居之，故谓之夷望也。南有夷望溪水。'④ ……我们认为《桃花源记》和《异苑》所述故事是根据武陵蛮族的传说，这种传说恰好反映了蛮族人民的要求。"⑤ 武陵有山曰"夷望山"，有溪曰"夷望溪"，而咸阳则有秦王的宫殿曰"望夷宫"，《史记·秦始皇本纪》"丞相高杀二世望夷宫"⑥。夷望、望夷相对应，正说明武陵夷传说中的帝是秦始皇，武陵蛮夷是蒙武和秦王公主的后裔。后人解读"望夷"是"以望北夷"，笔者认为这个夷应当是指"武陵夷"。"望夷""夷望"体现的是秦王

---

① 干宝：《搜神记》，北京：中华书局，2012 年，第 309－312 页。

② 王献唐：《炎黄氏族文化考》，青岛：青岛出版社，2006 年，第 296 页。

③ 邝福光：《水族族源初探》，《贵州师范大学学报》（社会科学版），1984 年第 01 期。

④ 《水经注校证》，北京：中华书局，2013 年，第 831 页。

⑤ 唐长孺：《魏晋南北朝史论丛续编·魏晋南北朝史论拾遗》，北京：中华书局，2011 年，第 192 页。

⑥ 《史记》，北京：中华书局，2006 年，第 52 页。

与帝女相互盼望之义。

单就免交赋税而言，武陵夷可能就是蒙氏后人族群。因为他们的故土颛臾风国是专门祭祀太皞的宗子之国，是君主帝王的封君之地，也是孔子所言的“社稷之臣”，所以自古以来享受着免征王税的待遇。蒙武出征之前就是掌山、地、池、泽之税，掌管秦始皇家事、国事的“少府”，免税赋也是秦始皇赋予蒙氏在武陵的特权。到了西汉时期，刘邦尊崇蒙氏，“汉承秦制”设武陵郡，仍然赋予蒙氏后人这种待遇。因此，蒙氏后人来到武陵后在一个相对封闭的环境中，自相夫妻，自成一体，“安于乡土，重视旧俗”，正如陶渊明《桃花源诗》中所言“秋熟靡王税”。所以到了东汉之后，一旦州府向其征税，武陵夷会理所当然地起来反抗反叛。

五、瑶族蒙氏传说与伏羲女娲传说一致

据《瑶族蒙氏口传家谱》记载，我国瑶族分布在广西、湖南、云南、贵州和江西一带。从历史来看瑶族源于秦汉时代的“武陵夷”或“五溪蛮”，他们分布在今湖南的洞庭湖一带。由于历代统治阶级对瑶族的统治和镇压，瑶族先民被迫离乡背井，往南和西南辗转迁徙。布努瑶族一支，大概经过湘西南，通过苗岭南麓到达黔南的都匀一带。后来被当地土司驱赶，又被迫往南折入桂西北一带山区。

在沧桑的历史长河中，瑶族创造了许多优美的民间口头文学，其中有名的是创世史诗《密洛铎》，瑶话叫作《母亲的故事》。是用说唱的方式讲述瑶族的历史传说：布努瑶族蒙姓一世祖，男的叫“布刚央尚”，女的叫“密木央尚”，他俩是兄妹，出生在罗里。长大成人后，母亲“密洛铎”把他俩送到别府拉荡去安家立业，那里荒无人烟，没有地方交朋友做夫妻。密洛铎说：“你俩不要发愁，回去之后，一个在村子北边，一个在村子南边，各烧一堆火，如果两股火烟冒上天后，慢慢靠拢缠绕在一起，你俩就可以结成恩爱夫妻，养儿育女，白头偕老。”他们按照母亲的吩咐去做，结果应验了母亲的说法，从此兄妹结成了夫妻。布努瑶族创世史诗《密洛铎》是瑶族蒙姓二十九世传人蒙朝吉整理的。[①] 蒙朝吉生于1932年，是中

① 强省吾等：《中华蒙氏渊源》（线装大字版），香港：百姓源·缘（香港）文化传播机构，2007年，第103－105页。

国科学院少数民族语言研究所研究瑶族和畲族语言的学者，从他整理的瑶族蒙姓创世神话看，其始祖兄妹结婚的传说与蒙氏始祖伏羲女娲兄妹结婚的传说几乎完全一致。

六、蒙双氏、武陵夷、蒙氏传说一脉相承

武陵夷是汉朝时期才出现在武陵一带的一个少数族群，尚武而且习俗独特："所处险绝，人迹不至。帝悲思之，遣使不得进，经二年，生六男六女。盘瓠死，因自相夫妻。织绩木皮，染以草实，好五色衣，裁制皆有尾。"这个传说与《搜神记》《博物志》中"蒙双民""蒙双氏"传说有着惊人的相似之处，而且在《搜神记》中"蒙双氏"和"狗祖盘瓠"都收录在卷十四之中，是相邻的两篇。

> 《搜神记》：昔高阳氏，有同产而为夫妇，帝放之于崆峒之野相抱而死。神鸟以不死草覆之，七年，男女同体而生。二头，四手足，是蒙双氏。①
>
> 《博物志》：蒙双民，昔者高阳氏有同产而为夫妇，帝放之北野，相抱而死。神鸟以不死草覆之。七年男女皆活，同颈二头，四手，是蒙双民。②

高阳氏是指颛顼帝，"蒙双氏"在《博物志》一书中又称"蒙双民"，崆峒之野在《博物志》中又称"北野"。据蒙氏族谱记载，颛顼帝、蒙双氏（蒙双民）及"东蒙主"都是蒙氏的源头。笔者认为，蒙阴颛臾风国就是颛顼之国，可见帝颛顼将蒙双民（蒙双氏）放之北野（崆峒之野）就是蒙山以北的颛臾之地（详见笔者拙作《凤出东方——兼论古代华夏"东方君子之国"及其天文观象台"昆仑之丘"》一书）。

由上可以看出，从风姓始祖伏羲女娲兄妹结婚，到颛顼帝时蒙双民"同产而为夫妇"，再到武陵夷"自相配偶，因为夫妇"、瑶族蒙姓兄妹结婚，这些传说都一脉相传、异曲同工。蒙氏从居于颛臾风国祭祀伏羲女娲，到隐居武陵都是处于一个相对封闭的环境之中，成为一个自成一体的

① 干宝：《搜神记》，北京：中华书局，2012 年，第 308 页。
② 张华：《博物志》，北京：中华书局，2019 年，第 60 页。

族群，因此其崇拜凤凰神鸟、好五色衣，安于乡土、重视旧俗的特征得到了长久的传承。

本章结语：

1. 桃花源中人是“避难”，而非“避乱”和“避徭役”。

2. 桃花源中人是避秦二世时之难。

3. 桃花源中人是来自北方而非当地，是一个移民族群。

4. 蒙氏家族是秦时遭遇迫害的最大、最典型的族群。

5. 湘西武陵郡是秦始皇追封蒙氏的封地，是蒙氏遇害后唯一的逃难地。

6. 桃花源中人先祖是秦二世时遭赵高等人迫害的蒙氏家族成员和山东“蒙邑”族人，以及蒙家军戍役未归的将士。

7. 湘西和岭南地区原居民数量有限，蒙家军戍役未归秦人和蒙氏族人占有很大比重，形成特色鲜明的移民族群。这个族群与少数民族融合，因此少数民族中也有了蒙姓。

8. 蒙氏源于山东蒙阴，蒙骜自齐事秦昭王后，蒙氏兴盛于秦国，蒙氏遇害后，蒙骜一族与故乡蒙阴蒙氏全部南投避难，之后蒙氏成为典型的南方姓氏，现多集中在湘西、广西、贵州一带，所到之处留下很多历史遗存。

9. 湘西武陵、长沙一带流传的“武陵夷”传说实际上是蒙氏对祖先祖地传说的演绎。

第四章

武陵之源　吴中桃墟

任何文学作品都离不开时代背景，都体现着作者的主观思想，当然也少不了客观素材，否则，作品就没有了灵魂，人物就不会栩栩如生，故事也不会引人入胜。像陶渊明《桃花源记》这样的千古佳作，更是有着其特殊的历史背景、鲜明的主观境界和丰富的客观素材。

陈寅恪先生认为陶渊明《桃花源记》是“寓意之文，亦纪实之文也”，关于寓意者，概不涉及，纪实之文的素材来源于戴延之随刘裕北伐姚秦时在北方的所见所闻。① 笔者认为，既然陶渊明创作《桃花源记》有寓意在其中，又有纪实的素材，那么我们在论证“桃花源”故事原型和“桃花源”原型地时就应当兼顾这两个方面，不应当如陈寅恪先生所言把寓意部分另当别论，只有这样才能从不同的侧面全面地把“桃花源”原型立体的、真实地还原出来。

> 《述异记》：武陵源在吴中，……世传秦末丧乱，吴中人于此避难。②

《述异记》中的“武陵源”是“桃花源”传说的另外一种版本，其指明了“武陵源”在“吴中”，吴中人因秦末丧乱而避难，给我们进一步明确了找寻“桃花源”的思路。下面让我们把自己当成与陶渊明意趣相合的人，从陶渊明的思想渊源、政治倾向、文化环境等方面，对《桃花源记》的主题思想和客观素材做出分析，共同去寻找千百年来文人贤士一直探寻的“桃花源”。

---

① 陈寅恪：《金明馆丛稿初编》，北京：三联书店，2001 年，第 188 页。

② 任昉：《述异记》，长春：吉林出版集团有限责任公司，2005 年，第 15 页。

第一节　陶渊明思想和政治倾向与蒙氏故里关系密切

陈寅恪先生在《陶渊明之思想与清谈之关系》一文中说："古今论陶渊明之文学者甚众，论其思想者较少。"① 对陶渊明做思想和政治倾向的研究论述，清代学者、也是陶渊明的后裔陶澍的《靖节先生集》一书是集大成者，其有两个根本特点：一是陶澍对陶渊明政治态度的定位，陶澍完全信从沈约关于陶渊明归隐之后不肯仕刘裕新朝，"所著文章，皆题其年月，义熙以前则书晋氏年号，自永初以来，唯云甲子而已"的说法，认为陶渊明为忠晋人物；二是接受前代学者朱熹、刘履、沈德潜诸人的评陶影响，以为陶渊明的思想渊源来自儒家。②

陶澍等学者虽然发现了陶渊明的政治喜好和思想渊源，却没有发现其中的原因和内在联系。笔者通过对陶渊明作品尤其是《桃花源记》的研究，发现陶渊明的政治喜好与思想渊源源自他对中国历史文化渊源的深入研究，源自他对羲皇上人、虞舜时代社会形态和孔子思想的崇拜，源自他对"东方君子之国""颛臾风国"所在地的了解。

一、陶渊明思想上受到洙泗、沂蒙文化影响

陶渊明思想渊源来自儒家，这是历代学者对陶渊明及其作品深入研究得出的较为一致的结论，也是陶澍在集注《靖节先生集》中的突出观点。另外，陈寅恪在《陶渊明之思想与清谈之关系》一文中又说陶渊明思想深受道家文化的影响，称其"外儒而内道"，并说"就渊明所生之东晋、南北朝诸士大夫而言，江右琅邪王氏及河北清河崔氏本皆天师道世家，亦为儒学世家，斯其显证"。③

① 陈寅恪：《金明馆丛稿初编》，北京：三联书店，2001 年，第 201 页。

② 陶澍：《陶渊明全集》，上海：上海古籍出版社，2015 年，第 18 页。

③ 陈寅恪：《陶渊明之思想与清谈之关系》，载于陈寅恪：《金明馆丛稿初编》，北京：三联书店，2001 年，第 229 页、219 页。

笔者认为，陶渊明儒、道思想并不冲突，道教和儒家创始人老子、孔子本来就相互欣赏，孔子称老子为龙，老子视孔子为凤，道教和儒家文化是相通的。孔子自称为“君子”，他在周游列国之后也曾想隐居“九夷”。从陶渊明诗作中可以看出，他极其尊崇孔子，崇尚洙泗文化，同样也向往道家“凤隐于林”的隐居生活。从下面列举的陶渊明作品中可以发现儒教和道教对其思想的影响。

> 陶渊明《命子》：悠悠我祖，爰自陶唐。邈焉虞宾，历世重光。……纷纷战国，漠漠衰周。凤隐于林，幽人在丘。……名汝曰俨，字汝求思。温恭朝夕，念兹在兹。尚想孔伋，庶其企而！①

此诗讲述陶氏远祖始于尧，源远流长，但时运有盛有衰，在战国时期因为战乱而“凤隐于林，幽人在丘”。由此可以得知，陶渊明家族具有遇乱则归隐的传统，这种传统与“凤凰遇乱则隐居九夷”、“凤凰邅回蒙汜”以及孔子“欲居九夷”与凤凰和君子为伴的避世思想是完全一致的。

在《命子》篇中，陶渊明还沿用古人以龟甲占卜的方式选择吉日良辰，给儿子起名“俨”。“俨”取自《礼记·曲礼》“毋不敬，俨若思”，他是想让儿子向孔伋（孔子之孙，《中庸》作者）学习，像孔伋继承孔子儒家思想一样继承陶氏先祖的优秀品德。由此可见陶渊明崇敬孔子，并深受孔子儒家文化的影响。陶渊明对于儒家文化的尊崇还体现在其他作品之中，例如在《饮酒》第二十中，将羲农、孔子、凤鸟和洙泗并列在一起，与狂秦相对应。

> 《饮酒》：羲农去我久，举世少复真。汲汲鲁中叟，弥缝使其淳，凤鸟虽不至，礼乐暂得新。洙泗辍微响，漂流逮狂秦。②

这首诗的意思是说，羲皇和神农时代已经很久远了，世上罕见那样纯真的人，只有那个一生勤奋奔走的孔子，还想着让民风世俗再回到那个淳朴的时代，孔子的努力虽然没有达到天下大治，他所期待的凤凰也没有飞来，但他整理的诗书礼乐总算恢复一新。

---

① 陶澍：《陶渊明全集》，上海：上海古籍出版社。2015 年，第 14－18 页。

② 同①，第 83 页。

《时运》：延目中流，悠想清沂。童冠齐业，闲咏以归。我爱其静，寤寐交挥。[1]

从上面这首诗中也可以看出，陶渊明梦寐以求的境界，就是孔子的弟子曾皙所向往的“暮春者，春服既成，冠者五六人，童子六七人，浴乎沂，风乎舞雩，咏而归”[2] 这样悠然自得的生活。同样，他也极其羡慕老莱子隐居“东蒙”的生活。

从地域影响上看，孔子创立的儒教文化诞生于洙泗河上游，也就是蒙山西麓一带，这一带也是凤凰文化的发源地，是颛臾风国的所在地。同样，这一带也是孔子赞同的、陶渊明所向往的“浴沂”之处和“东蒙客”的隐居之处，是道家文化中所谓的“鸿蒙”和“崆峒”之野。由此看出，陶渊明思想渊源深受洙泗、沂蒙文化的影响。

二、蒙阴地属琅邪，琅邪之名始源于蒙阴

琅邪，是中国版图上一个古老而又美丽的名字，古代多作琅邪，又作琅玡等，山东省古代地名，曾有琅邪邑（县）、琅邪国、琅邪郡、琅邪道。秦统一六国后，地方实行郡县制，全国分为三十六郡，析齐东沿海置琅邪郡，郡境为山东东南部。秦朝、三国到东晋时期，蒙阴一带即属琅邪郡。

据谭其骧先生考证，秦朝置琅邪郡当包括后来西汉之琅邪、城阳、胶东三郡全境之地，即今日之临沂大部、潍坊东南部、青岛西南部的大片地区。东汉时，琅邪郡改为国，移治所到山东临沂市北，靠近沂水的开阳，所辖比西汉时的琅邪郡略大。西晋时琅邪国一仍其旧，只不过面积略大，北达今蒙阴境。隋时，在全国近200个郡中，琅邪是较大的一个，辖沂水、东安、新泰、颛臾、临沂、费县、莒县诸县。[3]

《晋书·地理志》：琅邪国秦置郡。统县九，户二万九千五百。开阳侯相。临沂、阳都、缯、即丘、华、费鲁季氏邑。东安、蒙阴山在西南。[4]

① 陶澍：《陶渊明全集》，上海：上海古籍出版社，2015年，第3页。
② 《论语·大学·中庸》，北京：中华书局，2011年，第135页。
③ 孙天胜：《琅邪沿革》，《管子学刊》，1999年第02期。
④ 《晋书》，北京：中华书局，1974年，第452页。

从典籍记载和《中国历史地图集》中可以看出，无论是秦初置琅邪郡，还是西晋时期的琅邪国，蒙山、蒙阴都包含其中。对比秦置琅邪郡和西晋琅邪国的地域变化，可以发现“琅邪”作为地名应当出自沂蒙地区，而非胶南、即墨。

关于琅邪之名的来历，一直没有深入的研究，“琅”本义为似玉的美石或青色的珊瑚。笔者通过对“琅邪”之“琅”的字义分析发现，蒙阴不仅隶属于琅邪郡，而且极有可能就是“琅邪”的出处。

> 《说文解字》：琅玕，似珠者。从玉良声。
>
> 《玉篇》：琅玕，石似玉。
>
> 《广韵》：琅玕，玉名。《尔雅》曰：“西北之美者，有昆仑璆琳、琅玕焉。”又琅邪，郡名。今沂州也。

从上面典籍的解释看，“琅”是一种似珠、似玉之石。笔者认为这种似珠似玉之石即“昆仑”之玉。

> 《山海经·海内西经》：昆仑南渊深三百仞。开明兽身大类虎而九尾，皆人面，东向立昆仑上。开明西有凤皇、鸾鸟，皆戴蛇践蛇，膺有赤蛇。开明北有视肉、珠树……凤皇、鸾鸟皆戴瞂。开明东……服常树，其上有三头人，伺琅玕树。①
>
> 《山海经·大荒西经》：西王母之山“沃之野，凤鸟之卵是食，甘露是饮。……鸾鸟自歌，凤鸟自舞，爰有百兽，相群是处，是谓沃之野。”②
>
> 《正字通》：天竺出琅玕。李时珍曰：《山海经》云开明山北有珠树，《淮南子》云曾城九重有珠树在其西，珠树即琅玕，在山为琅玕，在水为珊瑚。③

笔者通过分析认为，蒙阴清志记载的“叟虎寨山”、《水经注》记载的“叟岗”既是君子国之神“天吴”，也是《淮南子·天文训》中记载的太阳中午所在位置“昆吾”，又是“昆仑之丘”的开明兽“陆吾”。

古籍中记载的凤凰“出于东方君子之国，又出丹穴之山”，笔者认为，

---

① 方韬：《山海经》，北京：中华书局，2011年，第226-267页。

② 同①，第315页。

③ 以上关于“琅”字的解释均见于汉字研究与现代应用实验室：《汉字全息资源应用系统》。

君子之国既然是颛臾风国，那么“丹穴之山”即“叟虎寨山”东北方向、汶河岸边的六座褐色山丘，这六座山丘也就是《禹贡》记载的“赤殖坟”，由第四纪褐色黏土和大大小小的玄丹色卵石构成。这些似珠如玉的卵石就是《山海经》中记载的开明北、开明东的“琅玕”。《正字通》言：“天竺出琅玕”，蒙阴“叟虎寨”（开明兽）北有南竺院、北竺院、东住佛、西住佛、东如来、西如来、南佛峪、北佛峪等与佛有关的古老地名和村名，是否与“天竺出琅玕”之说有关呢？

在中华古史的传说系统中，华夏民族最早的始祖是华胥氏。最早提及华胥氏的文献主要有《竹书纪年》和《庄子》等。《竹书纪年前编》说：“太昊之母，居于华胥之渚，履巨人迹，意有所动，虹且绕之，因而始娠，生帝于成纪，以木德王，为风姓。”[①]历史上对“华胥国”所在地，亦有数说，据杨东晨先生考，盖有山东说、山西说、河南说、陕西说、四川说、青海说等等，不一而足。另有佛教的说法，《辩证论》卷四谓“《典略》云：“‘黄帝梦游华胥氏之国。’华胥氏者即天竺国也，在佛神游之所。”[②]

前文中论证了“华胥之渚”即“雷泽”，《山海经·海内东经》记载“琅邪台在渤海间，琅邪之东。……雷泽有雷神，龙身而人头，鼓其腹。在吴西”。方韬译注曰：琅邪台，有说法认为是今天山东境内的一座山，只不过形状像高台，所以称为琅邪台。[③] 笔者认为，琅邪与雷泽同时出现在《山海经·海内东经》之中，而且是前后文。所谓“吴西”即颛臾风国“叟虎寨山”以西，“雷神”即指青龙山，“华胥之渚”显然就是“蒙汜之渚”。黄帝所游“华胥氏之国”即天竺国，也就是慧深所言东方“扶桑国”，都是指东方君子之国，《正字通》所言“天竺出琅玕”之天竺国即东方君子之国——颛臾风国。所以琅邪台应当就在颛臾风国之中。

叟虎寨山北面的玄丘有“九洞”，即凤凰“又出丹穴之山”之“丹穴”。这座山上的卵石时不时地从山上自然滚下，发出清脆的响声，故当地俗称“响石山”。笔者认为，“琅玕”即“响石山”似珠似玉的卵石。“琅琅”是金石相击声，即源于“响石山”上卵石滚下时相互碰撞的声音。因此，笔者认为，琅邪之名源于君子之国、昆仑之丘，即蒙阴颛臾风国。

① 《竹书纪年前编》，上海，光绪乙未年醉经楼校印本。

② 法琳：《辩证论》，台北：财团法人佛陀教育基金出版社，1990 年。

③ 方韬：《山海经》，北京：中华书局，2011 年，第 282－283 页。

三、陶渊明政治上拥护琅邪王建立的东晋王朝

陶渊明出身士族，曾祖父陶侃是东晋的大功臣，做过大司马，封为长沙郡公。他的祖父做过太守，父亲也当过官。陶渊明青年时代受到儒家思想的熏陶，向往先辈的勋业，希望进入仕途，实现“大济苍生”的远大抱负。大概在他二十七八岁时，一方面为了实现他的人生理想，另一方面希望改善母老子幼的窘迫家境，初仕江州祭酒，以后又当过镇军将军及建威将军参军。最后任彭泽令，为官八十多天，因不堪吏职，又因不为五斗米折腰向乡里小人，加上程氏妹死于武昌，他便弃官归隐。① 虽然自己出仕不利，但他仍然为祖先们在东晋时期所取得的功勋地位而自豪，这种发自内心的荣耀与自豪在他的《命子》一篇中得到了充分的体现。

> 《命子》：悠悠我祖，爰自陶唐。……在我中晋，业融长沙。桓桓长沙，伊勋伊德。天子畴我，专征南国。功遂辞归，临宠不忒。孰谓斯心，而近可得。②

东晋开国皇帝是世袭琅邪王的司马睿，陶侃是东晋时期的名将重臣，陶渊明外祖父孟嘉也是东晋名士，东晋时期是陶渊明家族最为显赫和荣耀的时期。陶渊明家族一直蒙受东晋王朝的恩泽，除了世袭“长沙郡公”封地外，世代都在东晋王朝命官，因此，陶渊明对东晋王朝怀有深厚的情感。

刘裕取代东晋而自立“宋”后，降长沙公为醴陵县侯，引起了陶渊明对于刘裕政权的不满。陶渊明政治上倾向晋王朝厌恶刘宋政权，体现在他的著作中。历代学者研究发现，陶渊明在东晋被刘裕取代之后的作品中，只题年月，不题年号，说明陶渊明从内心深处不承认刘宋政权。

> 《宋书·隐逸传》：自以曾祖晋世宰辅，耻复屈身异代，自高祖王业渐隆，不复肯仕。所著文章，皆题其年月，义熙以前，则书晋氏年号，自永初以来，唯云甲子而已。与子书以言志，并为训戒。又为

---

① 陶澍：《陶渊明全集》，上海：上海古籍出版社，2015年，前言第1页。

② 同①，第18页。

《命子诗》以贻之。[1]

陶渊明除了在著作中表露出对刘宋政权的不满外，在与人交往上这种感情表露得更加明显。萧统在《陶渊明传》中记载的一则小故事就说明了陶渊明对刘裕政权的厌恶程度。

> 萧统《陶渊明传》：江州刺史檀道济往候之，偃卧瘠馁有日矣。道济谓曰："贤者处世，天下无道则隐，有道则至。今子生文明之世，奈何自苦如此？"对曰："潜也何敢望贤，志不及也。"道济馈以粱肉，麾而去之。[2]

祖籍山东金乡的檀道济与陶渊明都曾在刘裕手下任参军。陶渊明辞官归田，在江州过着隐居生活。刘裕代晋自立建立南宋之后，接替王弘担任江州刺史的檀道济听说陶渊明病了，家里缺少食物，心中甚是挂念。知道他喜欢喝酒，专门打了几斤好酒和一些他喜欢的美食，亲自到他家访问，顺便劝说其出来做官。陶渊明与檀道济既是同事又是故交，檀道济为了让陶渊明出来做官以解困，称东晋"无道"，刘裕新朝为"有道"，陶渊明听后以"潜也何敢望贤"将其怼了回去，并将檀道济馈赠的食物和酒掷之门外，从此与檀道济断绝交往。从以上两个事例中可以看出陶渊明忠于东晋的程度，也同样看出对刘裕篡位的厌恶程度。

四、陶渊明与琅邪名士交往密切、志趣相投

陶渊明隐居之后很少与外界交往，尤其不愿与刘宋王朝中的官宦人物来往，但与王弘、颜延之等在朝为官的琅邪籍名士交往密切，究其原因主要有三个方面：一是由于东晋王朝是琅邪王司马睿在琅邪王氏家族鼎力协助下建立的，陶渊明政治上拥护东晋王朝，自然爱屋及乌对琅邪人产生亲近感；二是因为琅邪王氏家族人才辈出，如王羲之、王献之等深受陶渊明尊崇；三是陶渊明与琅邪籍名士志趣相投，这一点表现得尤为明显。

（一）琅邪王司马睿与琅邪王氏"共天下"之说

自东晋立国以来，当时的朝野上下就有了"王与马共天下"之说，形

---

① 陶澍：《陶渊明全集》，上海：上海古籍出版社，2015 年，第 289 页。

② 同①，前言第 18 页，第 288 页。

容司马睿与琅邪王氏（主要是王导、王敦）共享皇权的政治结构。田余庆先生在《释“王与马共天下”》一文中，强调指出琅邪王导以他所居司马睿左右的关键地位，艰苦经营，始奠定东晋皇业和琅邪王氏家业在江左的根基；王与马的结合，开启了东晋百年门阀政治的格局。[①] 毛汉光先生在《中国中古政治史论》一文中，提到“琅邪王司马睿之所以能在南方立定基业，并非他有过人之才华，他并没有显著得特殊”，“在王导的导演下，司马睿由配角一跃而成为主角”。[②]

《晋书·琅邪王伷》：琅邪武王伷字子将，正始初封南安亭侯。……武帝践阼，封东莞郡王，邑万六百户。……改封琅邪王，以东莞益其国。……太康四年薨，时年五十七。……子恭王覲立。覲字思祖，拜冗从仆射。太熙元年薨，时年三十五。子睿立，是为元帝。[③]

《晋书·帝纪第六·中宗元帝》：元皇帝讳睿，字景文，宣帝曾孙，琅邪恭王覲之子也。……年十五，嗣位琅邪王。……征南大将军、汉安侯王敦为大将军，右将军王导都督中外诸军事、骠骑将军。

……始秦时望气者云‘五百年后金陵有天子气’，故始皇东游以压之，改其地曰秣陵，堑北山以绝其势。及孙权之称号，自谓当之。孙盛以为始皇逮于孙氏四百三十七载，考其历数，犹为未及；元帝之渡江也，乃五百二十六年，真人之应在于此矣。

咸宁初，风吹太社树折，社中有青气，占者以为东莞有帝者之祥。由是徙封东莞王于琅邪，即武王也。……天意人事，又符中兴之兆。[④]

司马睿（公元276—323年）系晋宣帝司马懿之曾孙，琅邪武王司马伷之孙，琅邪恭王司马覲之子，晋武帝司马炎之从子。显然，司马睿虽系皇室子孙，但依传统的皇位承传体系而言，已是旁支。西晋末年，八王之乱、永嘉之乱直接引发了司马氏皇权的严重危机。素有大志且隐忍持重的琅邪王司马睿，鉴于天下形势暗中图谋皇权，通过依附东海王司马越并获

---

① 田余庆：《东晋门阀政治》，北京：北京大学出版社，第1页。

② 毛汉光：《中国中古政治史论》，上海：上海书店出版社，第323－324页。

③ 《晋书》，北京：中华书局，1974年，第1121－1122页。

④ 同③，第143－157页。

得琅邪大族王导的辅佐，得以出镇江东，并最终在乱局之中建立东晋王朝。[①]

《晋书·元帝》记载琅邪王帝者之祥和晋朝中兴之兆起于“东莞”（在今沂水县北，包括蒙阴县境。《蒙阴县清志汇编》记载，东汉废蒙阴县，置东莞县，属徐州琅邪国。杜预曰：“东莞，蒙阴县也。”[②]），而契合秦始皇之后五百年“金陵有天子气”的预言。笔者认为，这一预言可能来自琅邪王氏之传说，因为其先祖即为秦始皇“尽并天下，王氏、蒙氏功为多”的王氏（详见后文），故王敦、王导极力劝说司马睿渡江，徙镇建康（金陵）。

琅邪王氏作为魏晋南北朝时期最有影响的世族，齐梁时身为四代之史的沈约曾言：“自开辟以来，未有爵位蝉联，文才相继，如王氏之盛者。”[③]琅邪王氏家族从西汉王吉开始，中经魏、西晋的发展，东晋南朝时达到鼎盛，在三百余年，数十代人的努力下，琅邪王氏终成第一世族。隋唐之时仍有许多王氏子弟在朝为官。[④]

王吉，字子阳，琅邪皋虞人。王吉的后代定居于琅邪，东汉末年，王吉的四世孙王仁做青州刺史。王仁有四子，王谊、王睿、王典、王融。王融一支是王氏家族兴盛的基础，王融有二子，王祥、王览，琅邪王氏家族也从王祥这一代开始成为真正的豪门望族。

王祥，字休徵，以孝闻名于时，西晋统治者推崇的二十四孝之首，被后代儒生尊为孝道的楷模。“二十四孝”中有名的“卧冰求鲤”就是讲述王祥的事迹。曹魏末年，王祥官至太尉，封睢陵公。西晋建立之后，王祥被封为太保。王祥在魏晋之际地位是无人能及的。

王览，字玄通，是王祥同父异母的弟弟，比王祥小二十几岁。王览对王祥十分敬重，经常阻止其母虐待王祥夫妇。王览也因王祥出仕，西晋时王览官至太中大夫。王览有六子：王裁、王基、王会、王正、王彦、王琛。王裁之子王导，王基次子王敦，他们为东晋的建立立下了汗马功劳。东晋初年遂形成“王与马，共天下”的局面。

---

① 陈金凤、李鑫：《司马睿与东晋皇权政治述论》，《许昌学院学报》，2019年第03期。

② 蒙阴县地方史志编纂委员会：《蒙阴县清志汇编》，北京：中华书局，1999年，第194页。

③ 李延寿：《南史》，北京：中华书局，1975年。

④ 袁连：《魏晋南北朝琅邪家族文化初探》，《山东师范大学》博硕论文，2011年。

《晋书·列传第三十五·王导》：王导字茂弘，光禄大夫览之孙也。……时元帝为琅邪王，与导素相亲善。导知天下已乱，遂倾心推奉，潜有兴复之志。帝亦雅相器重，契同友执。帝之在洛阳也，导每劝令之国。会帝出镇下邳，请导为安东司马，军谋密策，知无不为。及徙镇建康，吴人不附，居月余，士庶莫有至者，导患之。会敦来朝，导谓之曰：'琅邪王仁德虽厚，而名论犹轻。兄威风已振，宜有以匡济者。'会三月上巳，帝亲观禊，乘肩舆，具威仪，敦、导及诸名胜皆骑从。吴人纪瞻、顾荣，皆江南之望，窃觇之，见其如此，咸惊惧，乃相率拜于道左。导因进计曰：'古之王者，莫不宾礼故老，存问风俗，虚己倾心，以招俊义。况天下丧乱，九州分裂，大业草创，急于得人者乎！顾荣、贺循，此土之望，未若引之以结人心。……'……自此之后，渐相崇奉，君臣之礼始定。①

琅邪王氏原为当地望族，其世系渊源久远，到魏晋之际的王祥、王览兄弟时，以身体力行正名笃孝思想而颇合司马氏以孝治天下的标榜，故仕途腾达，位列三公。后来司马睿出镇琅邪，出于政治上的考虑，与王氏结交，视王敦、王导兄弟为腹心肱股，军机密谋，无不关涉。永嘉元年（公元 307 年）九月，司马睿偕王导等渡江至建邺，琅邪王氏遂在江东政治舞台上大显身手。② 陈寅恪先生在《述东晋王导之功业》一文中全面论述了以王导为代表的琅邪王氏家族在"永嘉之乱"和"五胡乱华"时期，对于中华民族独立和中华文明传承的历史功业，他说："总而言之，西晋末年北人被迫南徙孙吴旧壤，当时胡羯强盛，而江东之实力掌握于孙吴旧统治阶级之手，一般庶族势力微薄，……王导之笼络江东士族，统一内部，结合南人北人两种势力，以抵抗外侮，民族因得以独立，文化因得以续延，不谓民族之功臣，似非平情之论也。"③

陈寅恪先生还说，在他起草此文时，在距离他的寓所不远发现了一处晋墓，其墓铭曰："永嘉世，天下乱。但江南，皆康平。永嘉世，九州空。余吴土，盛且丰。永嘉世，九州荒。余广州，平且康。"陈寅恪先生由此

① 《晋书》，北京：中华书局，1974 年，第 1745－1746 页。

② 刘长旭：《东晋琅邪王氏家族述略》，《历史教学》，1997 年第 11 期。

③ 陈寅恪：《述东晋王导之功业》，载于陈寅恪：《金明馆丛稿初编》，北京：三联书店，2001 年，第 55－77 页。

感慨说：“当永嘉之世，九州空荒，但仅存江南吴土尚得称康平丰盛者，是谁之力欤?”[1] 陈寅恪先生言外之意是说，救中华文化于危难之中的民族功臣是琅邪王氏。

（二）陶渊明与琅邪名士交往密切、志趣相投

从政治上讲，陶渊明对东晋王朝怀有深厚的感情，自然对创建东晋王朝的琅邪王司马睿和“王与马，共天下”的琅邪王氏怀有好感；从文化上讲，陶渊明热爱中国文化传统，自然对“五胡乱华”形势之下对传承中国文化和民族独立做出重要贡献的琅邪王氏特别尊崇。因为以上两个方面的原因，陶渊明在归隐之后虽然对刘宋取代东晋持抵触情绪，却与仍在刘宋朝中任职的琅邪名士王弘、颜延之等把酒言欢、不醉不归。与此形成鲜明对比的是，陶渊明将同为刘宋命官的檀道济拒之门外，由此反映出陶渊明对琅邪之地的向往和对琅邪之士的喜好。

> 萧统《陶渊明传》：先是颜延之为刘柳后军功曹，在浔阳，与渊明情款。后为如安郡，经过浔阳，日造渊明饮焉，每往必酣饮致醉。弘欲邀延之坐，弥日不得。延之临去，留二万钱与渊明，渊明悉遣送酒家，稍就取酒。尝九月九日出宅边菊丛中坐，久之，满手把菊。忽值弘送酒至，即便就酌，醉而归。[2]
>
> 《晋书·隐逸传》：刺史王弘以元熙中临州，甚钦迟之，后自造焉。潜称疾不见，既而语人曰：‘我性不狎世，因疾守闲，幸非洁志慕声，岂敢以王公纡轸为荣邪！夫谬以不贤，此刘公干所以招谤君子，其罪不细也。’弘每令人候之，密知当往庐山，乃遣其故人庞通之等赍酒，先于半道要之。潜既遇酒，便引酌野亭，欣然忘进。弘乃出与相见，遂欢宴穷日。潜无履，弘顾左右为之造履。左右请履度，潜便于坐申脚令度焉。弘要之还州，问其所乘，答云：‘素有脚疾，向乘蓝舆，亦足自反。’乃令一门生二儿共舆之至州，而言笑赏适，不觉其有羡于华轩也。弘后欲见，辄于林泽间候之。至于酒米乏绝，亦时相赡。……尝言夏月虚闲，高卧北窗之下，清风飒至，自谓羲皇上人。[3]

---

① 陈寅恪：《述东晋王导之功业》，载于陈寅恪：《金明馆丛稿初编》，北京：三联书店，2001年，第55－77页。

② 陶澍：《陶渊明全集》，上海：上海古籍出版社，2015年，第289－290页。

③ 《晋书》，北京：中华书局，1974年，第2462－2463页。

陶渊明与王弘、颜延之交往的趣事记载在《宋书·隐逸传》、萧统《陶渊明传》、《晋书·隐逸传》、《南史·隐逸传》中，还散记在《晋中兴书》《续晋阳秋》及其他关于陶渊明的传记之中。

颜延之、王弘、檀道济三人皆出仕刘宋，王弘、檀道济还是新朝佐命元勋，陶渊明为何偏偏拒绝檀道济的馈赠呢？汪洋在《陶渊明王弘交游新考》一文中，列举了前人关于陶渊明拒绝檀道济馈赠的原因：或言陶渊明安贫乐道；或言陶渊明不食嗟来之食；或言檀道济的馈赠具怜悯、拉拢意味，对陶渊明不尊重；或言檀道济未投其所好，应送酒；或言檀道济的话语太官方气。汪洋则认为，以上说法虽自成理，却属皮相之论。真正的原因在于，陶渊明与檀道济并无交往，接受粱肉无疑表示接受刘宋朝廷的恩惠，这是作为遗民的陶渊明所不能为的。而陶渊明之所以与王弘保持私人交往，是因为两人先前同在刘裕幕府中共事过，属于故友旧交。[①]其实，汪洋的这一说法也与事实不符，根据史料记载陶渊明与王弘、檀道济都曾在刘裕幕中共事过，所以他们才在陶渊明归隐之后先后登门看望、馈赠。

笔者认为，陶渊明对王弘、檀道济厚此薄彼的态度其原因有二：一是陶渊明对琅邪籍人士有着天然的好感；二是因为他与琅邪人士志趣相投，所谓"与渊明情款"。反观檀道济则是话不投机半句多，故"麾而去之"。陶渊明与王弘、颜延之的友情成为后人朋友交往的楷模，为后人留下了诸如"白衣送酒""量革履""颜公付酒钱"等美谈和典故，颜延之因陶渊明去世而作《陶征士诔并序》。陶渊明通过与琅邪名士的交往，亲身体验到琅邪名士的优秀品德，加深了对蒙阴颛臾风国人文地理和蒙氏渊源的了解。

五、陶渊明与琅邪书圣王羲之都是尚隐之士

琅邪王氏家族是两晋时期的名门望族，在中国家族史上享有崇高声誉，"书圣"王羲之是琅邪王氏在两晋时期的代表人物。

《晋书·卷八十·列传第五十》："王羲之，子玄之、凝之、徽之，

① 汪洋：《陶渊明王弘交游新考》，《南京师范大学文学院学报》，2017年第03期。

徽之子桢之，徽之弟操之、献之、许迈。王羲之字逸少，司徒导之从子也。祖正，尚书郎。父旷，淮南太守。元帝之过江也，旷首创其议。①

从上面引文中可知，王羲之的堂伯父即东晋丞相王导，王羲之的父亲王旷时任淮南太守，首先向元帝提出晋室南渡的建议，琅邪王氏家族的精英因此也随之南迁。东晋时期，隐逸之风得以盛行，探究其原因，有三点是值得注意的：首先，永嘉南渡之后，中原知识分子纷纷迁往江浙，有更多机会接触自然，纵情山水，流连光景，每至佳山胜水处，常有终焉之志。其次，东南一带，社会相对稳定，经济逐渐恢复，为隐栖、游览提供了更多的理想去处。最后，一批很有影响的士大夫都有隐栖山林、优游山水的经历，进一步提高了隐士的地位。

东晋的隐士和希冀隐逸的人，一般都有相当高的文学素养和山水审美眼光，王羲之和陶渊明即其中的典型代表。《晋书·谢安传》载：谢安"寓居会嵇，与王羲之及高阳许询、桑门支遁游处，出则渔弋山水，入则言咏属文。"钟嵘《诗品》称陶渊明为"古今隐逸诗人之宗"，胡应麟《诗薮》也以"千古隐逸诗人之宗"誉之。

东晋时期，庐山是陶渊明等浔阳三隐和慧远等莲社诸人游居之地，会嵇（会稽）一带是王谢大族王羲之、谢安等游居之地。庐山与会嵇曾有过两次大规模的游览、创作活动。一次是穆帝永和九年（公元 358 年）三月三日，王羲之与谢安、支遁等四十二人在会嵇山阴之兰亭，观赏风景，临流赋诗，编为《兰亭集》，王羲之、孙绰并各为之作序一篇，今所存三十七首兰亭诗。兰亭集会是第一次由东晋隐士组织的，以游览山水、吟咏山水为主要目的的重要活动，每为后代山水作家所称道。另一次是安帝隆安四年（公元 400 年）仲春二月，释慧远、慧永等三十余人在庐山石门所进行的山水游览、创作活动。除兰亭、石门之会，陶渊明五十岁（公元 414 年）时也曾与"二三邻曲"在庐山南之斜川举行游览、创作活动。虽然其规模不大，但不能低估它的意义。从王羲之、慧远、陶渊明等人三次游览创作活动的年代来看，前后相距不过五十六年，仅此一点也很能说明山水意识在东晋发展的情况。由于隐逸之风盛行，魏晋山水作家具有很强的尚

① 《晋书》，北京：中华书局，1974 年，第 2093 页。

隐思想，这种情形与中国传统文化思想很有关系。他们大多受庄子影响很深，也继承了儒家思想。①

陶渊明与王羲之同处一个时期，有着共同的理想与抱负。其一，他们都有理想，亦想有所作为；其二，待到希望难于兑现，就辞职或归隐，王羲之的《誓墓文》与陶渊明的《归去来兮辞》都是毅然向官场宣告的决裂书，陶诗与王书的成就，都出现在辞官以后；其三，陶诗善于溶化传统，对《诗》《骚》与汉魏西晋五言诗的吸纳，均可见于陶诗；王亦转益多师，秦篆汉隶多有经眼，少学卫夫人，及壮转师王廙，又“剖析夏张公之草”“损益钟君之隶（楷）”（孙过庭语）；其四，在性格上追求本真自然。陶以葛巾漉酒，王则坦腹东床，直率得颇为接近。在 20 世纪 30 年代，论者曾说陶渊明的“人格思想与学问，很有几点和王羲之相像”②。这种诗文与书法的“对话”，颇能引人寻味，故可见陶诗王书的艺术共性。③

王羲之与陶渊明是东晋隐士之中的两大代表人物，王羲之等人的“兰亭会”与五十八年后陶渊明等人的“庐山会”都是历史上著名的隐士游览、创作活动，王羲之与陶渊明经历相似，性格相近，王书与陶诗艺术上存在共性，王羲之与陶渊明又都受庄子和儒家思想的影响，所以说王羲之与陶渊明志趣相同、心灵相通，陶渊明在很多方面、很大程度上受到琅邪名士王羲之的影响。

综上所述，陶渊明思想上受洙泗、沂蒙文化的影响，政治上拥护由琅邪王司马睿和琅邪王氏大族“共天下”的东晋王朝，文学艺术上和人生态度上与琅邪王氏的王羲之相近，在隐居生活中与琅邪名士交往密切。尤其是与东晋丞相王导的曾孙王弘的交往中，不但了解了琅邪蒙阴、颛臾一带的历史故事和风土人情，而且听王弘讲述了其祖先即司马迁所言秦始皇“尽并天下，王氏、蒙氏功为多”的王翦。陶渊明听闻了蒙氏避难于武陵，王氏避乱于琅邪“皋虞之地”的故事，从而印证了他在荆州任职时，在武陵郡旧治溆浦县一带听闻到避难秦人关于故乡的传说，激发了其创作《桃花源诗并记》的灵感。

---

① 臧维熙：《魏晋尚隐之风与山水意识》，《安徽大学学报》，1987 年第 04 期。

② 分别见于《书与画的关系》与《诗与书的关系》，载与《启功书法论丛》，北京：文物出版社，2003 年，第 214－215 页。

③ 魏耕原：《陶诗与王羲之〈兰亭序〉艺术规律的共性》，《文史哲》，2008 年第 06 期。

第二节 《桃花源记》寓意之文是写“东方君子之国”

陈寅恪说陶渊明的《桃花源记》既是寓意之文，又是纪实之文。吴师道也说了《桃花源记》是陶渊明“寤寐羲皇，异时所赋”。笔者根据陶渊明归隐之后自喻为“羲皇上人”和“桃花源”描写的社会形态，认为《桃花源记》的寓意部分是写陶渊明知晓并向往的“东方君子之国”“羲皇上人”的祖国——东蒙颛臾风国。

萧统在《陶渊明传》中说：“渊明少有高趣，博学，善属文。”陶渊明在自述《五柳先生传》中言：“闲静少言，不慕荣利。好读书，不求甚解，每有会意，便欣然忘食。”陶渊明尤其喜欢读史书，他在《读史述九章》中言“余读《史记》，有所感而述之。”[①] 因此，陶渊明对于先秦古籍和汉、晋时期的历史著作都有很深入的研读，加上他对孔子和儒家学说的尊崇，因此对凤凰“出于东方君子之国”和“羲皇上人”的祖国东蒙颛臾风国是有所知晓并心存向往的。

一、陶渊明知晓并向往凤凰圣地“东方君子之国”

中国古籍中记载有“东方君子之国”，听其名就令人神往。《山海经·海外东经》中说，君子国“其人好让不争”，陶渊明博览群书，尤其是对《山海经》有着深入的研究，著有《读山海经》诗十三首即能说明其对《山海经》的喜爱程度。陶渊明与孔子一样向往凤凰出则“天下大安宁”的盛世，又有凤凰般遇乱则隐居九夷、“凤隐于林”的避世隐居的情怀，必然知晓并向往凤凰圣地东方君子之国。

（一）古籍记载凤凰出于“东方君子之国”

“凤”的本义是一种神鸟，是古代传说中的百鸟之王，象征祥瑞。古

① 陶澍：《陶渊明全集》，上海：上海古籍出版社，2015 年，第 153 页。

代也用“凤”来拟人，才德高超的人会被认为是具有“凤德”。古籍中关于“凤凰”出处的记载很多，凤凰出于东方君子之国是古今学者较为一致的定论。

《说文解字》：凤，神鸟也，天老曰：“凤之象也，鸿前麟后，蛇颈鱼尾，鹳颡鸳思，龙文虎背，燕颔鸡喙，五色备举，出于东方君子之国，翱翔四海之外，过昆仑饮砥柱，濯羽弱水，莫宿风穴。见则天下大安宁。”①

《山海经·海内西经》：昆仑南渊深三百仞。开明兽身大类虎而九首，皆人面，东向立昆仑上。开明西有凤皇、鸾鸟，皆戴蛇践蛇，膺有赤蛇。开明北有……凤皇、鸾鸟皆戴瞂。②

《山海经·海外西经》：诸沃之野，沃民是处，鸾鸟自歌，凤鸟自舞。凤皇卵，民令之；甘露，民饮之，所欲自从也。百兽相与群居。在四蛇北。其人两手操卵食之，两鸟居前导之。③

《山海经·大荒西经》：颛顼生老童，老童生祝融，祝融生太子长琴，是处榣山，始作乐风。有五采鸟三名：一曰皇鸟，一曰鸾鸟，一曰凤鸟。……大荒之中，有山名曰丰沮玉门，日月所入。……有西王母之山、壑山、海山。有沃民之国，沃民是处。沃之野，凤鸟之卵是食，甘露是饮。……鸾鸟自歌，凤鸟自舞，爰有百兽，相群是处，是谓沃之野。④

《山海经·大荒南经》：有载民之国。帝舜生无淫，降载处，是谓巫载民。巫载民朌姓，食谷，不绩不经，服也；不稼不穑，食也。爰有歌舞之鸟，鸾鸟自歌，凤鸟自舞。爰有百兽，相群爰处，百谷所聚。⑤

《山海经·海内经》：黄帝妻雷祖，生昌意，昌意降处若水。……生帝颛顼。……鸾鸟自歌，凤鸟自舞……有木名曰若木，若水出焉。⑥

---

① 许慎：《说文解字》，沈阳：辽海出版社，2015年，第126页。
② 方韬：《山海经》，北京：中华书局，2011年，第266页。
③ 同②，第235页。
④ 同②，第314－315页。
⑤ 同②，第303页。
⑥ 同②，第342－345页。

《山海经·海内经》：有鸾鸟自歌，凤鸟自舞。凤鸟首文曰“德”，翼文曰“顺”，膺文曰“仁”，背文曰“义”，见则天下和。[①]

根据《山海经》关于凤凰的描述，结合先秦古籍的记载和专家学者的论述，笔者发现凤凰出自蒙阴盆地之中的颛臾风国。

1. 凤凰多见于《山海经》之《海经》中。《海经》是一幅古图，其反映的内容只是出自东夷地区一个方圆百里的“蕞尔小国”[②]，笔者认为，这一蕞尔小国即蒙阴一带的颛臾风国（详见下文）。

2. 凤凰在昆仑之丘、开明兽所在之处。刘宗迪教授认为“昆仑之丘”即大汶口人的众帝“历象日月星辰”的“天文观象台”，故成为众神所居的神山。他说：“东夷地区泰山不止一处。泰者，大也，‘泰山’的字面意义无非是指大山、神圣之山，因其山为观天、通神之地，故以其山为神山，故名之为泰山。”他认为，东夷民族的天文观测中心原本在现在的泰山以东。[③] 笔者经过充分的论证，认为“昆仑之丘”既是《淮南子·天文训》中记载的“至于昆吾，是谓正中”之“昆吾”，也是昆仑之丘之上的开明兽“陆吾”，还是君子国之“天吴”，《山海经》中记载的昆仑、陆吾、天吴、天虞都是虎身人面，其原型都是蒙阴颛臾风国的标志性地理坐标——虎头崖（详见下文）。

3. 凤凰在“日月山”“沃之野”。据笔者论证《山海经》中记载的“日月山”即大汶口文化遗址出土的陶文刻符“日月山”，也就是蒙山。“日月所出”之山即蒙山东麓的山丘，“日月所入”之山即蒙山西麓的山丘，因此凤凰即在蒙山、蒙阴一带。“沃之野”是《山海经》中反复叙述的一个地点，说明远古时期“沃之野”对大汶口人而言地位特殊，作用巨大，是农耕文明的发祥地，大汶口文化的后人们对此记忆犹新。笔者认为“沃之野”在蒙阴盆地、汶河两岸，是春秋时期孔子为鲁相时迫使齐国归还的“龟阴田”“汶阳川”[④]。唐朝时，李白在《寄东鲁二稚子》诗中云：“我家寄东鲁，谁种龟阴田。……裂素写远意，因之汶阳川。”说明自远古时期开始，一直到唐朝时期，蒙山以北、蒙阴盆地因土地肥沃、物产丰富而著名。

---

① 方韬《山海经》，北京：中华书局，2011 年，第 348 页。

② 刘宗迪：《失落的天书：〈山海经〉与古代华夏世界观》，2016 年，第 636 页。

③ 同②，第 530 页。

④ 《左传》，上海：上海古籍出版社，2016 年，第 965 页。

4. 凤凰在“若木”“若水”之地。吕思勉先生在《先秦史》一书中认为，“若”即为“桑”，“若木”即“桑木”，“若水”即“桑水”。黄帝之子昌意降居“若水”，昌意之子颛顼诞生于“若水”。“若木”“若水”“蜀山”等不在今之巴蜀，而在东方。① 王献唐先生在《炎黄氏族文化考》中持相同的观点，他说“颛顼生于桑水，与四川数千里外的若水，绝无干系也，以其生长东方而在曲阜一带，其地有费县西北之颛臾正在区内，因举地名呼为颛臾。……知桑水可作泗水。”② 笔者认为，昌意降居、颛顼诞生之地“若水”并非王献唐先生所言的“泗水”，而是与“泗水”同源而不同流域的蒙阴东汶河，即《水经注》中记载的发源于蒙阴西南“五女山”的“桑泉水”③，蒙阴“桑泉水”流域即在颛臾风国，理所当然是昌意降居、颛顼诞生之地“若水”。

王献唐先生早在20世纪50年代，就对蒙山周围的文化遗存进行了考察和论证，他在《炎黄氏族文化考》④ 一书中对华胥氏、女娲氏、伏羲氏以及凤鸟、凤族、风姓的渊源关系提出以下观点：

1. 牟、蒙双声，牟又音转为蒙，蒙为鲁邑。……蒙阴北界莱芜，可知莱芜、蒙阴一带，初为牟族聚处之所。北族署牟、署芜，南族署蒙，实为一事。……族之所在，地名随之，山水之称，与以俱起，故凡蒙地所在，即蒙族所在。……凡上东西散布区域，俱与牟、蒙诸族一一密合；而山东一隅，尤为显证，固可按图索骥也。”（第296－300页）

2. 东方九夷，一为方夷，一为风夷，均为伏羲族氏。……蒙在东方，故言东蒙，合地名氏名以证伏羲，知伏羲为蒙族，由牟转，又知为牟族矣。……伏羲即为牟族，其作风姓者，则风地风族所生，是风族即牟族，牟音之转风，有其实证。（第306－307页）

3. 伏羲奉祀四国，颛臾在费县西北，地为伏羲旧壤，故以本地之族裔奉其明祀，立国为颛臾。其他三国之在济宁等处者，亦以地为羲族散布之区。（第325页）

4. 伏羲一族既出东方，其族以风为姓，又为何故？曰：此以族居之地

---

① 吕思勉：《先秦史》，北京：中国文史出版社，2019年，第172－173页。

② 王献唐：《炎黄氏族文化考》，青岛：青岛出版社，2006年，第332－333页。

③ 《水经注》，北京：中华书局，2013年，第580页。

④ 同②，第296－366页。

产生凤鸟，因以为号也。古无风字，风皆作凤。初民造字，多象形、指事，风者，无形可像，无事可指，而又为日用必需之字，在所必造，乃以同声之凤假借为用。（第 364 页）

5. 风姓之风，既当为凤，伏羲诸皇，曷又以凤为姓？曰：原本无姓，姓由地起，为其族人所居之地名凤，以地为号，因并呼其族人亦曰凤，凤即后世所谓氏者也。

6. 风姓之风，既当为凤，伏羲诸皇，曷又以凤为姓？曰：原本无姓，姓由地起，为其族人所居之地名凤。凤族之女华胥，后生伏羲，伏羲以母氏为姓，因为凤姓。（第 365 页）

7. 若是，地以凤名，又为何义？曰：此殆其地古有凤鸟来仪，或曾巢居于此，以凤之所在，呼为地名。初时只为一方，后更漫及周围广野而并称之。湖北鄂城有凤山……（第 366 页）

8. 蒙阴、蒙山之蒙，亦为牟转，今莱芜、蒙阴地相毗连，为牟族聚居之所，同时亦为凤族（风族）杂居之地，二族合居，沿为地名。（第 382 页）

从王献唐先生的论证看，蒙阴、莱芜、泗水、平邑一带是伏羲族的故地，伏羲是蒙族。蒙阴、莱芜是风族杂居之地，伏羲之母为风族之女，风族因所居之地有凤鸟而称风族。简而言之，以蒙阴为南北中心的这一区域是凤鸟、风族（风夷）和风姓的祖地。

（二）凤凰的原型是蒙阴虞地之雉鸡

《山海经》是最早记载凤凰的古籍，其直言凤凰“其状如鸡”，很多学者们认为凤凰的原型是雉鸡。

王大有在《龙凤文化源流》一书中说：“作为‘鸡属’神鸟的凤鸟，原本就是长尾原鸡或驯化后的家鸡，它日出而鸣，先民认为太阳引来了鸡，或鸡唤来了太阳；先民日出而作，太阳成为先民生存与繁衍的不可缺少的宝贝。大概由于这些缘故产生对太阳和鸡类鸟的崇拜。”① 王维堤在《龙凤文化》一书中说：“凤的原始形象与雉类有关。其实，‘其状如鸡，五采而文’，就与雉类中的锦鸡和山鸡有些相像。”②

张正明先生在《巫、道、骚与艺术》认为凤的原型像雉。③ 韩致中先生

① 王大有：《龙凤文化源流》，北京：中国时代经济出版社，2008 年，第 35 页。
② 王维堤：《龙凤文化》，上海：上海古籍出版社，2000 年，第 77 页。
③ 张正明：《巫、道、骚艺术》，《文艺研究》，1992 年第 02 期。

认为凤的形象是以山雉和鸡的形象为基础，经过夸张、想象、美化而生成的虚拟生物。[①] 伏兵先生提出凤的原型应是几种凡鸟的集合体，山雉可能是最主要的一种。[②] 陈松长先生提出凤的原型是鸡雉之类的飞禽，并且借助《尹文子·大道上》所记载的楚国百姓视山鸡为凤凰的故事加以佐证。[③] 雉鸡五色备举、体态硕大，是飞禽之王，因此被学者们认为是凤凰的原型。

闻一多先生的《神话与诗·龙凤》指出龙是原始夏人的图腾，凤是原始殷人的图腾，龙凤是我们民族发祥和文化肇端的象征。[④] 鄢维新先生的《鸱鸮、楚凤与天梯》认为楚人崇凤与商一脉相承，在商文化中凤是天帝的使臣，到楚文化时期，凤发展成为楚人的图腾。[⑤] 周丽娅的《从"楚凤"的形象看楚艺术的审美价值》提出凤是从东方殷族的鸟图腾演化而来的。楚国崇凤是一种图腾崇拜，并提出楚凤的原型是鸟，凤型取从鸟之长，是鸟的升华。[⑥] 田冲、陈丽在《东夷"尊鸟"和荆楚"崇凤"比较研究》亦持此说，他们指出凤是一种图腾崇拜，是在东夷部落群鸟图腾崇拜的基础上产生的图腾形象。楚人是东夷人的后代，楚人崇凤正是东夷人尊鸟的取代。[⑦] 姚伟钧先生的《楚国饮食与服饰研究》则认为在楚人的眼中，凤是通天的神鸟，具有引导灵魂的作用。王维堤先生认为凤崇拜来源于东夷的鸟崇拜，在他们心中，凤是掌管鸟候历法、主管季风、传达天帝旨意的神鸟。[⑧]

李诚先生的《楚辞文心管窥：龙凤文化研究之一》一书中重点分析了凤凰在屈赋中的崇高地位。同时作者通过对古文献中的龙凤地位进行对比分析，认为龙凤在不同区域、不同时间地位高低不同。但楚人从始至终都更崇拜凤，更爱以凤自喻，这是因为楚人将凤视为他们的氏族图腾，且与他们的祖神高阳颛顼有关，这既是一种图腾崇拜，又是一种祖先崇拜。[⑨]

---

① 韩致中：《荆楚岁时民俗研究》，载于《楚文艺论集》，武汉：湖北美术出版社，1991 年，第 364 - 368 页。

② 伏兵：《楚文化中凤的造型艺术》，《丝绸》，1998 年第 03 期。

③ 陈松长：《楚系文字与楚国风俗》，《东南文化》，1990 年第 04 期。

④ 闻一多：《神话与诗》，武汉：武汉大学出版社，2009 年，第 63 - 66 页。

⑤ 鄢维新：《鸱鸮、楚凤与天梯》，《中华文化论坛》，2004 年第 02 期。

⑥ 周丽娅：《从"楚凤"的形象看楚艺术的审美价值》，《中南民族大学学报》，2006 年第 06 期。

⑦ 田冲，陈丽：《东夷"尊鸟"与荆楚"崇鸟"比较研究》，《三峡论坛》，2011 年第 04 期。

⑧ 王维堤：《龙凤文化》，上海：上海古籍出版社，2000 年，第 81 - 95 页。

⑨ 李诚：《楚辞文心管窥：龙凤文化研究之一》，北京：文津出版社，1995 年，第 481 - 487 页。

顾颉刚先生说：“鸟夷既把鸟作为自己的图腾，所以淮夷就用短尾鸟的‘隹’作为该族的称号，是自称太皞之后的人则用长尾鸟的风（凤）作为该族的姓。……‘风’就是‘凤’，是古人传说中的神鸟。……少昊既因凤鸟至而以鸟为官，太昊一族又以风为姓，可见他们两位同在鸟夷之中。为鸟夷人民所崇奉的大神。……颛臾在今费县西北70里，而鲁国本身又是少昊之虚，是鸟夷族的一个中心地点，我们可以知道这些古国在今山东南部，即古济水之南和沂蒙山区一带。”①

从上述学者论述情况看，凤凰的原始形象是雉鸡，凤凰崇拜始源于东夷地区，更准确、更具体地讲凤凰崇拜始源于沂蒙山区的颛臾风国。

雉鸡的栖息地分布甚广，为何说凤凰出于东方“君子之国”——蒙阴颛臾风国呢？笔者认为，主要有三个方面的原因：一是蒙阴盆地山泽相连、草木茂盛、鸟兽众多，是大汶口先民的狩猎之所，也是《山海经》记载的“帝之囿”和《史记》记载的伯益“主虞，驯鸟兽”之地。二是雉鸡、豕是大汶口人驯化最为成功、最具实用价值的大型鸟兽，因此产生了对雉鸡和猪的崇拜，并以其形象造字“凤”和“蒙”，雉鸡被神化为神鸟凤凰，猪则成为大汶口人陪葬的神物。三是雉鸡之所以被神化为“高五尺”的凤凰，其主要原因可能与伏羲之母华胥氏在“雷泽”发现的“大迹”有关。

> 《炎黄氏族文化考》：泗水治东北四十五里有华胥山，……山下东南有黄沟，即古华渚……《路史・太昊记》：“伏羲母华胥居于华之渚，……巨迹出焉。华胥决履惟铨之，意有所动，因生伏羲。”《诗含神雾》、《孝经钩命诀》及《帝王世纪》诸书，均有是说。惟《诗含神雾》以华渚为雷泽。②

王献唐先生所说华渚（雷泽）在泗水治东北四十五里，笔者认为其方向是正确的，但其位置应在更远一些的蒙阴盆地之中。华胥之渚即雷泽，因华胥氏履大迹于此而得名华胥之渚。雷泽在何处，因何而得名，其实在《山海经》、《尚书・禹贡》和《汉书・地理志》这三部中国古代最古老、最著名的人文地理著作中讲得非常清楚。

---

① 顾颉刚：《鸟夷族的图腾崇拜及其氏族集团的兴亡——周公东征史事考证四之七》，《史前研究》，2000年第00期。

② 王献唐：《炎黄氏族文化考》，青岛：青岛出版社，2006年，第322－333页。

《山海经·海外东经》：虹虹在其北。……一曰在君子国北。……神曰天吴，是为水伯。……在虹虹北两水间。

《山海经·大荒东经》：有神人，八首人面，虎身十尾，名曰天吴。

《山海经·海内东经》：雷泽中有雷神，龙身而人头，鼓其腹。在吴西。

《尚书·禹贡》：济、河惟兖州。九河既道，雷夏既泽……

《汉书·地理志》：泰山郡，高帝置，属兖州。……蒙阴，《禹贡》蒙山在西南，有祠。颛臾国在蒙山下。[①]

《尚书·禹贡》说"雷夏既泽"在兖州，《汉书·地理志》说蒙阴属兖州泰山郡。《山海经》说"虹虹"在君子国北，君子国之神为"天吴"，即指蒙阴颛臾风国北面的两座山青龙山和叟虎寨山。《山海经》所言的"雷泽有雷神，龙身而人头"在"吴西"，即指叟虎寨山以西、青龙山下蒙阴盆地中水泽，古称"蒙汜"和"虞渊"。《史记·五帝本纪》所说的虞舜"耕历山，渔雷泽"，虞舜渔于"虞渊"（雷泽）理所当然。现代地质学家研究发现，蒙阴西部青龙山下的盆地反映了河流和滨浅湖沉积环境，组成了一个完整的河湖相沉积旋回。[②] 这充分表明古籍中记载的"雷泽"即在蒙阴盆地的西部。那么"雷泽"之中的华胥氏所"大迹""巨迹"又指何物呢？笔者认为，古人所见"大迹"实际上就是现代地质学家在蒙阴盆地中发现的"鸟脚类恐龙足迹化石"。

地质学家们对蒙阴盆地进行野外地质调查时，在常路西南三台组发现了恐龙足迹化石，这是山东省境内侏罗纪恐龙足迹化石的首次发现。此次发现的足迹化石有 4 个，都为三趾型。其中 3 个是层面凹形，形成一完整的行迹。足迹的长度分别为 17.5 cm、17 cm、16 cm；宽分别为 12 cm、12 cm、11.5 cm，经初步研究，被认为是小型鸟脚类恐龙的足迹化石。[③]

---

① 《汉书》，北京：中华书局，2007 年，第 291 页。

② 郑德顺、高林、李明龙等：《鲁西南蒙阴盆地古近系沉积特征及沉积环境》，《河南理工大学学报》（自然科学版），2013 年第 06 期。

③ 李日辉、刘明渭、松川正树：《山东发现侏罗纪恐龙足迹化石》，《地质通报》，2002 年第 Z2 期；李日辉、刘明渭、杜圣贤：《山东蒙阴盆地中晚侏罗世三台组恐龙足迹化石新材料新认识》，《山东国土资源》，2015 年第 07 期。

胥氏时代高温多雨、洪水较多，山洪暴发冲刷掉覆盖在上面的淤泥，显现出亿万年前动物在雷泽中留下来的“大迹”化石。居于华胥之渚的华胥氏见到大迹后，出于好奇而履之，适逢此时怀有身孕，故误以为是履“大迹”所致。这就是《诗含神雾》所记载“大迹出雷泽，华胥履之，生宓牺”和《路史·太昊记》所言“伏羲母华胥居于华之渚，巨迹出焉。华胥决履以铨之，意有所动，因生伏羲。”

华胥氏履“大迹”而怀孕是中国古代感生神话的一例，除此之外，周的先祖后稷的出生与伏羲出生的原因如出一辙，都是在野外见大迹而孕育。

> 《史记·周本纪》：周后稷，名弃。其母有邰氏女，曰姜原。……姜原出野，见巨人迹，心忻然说，欲践之，践之而身动如孕者。居期而生子。……封弃于邰，号曰后稷，别姓姬氏。[1]
>
> 《史记集解》引《礼纬》云：祖以履大迹而生。

针对“巨人迹”问题，赵国华认为姜嫄当是跳模拟鸟禽以“足”“踩蛋”的舞蹈。[2] 周庆明先生认为是“虎之迹”[3]，刘夫德则主张巨人乃是月亮之神。[4] 孙作云先生说：“周人是以熊为图腾的，巨人迹当是熊之足印”[5]，王向辉在《姜嫄“履巨人迹”新说》一文中说，巨人一般被视为周人的图腾[6]，而巨人到底是什么，学术界则众说纷纭。有的认为是鸟足，有的则认为是虎、熊足迹，没有人真正认为其为人类足迹。笔者认为无论是华胥氏在“雷泽”所见“大迹”，还是姜原出野所见“巨人迹”都是“巨大的鸟的足迹”。

> 《山海经·海内经》：有蠃民，鸟足。有封豕。方韬译注：有种人叫做蠃民，长着鸟一样的爪子，还有大野猪。[7]

《山海经·海内经》这一简短的描述，实际上透露出了很关键的历史

---

① 《史记》：北京：中华书局，2006年，第17页。

② 赵国华：《生殖崇拜文化论》，北京：中国社会科学出版社，1996年，第274页。

③ 周庆明：《“高禖”探源》，载赵国华著：《生殖崇拜文化论》，北京：中国社会科学出版社，第273页。

④ 刘夫德：《周人早期的图腾》，《兰州大学学报》，1986年第03期。

⑤ 孙作云：《周先祖以熊为图腾考》，《开封师范学院学报》，1957年第00期。

⑥ 王向辉：《姜嫄“履巨人迹”新说》，《西部学刊》，2014年第09期。

⑦ 方韬：《山海经》，北京：中华书局，2011年，第347页。

信息，也证实了笔者上面的论证。“有嬴民”显然是指秦嬴之先祖伯益，伯益的封地在蒙阴之“虞”，其职责是协助虞舜驯鸟兽。笔者认为《山海经》记载“有嬴民，鸟足，有封豕”真正的含义应当是：在伯益（嬴氏）的封地，有“鸟足”，有“大野猪”。

综上所述，《山海经》中关于凤凰的记载大多出现于《山海经》之《海经》中，而《海经》所反映的内容出自东夷地区一个方圆百里的地方。这个地方有“昆仑”“若水”“沃之野”“日月山”等，这些地理坐标都在蒙山之阴、蒙阴盆地之中。蒙阴盆地、丘陵是昆仑之丘开明兽所司的“帝之囿”，也是虞舜命颛顼之苗裔、秦嬴之先祖伯益“主虞，驯鸟兽”之“虞”，也就是说以蒙阴“虞”（虎头崖）为地理坐标的蒙阴盆地，丘陵是鸟兽乐园，也是古代帝王驯鸟兽的基地。虞舜时期伯益“主虞”，最早驯服的鸟兽是“豕”和雉鸡，蒙山之“蒙”的字形结构即源自蒙山之“豕”，凤凰的原型即栖息于蒙阴一带山泽草木之中的雉鸡，其之所以神化为神鸟凤凰，是因为蒙阴盆地中显现的“鸟脚类恐龙足迹化石”。

（三）东方君子之国即颛臾风国

刘宗迪教授在《失落的天书〈山海经〉与古代华夏世界观》一书中说，《山海经》与图画有关，古人早有言及。郭璞就暗示了《山海经》与图画的关系。陶潜读《山海经》有“流观山海图”的诗句，朱熹推测《山海经》“本依图画而为之”。刘宗迪教授根据古代学者的主张，通过对《山海经》的研究认为，《山海经》分为《山经》与《海经》两部分。其中《海经》部分包括《海外经》四篇、《海内经》四篇、《大荒经》四篇和最后一篇《海内经》。他认为，隐藏在《海经》背后的文本是一幅图画，《海经》是对这幅图画的叙述。[①]

刘宗迪说：“《海经》实际上是由前后两个文本叠压而成，一是出自战国文人之手的《海经》文本，一是被这个文本掩盖了的上古历法月令图。……《海经》所反映的文化传统可以追溯到东夷文化。《海经》文本中记载的神族谱系大多源于东夷文化，像少皞、帝俊、帝喾等在典籍中明确被归于东夷族群的诸神，在《大荒经》中具有至高无上的地位，是证明《大

① 刘宗迪：《失落的天书：〈山海经〉与古代华夏世界观》，北京：商务印书馆，2016年，第4－6页。

荒经》神话与东夷关系的有力线索；《海经》古图所反映的天文历法制度，与山东大汶口文化遗址出土的陶器刻符所反映的天文历法制度一脉相承。”①

刘宗迪说：“《大荒经》古图所描绘的群山是古人据以观测太阳出没以定时节的标志物，这就为确定《海经》世界地域范围的广狭奠定了可靠的基础。《大荒东经》和《大荒西经》所载的七对‘日月出入之山’是古人据以观测日月运行以确定季节和时日的天文坐标系统，被称为四方之极的四座山则是其据以确定四方方位的基准，因此，它们的范围是在人的肉眼视力范围之内，也就是说，《大荒经》所描述的地域范围不会超出方圆百里的范围。尽管《海外经》所据古图完全是一幅历时性的岁时月令图，与地理景观无涉，但由于《海外经》的内容与《大荒经》如出一辙，可知两者是同一时期同一地域同一种文化的产物，因此其所涉方国的疆域范围也肯定不会比《大荒经》古图的疆域大多少。也就是说《海经》古图所反映的内容可能只是出自一个方圆百里的蕞尔小国。”②

笔者认为，从地域范围来看，《大荒经》和《海外经》古图所反映的东夷地区方圆百里的范围是泰山以东、沂河以西，泰沂山脉以南、蒙山山脉以北，以蒙阴盆地为中心的沂蒙山区。也即《诗经·鲁颂·閟宫》曰“奄有龟蒙，遂荒大东”的范围，龟、蒙分别指蒙山山脉西部的龟山和东部的蒙山，遂荒大东的意思是说龟山和蒙山之间即为大东。笔者认为，“奄有龟蒙，遂荒大东”即《山海经·大荒东经》和《山海经·海外东经》所描述的范围。

从天文观测方面来看，《海经》古图所描述的范围也是在泰山以东、沂河以西、蒙山以北。笔者认为，大汶口文化遗址出土的陶文刻符“日月山”和《山海经》中的天枢“日月山”都是指东西走向、绵延百余公里的蒙山，“日月山”陶文下部的山形即蒙山的五座山峰。蒙山及其东西两侧的七对“日月出入之山”即为“历山”，是刘宗迪所言大汶口人先民“观测日月运行以确定季节和时日的天文坐标系统”。《淮南子·俶真训》，“至德之世，甘瞑于溷澖之域，而徙倚于汗漫之宇，提挈天地而委万物，以鸿

① 刘宗迪：《失落的天书：〈山海经〉与古代华夏世界观》，北京：商务印书馆，2016年，第633－634页。

② 同①，第635－636页。

蒙为景柱”。鸿蒙：东方之野，日所出之地；景柱：测日影的表柱，景，通“影”。[①] 笔者以为“以鸿蒙为景柱”即以东方第一高山蒙山为观察太阳运行的“景柱”。

《山海经》及其他先秦古籍都有关于“日出汤谷”的记载，《淮南子·天文训》记载得更具体：

> 日出于汤谷，浴于咸池，拂于扶桑，是谓晨明。……至于昆吾，是谓正中。……至于虞渊，是谓黄昏。至于蒙谷，是谓定昏。日入于虞渊之汜，曙于蒙谷之浦。[②]

笔者根据地质方面的专家学者的相关论述，通过实地考察认为，古人所言的日出之处“汤谷”又称“温源谷”，是郯庐断裂带中段沂河河谷，因有众多的温泉而得名；太阳中午所在的“昆吾”即蒙阴虎头崖，虎头崖即“天吴”“天虞”，是大汶口人的天文观象台，也即众神所居的“昆仑之丘”；黄昏时太阳所在的“虞渊”即虎头崖西面的蒙汜，也就是东汶河；“蒙谷”顾名思义即蒙山西麓的山谷。

综上所述，蒙山以东有“汤谷”“扶桑”，蒙山之阴有“昆吾”“桑野”，蒙山以西有“虞渊”“蒙谷”，蒙山东西两侧还有诸多山峰，这些都是古人据以观测太阳出没以定时节的标志物，是古人据以观测日月运行以确定季节和时日的天文坐标系统，既是“景柱”，又是“历山”，因此，《海经》古图所反映的方圆百里的“蕞尔小国”即在这一范围之中。笔者认为，刘宗迪所言这个“蕞尔小国”即《大荒东经》和《海外东经》中所记载的“君子之国”。

> 《山海经·大荒东经》：东海之外大壑，少昊之国。少昊孺帝颛顼于此，弃其琴瑟。有甘山者，甘水出焉，生甘渊。……有东口之山。有君子之国，其人衣冠带剑。……有神人，八首人面，虎身十尾，名曰天吴。[③]
>
> 《山海经·海外东经》：君子国在其北，衣冠带剑，食兽，使二文虎在旁，其人好让不争。有薰华草，朝生夕死。一曰在肝榆之尸北。虹虹在其北，各有两首。一曰在君子国北。朝阳之谷，神曰天吴，是为水伯。在虹虹北两水间。其为兽也，八首人面，八足八尾，背青黄。[④]

---

① 《淮南子》，北京：中华书局，2012年，第83-84页。

② 同①，第145页。

③ 方韬：《山海经》，北京：中华书局，2011年，第286-291页。

④ 同③，第249页。

"君子之国"的地理坐标是"虹虹"、"天吴"和"二大（文）虎"，历代学者对此尚无合情合理、令人信服的解读。笔者通过研究和实地考察得出如下结论：所谓"虹虹"即蒙阴青龙山，所谓"天吴"和"二大虎"即蒙阴虎头崖，所谓"君子之国"即《论语·季氏将伐颛臾》《左传·僖公二十一年》、《汉书·地理志》中记载的，具有"社稷之臣""司太皞之祀"地位和职责的蒙阴颛臾风国。[①]

虞舜命大禹和伯益在四面环海的鲁中南山区治水，治水成功又将伯益封于颛臾"主虞"。伯益将协助大禹治水时的情景画成图册，也就是原始的《山海经图》，后世之人又根据《山海经图》充分发挥想象力写成了《山海经》。因为大禹和伯益的先祖是太皞、黄帝，又是颛顼帝的直系后裔，所以他们将自己的祖国颛臾风国称为"君子之国"。

（四）陶渊明知晓并向往"东方君子之国"

陶渊明熟读历史古籍，尤其对《山海经》更是反复研读，写有《读山海经十三首》。据学者研究，在陶渊明时代应当还有比现在的《山海经》更原始的《山海经图》流传在世，故陶渊明有"泛览周王传，流观山海图"[②] 的诗句。君子国反复出现在《山海经》的记载中，陶渊明必然会对其有所研究。

> 《读山海经》之一：微雨从东来，好风与之俱。泛览周王传，流观《山海图》。
>
> 《读山海经》之二：黄花复朱实，食之寿命长。……岂伊君子宝，见重我轩皇。
>
> 《读山海经》之六：逍遥芜皋上，杳然望扶木。洪柯百万寻，森散覆旸谷。
>
> 《读山海经》之七：灵凤抚云舞，神鸾调玉音。
>
> 《读山海经》之八：自古皆有没，何人得灵长？不死复不死，万岁如平常。

---

① 参见陈晓芬、徐儒宗：《论语·大学·中庸》，北京：中华书局，2006 年，第 197 - 199 页；左丘明：《左传》，北京：中华书局，2016 年，第 201 页；班固：《汉书》，中华书局，2007 年，第 291 页。

② 方韬：《山海经》，北京：中华书局，2011 年，前言第 1 页。

《读山海经》第九：夸父诞宏志，乃与日竞走。俱走虞渊下，似若无胜负。

《读山海经》第十三：何以废共鲧，重华为之来。[①]

从上面节选的陶渊明《读山海经》十三首诗句来看，其关注和感兴趣的内容大都涉及东方、东蒙地区。例如凤凰、黄花（薰华草）、汤谷、虞渊、扶木等物产和地理坐标都在东蒙一带，轩皇、颛顼、鲧和虞舜（重华）的诞生地也都在东蒙一带（详见前文）。其中，《读山海经》第六就是写伏羲时期以蒙山为景柱观察天时的情景："逍遥芜皋上，杳然望扶木。洪柯百万寻，森散复旸谷。"陶渊明通过熟读先秦史书和汉晋时期史学著作得知东蒙、东山是日出之地，也得知"东方君子之国"是指东蒙颛臾风国。

除了古籍中记载的"东方君子之国"之外，《列子·黄帝》中还以寓言的形式记载了黄帝梦游"华胥之国"一事。黄帝即位十五年时，曾追求"娱耳目，供鼻口"等感官刺激，竟至"昏然五情爽惑"，又过了十五年，忧天下之不治，于是又"竭聪明，进智力，营百姓"，即用聪明智慧治之，结果不仅未能致治，反而造成精神惑乱。于是自我反省，通过"斋心"、无为的体验有所觉悟。直到其在位三十年后的一天，他经历了"昼寝而梦，游于华胥氏之国"的"神游"，体验到了华胥之国自然而为、恬淡无欲的理想社会。这种有着质朴民风的自然社会状态，为后世人们所向往并力加推尊，称其为"华胥之俗"。[②]

华胥国正与中国古史中的母系时代相印证。所谓伏羲乃其母华胥氏履"大人迹"感孕而生，显然其处在只知其母不知其父的母系时代。华胥履"大迹"之处在蒙阴盆地、吴西之"雷泽"，显然华胥氏之国即君子之国——蒙阴颛臾风国。君子之国、华胥之国的社会形态正是陶渊明所向往的理想之国，而且陶渊明也应该知道君子之国、华胥之国即东蒙颛臾风国。

笔者经过全面的研究探讨发现，《史记·五帝本纪》实际上可以称为《虞本纪》，五帝实际上就是虞朝五帝。根据古籍中记载、考古发现和专家学者的论述，笔者得知，颛臾风国即虞朝五帝的封君之地，故称"君子之国"。

1. 伏羲（太皞）是大汶口人的首领，大汶口人的祖地即伏羲太皞的故

---

① 陶澍：《陶渊明全集》，上海：上海古籍出版社，2015 年，第 117－124 页。

② 王美凤：《华胥文化刍议：道家思想文化渊源新探》，《中华文化论坛》，2007 年第 04 期。

里蒙阴颛臾风国。伏羲太皞西迁之后，“东迁少典君子于颛臾，以奉伏羲之祀”[1]，显然少典是颛臾风国之君。

2. 少典娶有蟜氏之女生黄帝于寿丘（寿丘在鲁东门北），长于姬水，十五岁受国于有熊，袭封君之地。[2] 显然黄帝袭封君之地即颛臾风国。皇甫谧考证说：“黄帝自穷桑登帝位，后徙曲阜，穷桑在曲阜北。”[3] 显然“穷桑”在“寿丘”，其方位都在鲁东北的颛臾风国。

3. 黄帝娶西陵之女嫘祖生昌意，昌意降居若水，娶蜀山氏女，生颛顼。[4] 颛顼始都穷桑，徙商丘，穷桑在鲁北。[5] 吕思勉、王献唐先生分别论证“若水”即“桑水”，“若水”“蜀山”都在东方而不在巴蜀，王献唐先生直接说“若水”在颛臾一带，但其误认为泗水即为若水[6]，殊不知在颛臾风国境内确实存在一条古老的河流，其名字就叫“桑泉水”，笔者认为昌意降居“若水”，颛顼生于“若水”，温玉春先生认为蜀山即在蒙阴，蜀族即在这一带。[7] 颛顼始都于穷桑，穷桑应当就是颛臾风国的都城，颛顼在颛臾风国袭封君之地恰如其分。

4.《史记·五帝本纪》载：“虞舜者，名曰重华。重华父瞽叟，瞽叟父曰桥牛，桥牛父曰句望，句望父曰敬康，敬康父曰穷蝉，穷蝉父曰颛顼，颛顼父曰昌意：以至舜七世矣。自从穷蝉以至帝舜，皆微为庶人。”[8] 根据古籍记载，从黄帝起，甚至从太皞起，所有袭封君之地、始都穷桑之后都要率部族向西迁徙。根据司马迁考察论证的结果，从颛顼之子穷蝉起到虞舜都没有袭君主之位，显然一直在颛臾风国，虞舜的出生地显然也在颛臾风国，其后也在颛臾风国封君，故称虞舜。

司马迁在《史记·五帝本纪》的最后说：“自黄帝至舜、禹，皆同姓而异其国号，以章明德。故黄帝为有熊，帝颛顼为高阳，帝喾为高辛，帝尧为陶唐，帝舜为有虞。”[9] 显然，司马迁的意思即五帝同祖同源，同出于

---

① 王献唐：《炎黄氏族文化考》，青岛：青岛出版社，第 329 页。

② 张君房：《云笈七签》，北京：中华书局，2003 年，第 2156 页。

③ 皇甫谧：《帝王世纪》，济南：齐鲁书社，2010 年，第 9 页。

④ 《史记》，北京：中华书局，2006 年，第 1 页。

⑤ 同③。

⑥ 吕思勉：《先秦史》，北京：中国友谊出版社，2019 年，第 173 页；王献唐：《炎黄氏族文化考》，青岛：青岛出版社，2006 年，第 333 页。

⑦ 温玉春：《古九州方位在泰沂山系一带——九州考》，《岱宗学刊》，2000 年第 01 期。

⑧ 《史记》，北京：中华书局，2006 年，第 3 页。

⑨ 同⑧，第 5 页。

一个母国，因此同姓，这个母国显然就是颛臾风国，因此颛臾风国既是“君子之母国”，又是“君主之子国”。

通过陶渊明对《山海经》的解读和认识，我们不难发现，其实桃花源的来源正是《山海经》记载的神国，不论是西王母的“玄圃丘”还是黄帝的“昆仑之丘”，……都是《桃花源诗并记》的创作源泉。[①] 笔者通过全面的论证，认为《山海经》记载的“君子之国”即蒙阴颛臾风国，众神和西王母所居的“昆仑之丘”即蒙阴颛臾风国之“叟虎寨山”（虎头崖）。因此，作为陶渊明《桃花源诗并记》寓意之文，其创作源泉的“神国”非“东方君子之国”——东蒙颛臾风国莫属。

二、陶渊明知晓并向往“羲皇上人”之祖国

“羲皇上人”，出自陶渊明在五十九岁时写给五个儿子一封家书《与子俨等疏》，将归隐之后的自己喻为“羲皇上人”，形容自己隐居田间，悠然自乐，叙述了自己的人生理想和生活感受，对儿子们提出了期望和要求。

> 《与子俨等疏》：少学琴书，偶爱闲静，开卷有得，便欣然忘食。见树木交荫，时鸟变声，亦复欢然有喜。常言五六月中，北窗下卧，遇凉风暂至，自谓是羲皇上人。[②]

陶渊明在《与子俨等疏》中自述说，少年学琴读书，喜欢闲静。打开书本就会忘记吃饭，看到鸟儿在树荫中鸣叫也会十分高兴，初夏的时候躺在北窗下，一阵凉风吹来，便以为自己是生活在伏羲以前的人。“羲皇上人”形容古人日出而作，日落而归，自给自足，没有太多奢望和追求的原始共产主义社会生活。唐宋时期著名的诗词作者都曾引用过陶渊明的这一典故，或称羲皇，或称北窗，如李白“清风北窗下，自为羲皇人”，杜甫“看君用幽意，白日到羲皇”，白居易“清风北窗卧，可以傲羲皇”，苏辙“空存疏懒性，高卧笑羲皇”，苏轼“北牖已安陶令榻，西风还避庾公尘”等诗句。形容生活悠然自适、心境闲逸，也用以借睡觉做梦，即吴师道所言“寤寐羲皇”。那么陶渊明所向往的“羲皇上人”生活在哪里呢？羲皇上人的

---

① 张雨舟：《从神话世界到乌托邦——桃花源原型研究》，广西师范大学博硕论文，2018 年。

② 陶澍：《陶渊明全集》，上海：上海古籍出版社，2015 年，第 159 页。

故国又在哪里呢？就其学识和对史籍的爱好而言，想必也是知道答案的。

（一）“羲皇上人”源自陶渊明对《淮南子》的研读

“羲皇上人”是说羲皇以前的人。陶渊明所言的“羲皇上人”实际上是来自他对《淮南子》的研读。

> 《淮南子·俶真训》：至德之世，甘瞑于溷澖之域，而徙倚于汗漫之宇，提挈天地而委万物，以鸿蒙为景柱（高诱注：鸿蒙，东方之野，日所出，故以为景柱），而浮杨乎无畛崖之际。是故圣人呼吸阴阳之气，而群生莫不颙颙然仰其德以和顺。当此之时，莫之领理决离，隐密而自成，浑浑苍苍，纯朴未散，旁薄为一，而万物大优。是故虽有羿之知而无所用之。
>
> 及世之衰也，至伏羲氏，其道昧昧芒芒然。吟德怀和，被施颇烈，而知乃始昧昧𣉻𣉻，皆欲离童蒙之心，而觉视于天地之间，是故其德烦而不能一。①

《淮南子·俶真训》中上面的这段话是说：伏羲之前，是最好的道德统治时期，人们酣睡在混沌无涯的境界中，他们把东方之野作为太阳的影柱，确定一天的早晚，过着日出而作，日落而归的生活，那时候的人和平柔顺，淳朴之性没有消失，万物自然丰足。到了伏羲时代，他的道德仍然纯厚宽广，人民称颂他的功德、含怀和气，但是用智巧开始似懂非懂、似明似暗的追求，都想违背淳朴的本性，而想觉察明白天地间的某些道理，因此德行无常而不能统一。

《淮南子》成书于西汉时期，对后世影响巨大。陈广忠在译注《淮南子》前言中说，在2100年前的西汉前期，江淮之间出现了一个重要的文化学术中心。数千名“俊伟之士”，云集古都寿春，纵论天下，探讨学术方技，寻求治国良方，而他的倡导者，就是被南宋史学家高似孙在《子略》中称为“天下奇才”的淮南子刘安。刘安（公元前179—前122年）为汉高祖刘邦之孙，其博学多才，思维敏捷，著述宏富，留下的主要著作就有二十多种，涉及哲学、文学、音乐、自然科学等众多领域，成为一座智慧的宝库。《淮南子》问世之后，引起了汉代朝野的极大关注。在《史记》

① 《淮南子》，北京：中华书局，2012年，第83-85页。

三家注中，就引用《淮南子》七十多条，说明《史记》对《淮南子》采摘甚多。在中国数千年的学术史上，《淮南子》研究成为一大奇观，汉末学者高诱继承前贤研究成果，前后用了八年时间，完成了《淮南子注》，成为汉代研究《淮南子》的功臣。他感慨说："故夫学者不论《淮南》，则不知大道之深也。"近代学者梁启超在《中国近三百年学术史》中对《淮南子》评价说："其书博大而有条贯，汉人著述中第一流也。"胡适则在《淮南王书》中认为："道家集古代思想的大成，而《淮南书》又集道家之大成。"中国香港、台湾的学者以及美国、加拿大、日本等一些外国学者也都致力于《淮南子》研究。可以说，至少在唐代，《淮南子》就已经走向了世界。①

从《淮南子》对后世的影响和陶渊明喜读史书的情况来看，陶渊明对《淮南子》以及高诱《淮南子注》也是非常熟悉的，他"寐寤羲皇"自喻为"羲皇上人"就是读《淮南子·俶真训》的结果。伏羲之前人民和平柔顺、本性淳朴、恬淡闲适的生活就是陶渊明追求和向往的理想世界，所以他在辞官归隐田园之后，自喻为"羲皇上人"。

（二）陶渊明通过研读史书得知"羲皇上人"故里即在东蒙

《淮南子·俶真训》记载"羲皇上人"时期的先民"以鸿蒙为景柱"②，笔者认为古人既然以鸿蒙为景柱观测日影，鸿蒙必然是一座大山，纵观东方之野，具备景柱条件的只有东西走向、绵延二百余里的蒙山，蒙山是华北平原上除泰山之外的第二高山，也是东方第一大山，蒙山因鸿大而称"鸿蒙"。

现代地质考察表明，蒙山、泰山、鲁山、沂山环绕之地是山东省内喀斯特溶洞最为发育的地区，溶洞是古人类天然栖息之处，史前文化遗存的探寻中应当对溶洞予以重点关注。③

考古发现证明，山东地区旧石器早期文化遗址大多集中在沂源、沂水、蒙阴、新泰一带，如沂源猿人、新泰智人等，这充分说明，旧石器时期栖息于蒙山以北地区的古人类，确实是以蒙山为景柱确定时间的早晚。

除了《淮南子·俶真训》记载得"以鸿蒙为景柱"之外，《淮南子·天文训》中对于古人观察太阳在蒙山上运行的经过记载得更为详尽。

---

① 《淮南子》，北京：中华书局，2012 年，前言，第 1 - 6 页。

② 同①，第 84 页。

③ 赵建：《山东溶洞文化管窥》，《中国岩溶》，2006 年第 03 期。

《淮南子·天文训》：日出于旸谷，浴于咸池，拂于扶桑，是谓晨明。登于扶桑，爰始将行，是谓朏明。……至于桑野，是谓晏食。……至于昆吾，是谓正中。……至于虞渊，是谓黄昏。至于蒙谷，是谓定昏。日入于虞渊之汜，曙于蒙谷之浦。

注释：

旸谷：日所出之处。咸池：东方大泽，日浴之处。扶桑：也作扶木、榑木，东方神木名，日所出之处。桑野：东方之地。昆吾：日正午所经之处。渊虞：太阳申时所经之处。虞渊：传说日落之处。蒙谷：北方之山名。[①]

显然，上述这些地点都在东方，“它们的范围是在人的肉眼视力范围之内……地域范围不会超出方圆百里的范围”[③]。笔者通过综合考察论证，认为“咸池”是距今七千年前海平面上升时鲁中南山区东部形成的浅海；“旸谷”又称“汤谷”“温源谷”，是蒙山东部的郯庐断裂带上的温泉谷；“扶桑”“桑野”在蒙山东北部山丘之上的桑树；“昆吾”即蒙阴虎头崖（蒙阴县清志中称为“叟虎寨山”，《水经注》中称为“叟崮”），即君子国之“天吴”“天虞”；“虞渊”是虎头崖西部的水渊；“虞渊”是虎头崖西部更远一些的水泽；“蒙谷”又称禺谷，是夸父逮日之处，是位于蒙山西北部的山谷。

据上分析，陶渊明所谓的“羲皇上人”（伏羲之前的人）就是长期栖息于泰山以东、蒙山以北东汶河流域的大汶口文化先民。东汶河有两大源头，一曰桑泉水，二曰梓河，说明东汶河流域是“桑梓之地”，华夏民族以“桑梓”代指故乡，源自“羲皇上人”的故乡——桑梓之地。

羲皇又称太皞，《尚书》中说“东方之极，自碣石东至日出榑木之野，帝太皞神句芒司之”，《吕氏春秋》中又记载“太皞，伏羲氏，以木德王天下之号，死祀于东方”，可见羲皇太皞是东方之帝、祀于东方是先秦时期古人的共同认知。

---

① 陈广忠：《淮南子》，北京：中华书局，2012年，第145-146页。

② 李学勤、范毓周：《早期中国文明》，载于高广仁、邵望平：《海岱文化与齐鲁文明》，南京：江苏教育出版社，2005年，第23页。

③ 刘宗迪：《失落的天书：〈山海经〉与古代华夏世界观》，北京：商务印书馆，2016年，第635页。

《左传·僖公二十一年》："任、宿、须句、颛臾，风姓也，实司太皞与有济之祀。"杜预注："颛臾在泰山南武阳县东北。"①

任、宿、须句等几个风姓古国在鲁西南地区的古济水附近，显然是祭祀济水为主。而在东方的颛臾风国远离济水，其职责显然是专司羲皇太皞之祀，是"羲皇上人"的祖国。

刘尧汉先生在《彝族文化对国内外宗教、哲学、科学和文学的影响》中说："世界上没有任何一种文化能如虎伏羲文化具有如此悠久的历史和深远广泛的影响。"② 他依据《方舆纪要》卷五十九《陕西·巩昌府·秦州》，"成纪废县下"注引《帝王世纪》说："伏羲生于成纪。"注："汉置县，属天水郡。"认为甘南、陇西、天水、秦安等地是伏羲氏部落的发祥地，太皞即伏羲。③ 刘尧汉先生与汉代以来很多学者的观点一致。但随着现代考古发现与研究，证明了《史记·秦本纪》中记载的秦嬴由东方迁徙至西部的历史史实。例如，易谋远先生在《"伏羲的族别为戎"说质疑——和刘尧汉先生商讨》一文中说，"伏羲生于成纪"说不足信。易谋远认为"其实，伏羲发祥地不在成纪，较古载籍是在东方"④。

范三畏在《伏羲虎图腾与中国文化》一文中认为说："'伏羲'应读为'白虎'，其实为'黑文白虎'的驺虞之省称。……'驺虞'亦作'驺吾'，又演变为'陆吾（肩吾）'等，皆虎的神化。……伏羲是中华民族传说时代最早的始祖。伏羲或有'太皞氏'等别支。'皋'义为虎，故'太皞氏'本义或为'大白虎氏'。太皞风姓，而原始哲学认为'风从虎'"。'皋'义为虎，其证更多，如虎皮，古代也叫皋比；菊科植物的中药泽兰，即皋兰，又名虎兰；天子之门，外门曰泽门或皋门，也称虎门；唬，虎声也，或作'皋号'等。⑤

笔者依据学者们的研究成果，认为正是秦嬴的西迁，才将始源于东方的伏羲太皞文化和原本是东方的地名、族名带至甘南、陇西。秦之先为颛

---

① 《左传》，上海：上海古籍出版社，2016年，第201页。

② 刘尧汉：《彝族文化对国内外宗教、哲学、科学和文学的影响》，载于云南社会科学院楚雄彝族文化研究所：《彝族文化研究文集》，昆明：云南人民出版社，1985年，第57页。

③ 同②，第45页。

④ 易谋远：《"伏羲的族别为西戎"说质疑——和刘尧汉先生商讨》，《中央民族学院学报》，1990年第06期。

⑤ 范三畏：《伏羲虎图腾与中国文化》，《天水师范学院学报》，2008年第01期。

项，秦嬴的始祖是伯益，伯益“主虞，驯鸟兽”，其封地以颛臾风国之“虞”为中心，北至古嬴县（今莱芜市），南至古费邑（今费县）。伏羲的虎图腾源于颛臾风国“虎头崖”，伏羲龙图腾源于颛臾风国“青龙山”；“成纪”地名始源于伏羲的“木星纪年”，颛臾风国十二城子对应木星十二年一周天故称“成纪”；《遁甲开山图》所言“仇夷山”实指东方“九夷”所处之山；所言“四绝孤立”则是对太皞之治——颛臾风国四面环山的真实描述。

颛臾风国位于何处呢？班固在《汉书·地理志》交代得非常清楚。

> 《汉书·地理志》记载：泰山郡，高帝置。属兖州。……蒙阴，《禹贡》蒙山在西南，有祠。颛臾国在蒙山下。莽曰蒙恩。①

《汉书·地理志》是中国第一部以“地理”命名的地理著作，由东汉学者班固撰写，成书于公元前54—92年间。是中国最早的以疆域政区为主体的地理著作，是中国地理学史上一部具有划时代意义的著作。《汉书·地理志》成书于陶渊明时代之前400多年，陶渊明平生喜爱历史文化和自然地理，《汉书》这部名著也应当是他的案头必备之书，因此陶渊明应该知道颛臾风国在汉代所置的蒙阴县境内。

> 《论语·季氏》：季氏将伐颛臾。冉有、季路见于孔子曰：“季氏将有事于颛臾。”
>
> 孔子曰：“求！无乃尔是过与？夫颛臾，昔者先王以为东蒙主，且在邦域之中矣，是社稷之臣也。何以伐为？”
>
> 冉有曰：“夫子欲之，吾二臣者皆不欲也。”
>
> 孔子曰：“求！周任有言曰：‘陈力就列，不能者止。’危而不持，颠而不扶，则将焉用彼相矣？且尔言过矣，虎兕出于柙，龟玉毁于椟中，是谁之过与？”
>
> 冉有曰：“今夫颛臾，固而近于费。今不取，后世必为子孙忧。”
>
> 孔子曰：“求！君子疾夫舍曰欲之而必为之辞。丘也闻有国有家者，不患寡而患不均，不患贫而患不安。盖均无贫，和无寡，安无倾。夫如是，故远人不服，则修文德以来之。既来之，则安之。今由与求也，相

① 《汉书》，北京：中华书局，2007年，第291页。

夫子，远人不服，而不能来也；邦分崩离析，而不能守也；而谋动干戈于邦内。吾恐季孙之忧，不在颛臾，而在萧墙之内也。”

【注释】

颛臾：国名，附属于鲁国。

东蒙：即蒙山，在今山东蒙阴南。主：主持祭祀。

虎兕：老虎和犀牛（野牛）。柙：关兽的笼子。

“虎兕出于柙，龟玉毁于椟中，是谁之过与？”一句：老虎和犀牛从笼中逃出，龟甲和美玉在匣中毁坏，这是谁的过失呢？[①]

在这篇文章中，孔子强调了颛臾国为“东蒙主”，是“社稷之臣”。表达了自己“不患寡而患不均，不患贫而患不安。盖均无贫，和无寡，安无倾”的政治主张，及“远人不服，则修文德以来之”“既来之，则安之”的治国策略。与两位弟子的对话，实际上是给“颛臾风国”塑造了一个“均无贫，和无寡，安无倾。既来之，则安之”的君子之国形象，将颛臾风国视为珍藏在“椟”中的“龟玉”。

《季氏将伐颛臾》是一篇专门写“颛臾风国”的名篇，陶渊明极其尊崇孔子，颛臾风国得到孔子的高度评价，肯定会对陶渊明产生深刻的影响。陶渊明“寐寤羲皇”自喻为“羲皇上人”，因此对祭祀羲皇太皞的颛臾风国印象深刻并心有所向。孔子心目中的颛臾风国，正是陶渊明所崇尚的“羲皇上人”和《桃花源记》的理想社会。也正是受孔子的启发，陶渊明刻意隐匿“桃花源”原型地即蒙恬故里——颛臾风国，以免“虎兕出于柙，龟玉毁于椟中”，将此处化为苏东坡所言的“争夺之场”（详见后文）。

三、陶渊明知晓并向往其祖地陶唐、虞舜故里

吴师道称《桃花源记》是“异时所赋”，异在何时呢？除了“羲皇上人”时代外，陶渊明还向往尧舜时代。古人称“天下明德始于舜”，是说尧舜时代生产力提高，物质丰富，政治文明，处于原始氏族公社最为兴盛的时期。这种社会形态正是陶渊明追求和向往的，不仅如此，陶渊明还自认为是陶唐氏的后裔，虞舜时期为“豢龙氏”，夏为“御龙氏”，商为“豕

① 陈晓芬、徐儒宗：《论语·大学·中庸》，北京：中华书局，2011年，第197－199页。

韦氏”，世代以豢龙为职业，如同伯益一样是“驯鸟兽”的重臣。笔者研究发现，虞舜故里在蒙阴“天虞”下的“桃墟”，陶唐氏也源自“天吴”下的“陶丘”。也就是说陶渊明陶氏的祖地即在蒙阴颛臾风国。

（一）虞舜故里在蒙阴之“虞”和“桃墟”

蒙山之阴的虎头崖和青龙山是万古不变的两大人文地理坐标，它们证明了“君子之国”之所在，也证明了伏羲祖国颛臾风国之所在，同样证明了“虞”朝和虞舜的源头和出处。舜为何称之“有虞氏”，历史上并没有相关的说法，更没有准确的答案。笔者认为，坐落在颛臾风国之中的虎头崖，就是《山海经》中记载的君子国之神“天吴”，也即“天虞”（见上文）。

> 《说文解字》：吴，姓也。亦郡也。一曰：吴，大言也。从夨、口。[1]
>
> 《说文解字》：虞，驺虞也。白虎黑文，尾长于身。仁兽。食自死之肉。从虍，吴声。[2]

“吴”的本义为大声说话、喧哗。它的原始意义表示一个人奔跑时一边高声喊叫，一边回头盼顾，寓意着原始狩猎者的召唤。原始人狩猎时常身披虎皮，所以古代“吴”字又常加“虍”首，《释名》：“吴，虞也。”虞、吴两字古音同字通，如《论语·微子》“虞仲”，当即吴仲，清儒刘宝楠说：“‘虞’‘吴’通用。仲雍称为吴仲雍，故称虞仲。”[3]《史记·孝武本纪》“不虞不骜”索隐云：“何承天云此‘虞’当为‘吴’……与吴声相近，故假借也。”清儒钱大昕说：“古文虞与吴通，汉碑亦有‘不虞不扬’之文。今《封禅书》作‘不吴’，乃后人据毛诗私改。”《南山经》中有“天虞之山”，“天虞”疑当读为天吴。[4]

> 《山海经·大荒西经》：大荒之中，有山名曰日月山，天枢也。吴姖天门，日月所入。有神，人面无臂，两足反属于头上，名曰嘘。颛

① 《说文解字》，沈阳：辽海出版社，2015年，第544页。

② 同①，第1152页。

③ 刘宝楠：《论语正义》，北京：中华书局，1990年，第727页。

④ 钱大昕：《二十二史考异》卷1，上海：上海古籍出版社，2004年，第12页。

项生老童，老童生重及黎，帝令重献上天，令黎印下地，下地是生噎，处于西极，以行日月星辰之行次。有人反臂，名曰天虞。①

从上面古籍记载和学者的论述看，蒙阴颛臾风国虎头崖应当就是《山海经》中记载的“一曰在君子国北。朝阳之谷，神曰天吴。”此天吴也即《山海经·大荒西经》中“日月山”之“吴”、“嘘”和“天虞”，都在颛顼之国颛臾风国。从《淮南子》的记载中也能印证“虞”即在蒙山之阴。

《淮南子·俶真训》：至德之世……以鸿蒙为景柱……”注：“鸿蒙：东方之野，日所出之地。”②

《淮南子·天文训》：（日）出于旸谷，……至于渊虞，是谓高春。……至于虞渊，是谓黄昏。至于蒙谷，是谓定昏。日入于虞渊之汜，曙于蒙谷之浦。③

蒙山是观察太阳运行规律的“景柱”，也是分别四季变化的“历山”，是大汶口文化陶文刻符中的“日月山”和《山海经》中记载的“日月山”。上面这段引文是说：太阳从蒙山东面的旸谷出来，……太阳到达“渊虞”是“傍晚”春米时。……到了“虞渊”是“黄昏”时分。再到“蒙谷”是黄昏之后。这时太阳落入“虞渊水边”，阳光余晖映照着“蒙谷之畔”。笔者认为，“汤谷”即蒙山以东的沂河河谷，因温泉众多而称“汤谷”或“温源谷”；“蒙谷”自然而然是指蒙山西北的山谷，显然“渊虞”“虞渊”即在太阳偏西和下山的地方，其位置正好处于蒙阴虎头崖以西的东汶河河谷中。

《书传》：颛顼以来，以地为国号，而舜有天下，号曰“有虞氏”，是地名也。

如果认可有虞氏之祖虞幕是颛顼之子穷蝉的话，那么颛项生于颛臾，其子虞幕也生于颛臾，颛臾之地有“虞”，故以“虞”为氏，这正是《尚书》中所言的“有虞氏，是地名也”。

《史记·五帝本纪》：舜父瞽叟盲，而舜母死，瞽叟更娶妻而生象，象傲。

---

① 方韬：《山海经》，北京：中华书局，2011 年，第 319－320 页。

② 《淮南子》，北京：中华书局，2012 年，第 83 页。

③ 同②，第 145 页。

舜帝之父是“瞽叟”，又称蒙瞍。蒙瞍、瞽叟均指盲人，从这一点上也可以看出舜帝之父瞽叟与“蒙”有着密切的关系。蒙阴虎头崖是“天吴”“天虞”，在《水经注》中称为“叟崮”[①]，显然其源自虞舜之父“瞽叟”。

古籍中关于虞舜出生地的记载很多，如《太平御览·风土记》曰：“舜，东夷之人，生于桃丘。”《帝王世纪》：“瞍（瞽叟）妻握登生舜于姚墟，故得姓姚氏。”《汉书·地理志》应劭注：“姚墟与雷泽近。”虽然虞舜出生地地名不完全一致，有桃丘、桃墟、姚墟等，但都是指向颛臾之“虞”山下的桃墟。

> 《左传·昭公七年》：“晋人来治杞田，季孙将以成与之。……乃迁于桃。”杜预注：“鲁国卞县东南，有桃墟。”[②]
>
> 《水经注》：《山海经》曰：泗水出鲁东北。余昔因公事，沿徐沇，路迳洙、泗，因令寻其源流。水出卞县故城东南，桃墟西北。《春秋·昭公七年》（《左传》是《春秋》三传之一），谢息纳季孙之言，以孟氏成邑与晋而迁于桃。杜预曰：鲁国卞县东南有桃墟，世谓之曰陶墟，舜所陶处也。[③]

据此可知，古代之人对于桃墟的方位是十分清楚的，即在卞县东南，那么卞县又在哪里呢？北魏时，地理学家郦道元在《水经注》中说泗水“出卞县故城东南桃墟西北”，泗水发源于蒙阴、新泰、泗水交界处，古称冠石山，也就是《水经注》中记载的蒙阴桑泉水的发源地“五女山”。由此可见，“桃墟”即在蒙山与虎头崖之间。

从秦朝地图来看，蒙阴地属琅邪（琊）郡，而现今蒙阴的西南部曾属卞地，桃墟在卞县故城东南，这个方位准确地将“桃墟”定位在了蒙山与虎头崖之间的土丘（墟），此桃墟也是夸父追日于禺谷（虞），弃其杖化为桃林之桃墟。

> 《史记·五帝本纪》：舜曰：“谁能驯予上下草木鸟兽？”皆曰益可。于是以益为朕虞。益拜稽首，让诸臣朱虎、熊罴。舜曰：“往矣，汝谐。”遂以朱虎、熊罴为佐。……益主虞，山泽辟。[④]

---

① 《水经注》，北京：中华书局，2013年，第580页。

② 《左传》，上海：上海古籍出版社，2016年，第753－754页。

③ 同①，第566页。

④ 《史记》，北京：中华书局，2006年，第4－5页。

> 《史记·秦本纪》：秦之先，帝颛顼之苗裔孙曰女修。……（帝舜）乃妻之姚姓玉女。大费（伯益）拜受，佐舜调驯鸟兽，鸟兽多驯服，是为柏翳。舜赐姓嬴氏。①

伯益协助大禹治水之后，虞舜妻之姚姓玉女，并让伯益“主虞”管理山泽，协助自己驯鸟兽。“虞”是舜帝的诞生地，姚姓玉女是虞舜的王女，从中可以看出虞舜对伯益的器重程度。从伯益受命之后的谦让态度来看，“主虞”是一项光荣而神圣的职位，可见“虞”地是舜帝的出生地。“虞”是君子国之“天吴”，实为蒙阴“叟虎寨山”“叟崮”。后来演化成为管理山泽的官职“虞官”，汉代以后人们淡忘了“虞”的出处和本义，只知虞舜、虞官和后来的虞国、虞城等。

自古以来关于虞舜的传说很多，舜耕历山是虞舜传说的核心，关于“舜耕历山”的记载最早见于《墨子·尚贤下》：“昔者，舜耕历山，陶于河濒，渔于雷泽，居于常阳，尧得之服泽之阳，立为天子。”后来《史记·五帝本纪》等古籍中也都有同样的记载。

> 《史记·五帝本纪》：舜耕历山，渔雷泽，陶河滨，作什器于寿丘，就时于负夏。舜父瞽叟顽，母嚚，弟象傲，皆欲杀舜。②

古籍中对于“舜耕历山”的记载是一致的，但至于“历山”是指哪一座山，自古以来都是个谜。对于“历山”的来历、何以名“历山”古籍文献没有给出答案，学者们也没有人去认真加以论证。笔者认为，如果不从“历山”的真实含义和来历加以考证，那么众山皆可称历山，众山也皆非历山。

现代学者已经发现历山这一名称极为特殊，可解释为历法之山，如尹荣方说：“历山不就是产生历法的山的意思吗?”③ 中国社科院民族文学研究所吴晓东说：“我们可以设想，在古代，天文观测者在某一座高山之巅设立一个天文台，白天观测日出日落，夜晚观测月升月没，以及斗转星移。这里是制定历法的山，故名历山。”④ 刘宗迪教授在《失落的天书·

① 《史记》，北京：中华书局，2006 年，第 29 页。

② 同①，第 3 页。

③ 尹荣方：《社与中国上古神话》，上海：上海古籍出版社，2012 年，第 68 页。

④ 吴晓东：《“舜耕历山”到“舜更历山”的传说演变》，《民间文化论坛》，2016 年第 02 期。

〈山海经〉与古代华夏世界观》一书中指出，《大荒经》与原始天文学有关，《大荒经》有七对"日月出入之山"，清代学者陈逢衡早已注意到《大荒经》中日月出入之山的记载，并独具慧眼地指出这一记载与观察日月行度以确定季节的习俗有关。① 吕子方在《中国科学技术史论文集》一书中说："远古农人，每天观察太阳出入何处，用来定季节以便农耕的资料，这是历法的前身。"② 天文史学者郑文光在《中国天文学源流》一书中说："在我国古籍中，也记载过这种观察太阳升起和落山位置以定季节的办法。如《山海经·大荒东经》就记载了六座日出之山……"③

以上学者通过研究发现了《大荒经》中日月出入之山与古代历法的密切关系，也提出了"历山"即历法之山的观点，却没有进一步地考察历山的确切位置。刘宗迪教授说："《海经》背后的古老月令图画，描述的原本只是古东夷地区一个方圆百里地方的天文历法知识……竟至播化为弥纶天地、光照千秋的华夏知识原型，成为华夏民族宇宙观、历史观的基础。"④

> 《尚书·虞书·尧典》：虞舜"岁二月，东巡守，至于岱宗，柴，望秩于山川。肆觐东后，协时月正日，同律度量衡。"⑤

从《尚书·虞书·尧典》的这段记载中可以得知，舜在祭祀了岱宗泰山之后，又依次祭祀东面的山川，并觐见了东方的国君，首先根据对天象的观察，使月日纪时，使其与自然运行情况相符合。

笔者在前文论证的基础上，分析这段文字并得出如下结论："柴"是祭祀的礼节，虞舜依次祭祀泰山、蒙山，泰山与蒙山的"柴汶河"因此而得名。虞舜觐见"东后""协时月正日"修订历法，与黄帝举"风后"制订历法如出一辙，显然都是泰山以东、蒙山以北的颛臾风国（东方君子之国）的国君，"风后""东后"都是颛臾风国之君主。

综上所述，旧石器时期栖息于蒙山之北、鸿蒙之野的古人以蒙山为"景柱"纪时；新石器时代早期，伏羲氏以蒙山为参照物"仰观天文，俯

---

① 刘宗迪：《失落的天书：〈山海经〉与古代华夏世界观》，北京：商务印书馆，2016年，第19－21页。

② 吕子方：《中国科学技术史论文集》下册，成都：四川人民出版社，1984年，第27页。

③ 郑文光：《中国天文学源流》，北京：科学出版社，1979年，第51页。

④ 同①，第650页。

⑤ 《尚书》，北京：中华书局，2012年，第18页。

察地理，始画八卦”观察季节的变化；新石器时代中晚期黄帝、颛顼、帝喾、尧、舜以蒙山及其两侧的七对日月出入之山“历象日月星辰”故称“历山”。《水经注疏》中记载的费县西北百二十里之“历山”，其方位即在蒙阴，蒙阴县志也记载“历山，在城北一百一十里，上有舜皇庙，今有历山社。舜水河发源于此”①。上述两处“历山”的记载虽然有差异，与笔者对“历山”是蒙山及蒙山两侧诸山的定位不同，但说明蒙阴一带自古以来就有“历山”的传说。

（二）尧帝“陶唐氏”源于蒙阴“陶丘”与“吴”

尧舜时代是陶渊明追求的理想世界，陶渊明自认为是帝尧陶唐氏的后裔，其在《命子》一篇中，叙述了其祖先的起源以及在唐尧、虞舜、夏、商、周时陶氏的光荣历史。

> 陶渊明《命子》：悠悠我祖，爰自陶唐。邈焉虞宾，历世重光。御龙勤夏，豕韦翼商。穆穆司徒，厥族以昌。纷纷战国，漠漠衰周。凤隐于林，幽人在丘。②

帝尧又称“陶唐氏”，其何以号为“陶唐氏”，自古以来对这一古史材料的阐释可谓仁者见仁，智者见智。芮东莉、吕永林在《中国古代穴居的文化价值考》一文中说，由于《尚书·夏书》中有“陶丘”这一地名的记载，汉代许慎《说文解字》更以“陶丘有尧城，尧尝所居，故尧号陶唐氏”的说法相附会，从而以地名推考尧号陶唐的做法一时成风。《汉书·高帝纪》臣瓒注称：“尧初居于唐，后居陶，故曰陶唐。”《汉书·地理志》颜注又称引张晏“尧为唐侯，国于此。尧山在唐东北望都界”等等。近年来由于各地开始重视本地区古文化的发掘，围绕尧的地望所在又展开了一场声势浩大的论战，而其焦点主要集中在“陶唐”这一族号所能提供的地理信息上。或认为“陶”指山东定陶县，则把尧归于山东；或认为“唐”指山西南部的翼城，则把其地望定为山西。事实上这场争论仍然只是对前人以地名推考“陶唐氏”做法的又一次延续。由此可以看出，自古以来以

---

① 蒙阴县地方史志编纂委员会：《蒙阴县清志汇编》，北京：中华书局，1999 年，第 228 页、第 471 页。

② 陶澍：《陶渊明全集》，上海：上海古籍出版社，2015 年，第 15 页。

地名推考“陶唐氏”地望的做法可信度并不高，因此帝尧陶唐氏的地望至今仍然没有定论。笔者认为，考证帝尧陶唐氏故里需要从其自身渊源出发，结合陶、唐的来历进行综合的分析论证。

> 《史记·五帝本纪》：黄帝居轩辕之丘生二子“其一曰玄嚣，是为青阳，青阳降居江水。其二曰昌意，降居若水。……昌意之子高阳立，是为帝颛顼也。”[①]

> 《史记·五帝本纪》：帝喾高辛者，黄帝之曾孙也。高辛父曰蟜极，蟜极父曰玄嚣，玄嚣父曰黄帝。自玄嚣与蟜极皆不得在位，至高辛即帝位，高辛于颛项为族子。帝喾娶陈锋氏女，生放勋。娶娵訾氏女，生挚。帝喾崩，而挚代立，帝挚立，不善（崩），而弟放勋立，是为帝尧。[②]

从上面引文中可以看出，黄帝有二子，玄嚣、昌意。玄嚣降居江水，尧是玄嚣的曾孙。昌意降居若水，颛顼是昌意之子。因此尧是颛顼的旁系族子。据学者考证，玄嚣所居“江水”即沂水，而笔者根据学者的论证得出昌意降居“若水”即蒙阴颛臾风国的桑泉水，也是沂水的一条主要源头。因此，尧的诞生地显然在这一带，而自少典、黄帝起就有一个专门的“封君之地”[③] ——有熊之国，黄帝、颛顼都是在“穷桑”登帝位，之后徙曲阜、商丘，“穷桑”在鲁北，显然帝喾、尧、舜也封君于此。笔者认为，这一封君之地非颛臾风国莫属，尧陶唐氏的封号也应当与虞舜之虞一样始源于此地。

尧帝陶唐氏的封号必然与陶、唐有关。笔者在前文中论证了“舜耕历山”之“历山”在蒙阴，“渔雷泽”也在蒙阴盆地虎头崖以西（《山海经》所谓“雷泽在吴西”），那么虞舜“陶河滨，作什器于寿丘”之地也应当就在蒙阴。《帝王世纪》记载黄帝生于鲁东门北“寿丘”[④]，笔者认为寿丘并非指后人在曲阜城东门外指定的“寿丘”，而是“君子之国”其人寿之“寿丘”，其方位指向了蒙阴。而所谓的“陶丘”则是指蒙阴盆地的第四纪

---

① 《史记》，北京：中华书局，2006 年，第 1 页。

② 同①，第 2 页。

③ 张君房：《云笈七签》，北京：中华书局，2003 年，第 2157 页。

④ 参见皇甫谧：《帝王世纪》，济南：齐鲁书社，2010 年，第 9 页；张君房：《云笈七签》，北京：中华书局，2003 年，第 2156 页。

洪积红色黏土构成的丘陵，即《禹贡》所言“赤埴坟”。

> 《尚书·禹贡》曰：淮、沂其乂，蒙、羽其艺，大野既猪，东原底平。厥土赤埴坟，草木渐包。厥田惟上中，厥赋中中。厥贡惟土五色，羽畎夏翟，……①

从《禹贡》的上述记载看，在古徐州北部沂蒙丘陵地区有草木茂盛的“赤殖坟”，而“赤埴坟”是指何物，在何地，又是如何形成的呢？

辛树帜先生在《禹贡新解》② 一书中专门对《禹贡》所述的壤、坟、墟、涂泥等土壤及其所在区域和地形进行了解释。他说：“坟，又分黑坟、白坟、赤埴坟，分布于兖、青、徐各州。古人释坟为土脉坟起，孔颖达称‘土黏曰埴’，埴坟显指黏质丘陵土壤。”辛树帜先生认为，山东西部兖州的丘陵地多为棕壤，因为草长林茂，土壤中黑色腐殖质必多，即所谓黑坟；山东半岛青州的丘陵多为棕壤，古代亦多森林，所积腐殖质因沿海湿润而较丰，但为酸性，成为灰壤，或即所称白壤。关于“赤埴坟”的形成，辛树帜先生认为非因草木腐殖质的颜色所致，而是“徐为今苏北及皖鲁边区，丘陵地每为发育于第四纪洪积红色黏土层之棕壤，或即所称赤埴坟。”王世舜、王翠叶在译注《尚书》中引用辛树帜先生的上述观点，并《孔传》“土黏曰埴”，《庄子·马蹄》“我善治埴”，《释文》引司马彪注“埴土可以为陶器”等。③

辛树帜先生所言地区的“赤埴坟”是由于断裂带地震事件造成的。张邦花等在《山东郯城麦坡中更新世地震事件记录》一文中说，由于郯庐断裂带是长期活动的深大断裂带，在地质历史中产生了若干强地震事件，并使该断裂带内及其附近不同时代和规模的盆地中的软沉积物发生变形，形成了具有各种各样软沉积物变形构造的震积岩，郯城麦坡地震遗址显露的软沉积物构造就是第四纪红棕色砂质黏土。④ 郯城麦坡地震遗址虽然显露有“赤埴”，但其处于平原地区并没有构成土脉的坟起，故不能称“坟”或“丘”。笔者认为辛树帜先生所言“赤埴坟”就在蒙阴盆地之中。

---

① 《尚书》，北京：中华书局，2012 年，第 63 页。

② 辛树帜：《禹贡新解》，北京：农业出版社，1964 年，第 128 页。

③ 同①，第 64 页。

④ 张邦花、田洪水、祝介旺：《山东郯城麦坡中更新世地震事件记录》，《古地理学报》，2016 年第 05 期。

山东蒙阴盆地位于蒙山断层和新泰垛庄断层之间，跨新泰市和蒙阴县呈北西向宽带状分布，属于华北地台鲁西隆起区蒙山-蒙阴断隆之蒙阴凹陷。区内地层有白垩纪、古近纪和第四纪地层出露，其中第四纪地层主要为分布广泛的褐红色含砾砂质黏土。[①]

蒙阴盆地中的第四纪地层因为蒙山断层和新泰、垛庄断层的抬升，形成了或高或低的丘陵，故不同时期各种颜色的软沉积物都有显露。肖丙建等在《蒙阴盆地的成生与演化》一文中，将蒙阴盆地中的第四纪褐红色黏土出露地点做了明确的标注。[②]

第四纪沉积物出露的地点，共有五处，分别散布于蒙阴县城东、城西，蒙阴西住佛、常路，以及新泰市城东。最显著的出露点是在蒙阴县城东、城西，形成了六座第四纪褐红色含砾砂质黏土山丘，俗称“东三山子”和“西三山子”。随着地台隆起蒙阴盆地中的软沉积物随之变形、升高，从而形成了辛树帜先生所言由“第四纪洪积红色黏土层之棕壤”构成的丘陵，也即“赤埴坟”。

在蒙阴盆地第四纪地质层中，尤其引人注目的是蒙阴虎头崖下、汶河岸边“西三山”之一的“响石山”（当地俗称），不但有玄丹之色，而且有很多洞穴，当地俗称“九仙洞”。笔者认为，这些洞穴并非可溶岩形成的自然溶洞，而是大汶口人的祖先人工挖掘的、供部落首领居住的“丹穴”，也即黄帝“于洛水上坐玄扈石室”，深深地留在大汶口人的记忆之中。

> 《云笈七签·轩辕本纪》：帝服斋于中宫，于洛水上坐玄扈石室，与容光等观，忽有大鸟衔图置于帝前，帝再拜受之。……黄帝曰：“是鸟遇乱则去居九夷矣！出于东方君子之国，又出丹穴之山。”有臣沮颂苍颉观鸟跡以作文字，此文字之始也。[③]
>
> 《尔雅·释地》：岠齐州以南，戴日为丹穴。
>
> 《淮南子·氾论训》：“丹穴太蒙。”高诱注：“丹穴，南方当日之

---

① 参见郑德顺、高林、李明龙：《鲁西南蒙阴盆地古近系沉积特征及沉积环境》，《河南理工大学学报》（自然科学版）2013年第06期；肖丙建、刘广哲、夏立献：《蒙阴盆地的成生与演化》，《山东国土资源》：2003年第04期；杜伟：《山东蒙阴盆地金刚石原生矿找矿潜力探析》，《中国石油石化》，2017年第06期。

② 肖丙建、刘广哲、夏立献：《蒙阴盆地的成生与演化》，《山东国土资源》，2003年第04期。

③ 张君房：《云笈七签》，北京：中华书局，2003年，第2161页。

下也；太蒙，西方日所入处也。”[1]

蒙阴颛臾风国即君子之国，可见“丹穴之山”即在蒙阴，丹穴之山也即玄鸟所在的“玄丘”“玄丘之山”，也是《禹贡》中出产“羽畎夏翟”的“赤埴坟”。在坟的释义中有：水边的高地称为“汶坟”之说，又有《尔雅·释地》：“坟莫大于河坟”的记载。笔者认为这些解释都源自汶河岸边的“赤埴坟”。

《史记·殷本纪》：殷契，母曰简狄，有娀氏之女，为帝喾次妃。三人行浴，见玄鸟堕其卵，简狄取吞之，因孕生契。[2]

玄鸟出于玄丘，帝喾次妃行浴时吞玄鸟之卵，玄丘即为蒙阴盆地、虞山下的“赤埴坟”，由此可见帝喾之子、颛顼族子尧的诞生地亦在蒙阴颛顼之国颛臾风国，帝喾次妃行浴之处即在《山海经》中所言的“颛顼之池”。

综上所述，鲁中南山区的第四纪褐红色黏土集中在蒙阴盆地、汶河岸边，土脉隆起曰坟，土黏曰埴，埴土可以为陶器。因此，蒙阴盆地之中的“赤埴坟”就是可作陶器的“陶丘”，也就是虞舜“陶河滨，作什器于寿丘”之处。蒙阴汶河北岸后佛峪、洪沟一带自古以来就是制陶之地，直到现在仍在生产，说明“埴土可以为陶器”和“陶河滨”之说并非空穴来风，而是真实历史的记载与传说，陶唐氏之陶丘即在此地。这一观点实际上可以从《水经注》中得到支持和印证。

《水经注》：“泗水出鲁东北，……水出卞县故城东南，桃墟西北。《春秋·昭公七年》，谢息纳季孙之言，以孟氏成邑与晋而迁于桃。”杜预曰：“鲁国卞县东南有桃墟，世谓之曰陶墟，舜所陶处也。”[3]

前文中已经论证的虞舜故里在蒙阴桃墟，《水经注》中亦说“桃墟”即为“陶墟”，汉语释义中“墟”即为“丘”，都是自然形成的小土山，由此可见，虞舜所陶处之“陶丘”在蒙阴。对于这一结论，还可以从东夷大首领“皋陶”之名与地望中得到佐证。

李修松在《涂山汇考》一文中说，涂山氏与皋陶所处的时代，均在虞

---

① 《淮南子》，北京：中华书局，2012年，第738页。
② 《史记》，北京：中华书局，2006年，第12页。
③ 《水经注》，北京：中华书局，2013年，第566页。

夏之际，涂山氏为禹之妻族，而皋陶与禹共辅虞舜。伯益是皋陶之子。皋陶涂山氏的故乡在今山东，山东之蒙山（在蒙阴县南，接费县界）即最初之会稽山或涂山。[1] 陕西师范大学历史系教授何清谷在《秦人传说时代的探讨》一文中认为，秦嬴秦族起于山东大汶河沿岸的“嬴”地，当时秦人的活动大抵在泰山以东，大汶河两岸。这一带大汶口文化晚期的某些遗存，可能与伯益时期的秦人活动有关。[2]

葛志毅在《东夷考论》一文中言“皋陶的‘皋’乃是太皞、少皞的‘皞’”[3]。范三畏在《伏羲虎图腾与中国文化》一文中认为说：“伏羲”古义实为“驺虞”，伏羲或有“太皞氏”等别支。“皋”义为虎，故“太皞氏”本义或为“大白虎氏”。太皞风姓，而原始哲学认为“风从虎”。“伏羲”古义实为“驺虞”。[4]

根据上述学者的论述，皋陶一族的地望在蒙山与汶河之间，因此，皋陶之子伯益被虞舜封于蒙阴之“虞”，驯鸟兽是再自然不过的事了。皋，汉字释义是“水边的高地”，皋还与太皞有着渊源关系，而且与虎有密切关联，从这三个方面看，皋陶之“皋”即源自太皞祖国——颛臾风国，具体地讲源于汶河岸边的虎头崖。笔者认为，皋陶之“陶”也因地而名，说明“陶”在蒙阴，即汶河岸边“埴土可以为陶器”[5] 之“赤埴坟”“玄丘”。

尧帝陶唐氏之“陶”在蒙阴，那么“陶唐”之“唐”又是何来历呢？笔者认为其亦出于颛臾风国之“天吴”“虞”。

> 《说文解字》：“唐，大言也。从口，庚部。”唐是会意字，甲骨文中从口。[6]
>
> 《说文解字》：“一曰：大言也，从夨，从口。”吴是会意字，从口，从夨。[7]

从《说文解字》的解释来看，“唐”“吴”同义，“唐”即“吴”，也即“虞”，唐、虞出于一地。

---

① 李修松：《涂山汇考》，《中国史研究》，1999 年第 02 期。

② 何清谷：《秦人传说时代的探讨》，《陕西师大学报》（哲学社会科学版），1991 年第 04 期。

③ 葛志毅：《东夷考论》，《古代文明》，2012 年第 01 期。

④ 范三畏：《伏羲虎图腾与中国文化》，《天水师范学院学报》，2008 年第 01 期。

⑤ 《尚书》，北京：中华书局，2012 年，第 64 页。

⑥ 《说文解字》，沈阳：辽海出版社，2015 年，第 249 页。

⑦ 同⑥，第 544 页。

综上所述，尧为颛顼之族子，虞为颛顼六世孙，尧、舜同祖、同源，尧之“陶唐氏”，舜之“有虞氏”也同出一地，都出于颛顼之国——颛臾风国。正如司马迁所言“自黄帝至舜、禹，皆同姓而异其国号，以章明德。”[①]

陶渊明在《命子》一诗中认为自己是陶唐氏帝尧之后裔，叙述了其先祖从尧舜到夏商周的光荣历史。元朝李公焕注《靖节先生集》《命子》一诗中说：“陶氏之先曰伊祁氏，升唐侯为天子，后逊于虞，作游陶丘，故号陶唐氏，而谥曰尧。取散宜氏之女曰女皇，生丹朱，复有庶子九人。及舜初郊于唐，以丹朱为尸，因封于唐。时董父好龙，舜命豢龙于陶丘。而尧之庶子奉尧之祀于陶丘者，或世业豢龙。”

> 《左传·昭公二十九年》：古者畜龙，故国有豢龙氏，有御龙氏。[②]
>
> 《左传·襄公二十四年》：自虞以上，为陶唐氏，在夏为御龙氏，在商为豕韦氏。[③]

陶渊明《命子》中自述其先祖“御龙勤夏，豕韦翼商”，从李公焕注和《左传》的记载中得知，陶唐氏的庶子奉尧之祀于陶丘，并且世代以养龙为业。虞舜时期为“豢龙氏”，夏为“御龙氏”，商为“豕韦氏”。由此看来，蒙阴虞地之“陶丘”即陶渊明先祖的世居之地，这一结论还可以从甲骨文和先秦古籍中得到进一步的证实。

> 《山海经·西山经》：昆仑之丘，实惟帝之下都，神陆吾司之，其神状虎身而九尾，人面而虎爪，是神也，司天之九部及帝之囿时。[④]
>
> 《说文解字》：“囿，苑有垣也。从囗，有声。一曰：禽兽曰囿。”

从《山海经》的记载来看，昆仑之丘之神陆吾“其状虎身”司“帝之囿”，“囿”是帝王用来畜养禽兽的园林。如此看来，《山海经》所言陆吾司“帝之囿”与《史记》所言伯益“主虞，驯鸟兽”如出一辙，而且都在蒙阴盆地之中，“陆吾”即“天吴”“虞”。甲骨文卜辞中发现的证据能够直接地证明“帝之囿”就在蒙阴之“虞”地，即甲骨文中的“龙囿”。

高广仁、邵望平在《海岱文化与齐鲁文明》对卜辞所见商代东土国

---

① 《史记》，北京：中华书局，2006年，第5页。

② 《左传》，上海：上海古籍出版社，2016年，第909页。

③ 同②，第602页。

④ 方韬：《山海经》，北京：中华书局，2011年，第48页。

族、地名进行了研究，认为卜辞中“黍在龙囿受有年”之“龙囿”即《左传》成公二年“齐侯伐我北鄙，围龙”之龙。其地望即杜预所注“在泰安东南”。①

陈絜在《卜辞中的祡祭与柴地》一文中，通过对卜辞《合集》9552：“乙未卜贞：黍在龙囿香”的研究认为，“龙囿”“桃”“柴”地望均在柴汶河上游一线。陈絜说：“龙显然是指龙方，据笔者的分析，实乃活跃于汶水流域的东土部落。‘黍在龙囿香’中的黍，显然作动词使用，指种植黍米之农耕活动。耕作地‘香’，原为龙地之‘囿’，也即龙族专设的游猎场所。”② 陈絜、赵庆淼在《“泰山田猎区”与商末东土地理》一文中还说：“商人好游猎，这在殷墟卜辞中多有反映。学者据 20 世纪 90 年代以前公布的甲骨资料统计，田猎卜辞已达 4500 片之多，……不少学人深信，晚商时期存在一个以盂地为中心的‘沁阳田猎区’……卜辞中的田猎区位于汶水流域，其中盂地坐落于汶水上游，大致在泰山山脉东南麓的“龟阴之田”一带。”③

综上所述，泰山东南、柴汶河上游的蒙阴盆地之中青龙山和虎头崖（虞）下有“龙囿”，是帝王狩猎和驯养鸟兽的场所，也就是《山海经》中所记载的昆仑之神陆吾所司的“帝之囿”。陶渊明祖先“尧之庶子奉尧之祀于陶丘者，或世业豢龙”之处即蒙阴盆地，可见蒙阴颛臾风国既是唐尧、虞舜之故里，又是陶渊明先祖之故乡。

（三）陶渊明知晓尧舜故里虞地有桃墟

陶渊明《桃花源记》的寓意之文是写羲皇上人时代和凤凰圣地君子之国，为何又特别以“桃花源”为题呢？从寓意方面讲他应当知道他所向往的地方有桃林和桃墟。笔者认为他的这些认知一方面源自作者自己对《山海经》的研读，另一方面来源于先秦典籍和西晋时期著名学者杜预的相关著作。

杜预（公元 222—285 年），字元凯，西晋杰出的政治家和军事将领。他自幼好学，著述颇丰，在经学和文学上都有很高的造诣。尤其酷爱《左

① 高广仁、邵望平：《海岱文化与齐鲁文明》，南京：江苏教育出版社，2005 年，第 239 页。

② 陈絜：《卜辞中的祡祭与柴地》，《中原文化研究》，2018 年第 02 期。

③ 陈絜、赵庆淼：《“泰山田猎区”与商末东土地理》，《历史研究》，2015 年第 05 期。

传》，有“传癖”之称。晚年他更是将大部分精力投入《左传》的注释和研究，撰写出《春秋左氏经传集解》《春秋释例》诸书，成为一家之学。[①]他撰写的《春秋左氏经传集解》三十卷，是现存最古的《左传》注释，在经学史和《左传》学史上占有重要的地位，自问世以来，历代都不乏对它的研究。杜预博学多通，有“杜武库”的美誉，对于杜预在历史上的功绩，研究者都给予了高度的评价。郑达炘、尚志迈结合西晋初年的政治形势，从修订《晋律》、重视农田水利建设、率军平吴和注解《左传》四个方面，对杜预的功绩做了较为全面的评述，认为其是西晋的兴造之臣，影响晋一代十分深远。[②]

从古今学者对杜预的评价来看，其学术成就不仅影响整个晋代，还对后世研究《左传》产生深远的影响。由此可见，杜预的著作尤其是《左传》注释的观点，必然对东晋时期的陶渊明产生认知上的影响。

> 《春秋·昭公七年》：晋人来治杞田，季孙将以成与之。……乃迁于桃。”杜预注：“鲁国卞县东南，有桃墟。[③]
>
> 《水经注》：“泗水出鲁东北，……水出卞县故城东南，桃墟西北。《春秋·昭公七年》，谢息纳季孙之言，以孟氏成邑与晋而迁于桃。杜预曰：鲁国卞县东南有桃墟，世谓之曰陶墟，舜所陶处也。”[④]

今本《左传》引杜预注与《水经注》引杜预注有所不同，《水经注》引杜预注更具有原始性。因此，在陶渊明时代所见杜预注必然是“鲁国卞县东南，有桃墟，世谓之曰陶墟，舜所陶处也”。也就是说陶渊明从杜预著作中得知，卞县东南之桃墟，即虞舜所陶之处。另外，《左传》中记载“颛臾，风姓也，实司太皞与有济之祀，以服事诸夏”，杜预注：“颛臾在泰山（郡），南武阳县东北”，《论语》“夫颛臾，昔者先王以为东蒙主，社稷之臣也”，《汉书·地理志》“蒙阴，颛臾在蒙山下”等关于颛臾风国的职责定位和地理位置的叙述，也对陶渊明产生了认知上的影响，陶渊明由此得知：鲁国卞县东南蒙山一带的颛臾风国有“桃墟”，是虞舜的诞生地。

---

① 方韬：《杜预著述考》，《图书馆理论与实践》，2010年第01期。

② 方韬：《杜预〈春秋经传集解〉研究综述》，《湖北师范学院学报》（哲学社会科学版），2010年。

③ 《左传》，上海：上海古籍出版社，2016年，第753-754页。

④ 《水经注》，北京：中华书局，2013年，第566页。

陶渊明对于“虞”地有“桃林”的认知还来源于其对《山海经》的研读。

《山海经·海外北经》：“夸父与日逐走，入日，……道渴而死，弃其杖，化为邓林。”注：邓林即《中山经》所言桃林。①

《山海经·中山经》：“夸父之山……其北有林焉，名曰桃林。”注：桃林，传说为夸父手杖所化。②

《山海经·大荒北经》：夸父不量力，欲追日景，逮之于禺谷。③

陶渊明《读山海经》九：夸父诞宏志，乃与日竞走，俱走虞渊下，似若无胜负，神力既殊妙，倾河焉足有。余迹寄邓林，功竟在身后。④

夸父“欲追日景，逮之于禺谷”之处显然是从蒙山以东的日出之地“汤谷”到蒙阴虎头崖（虞）以西的“虞渊”“蒙谷”。那么夸父“弃其杖，化为邓林”必然在“虞”地。关于“邓林”的注释，袁轲在《中国神话传说词典》一书中说“清人毕沅云：‘邓林即桃林也，邓、桃音相近……盖即《中山经·中次七经》所云，夸父之山，北有桃林矣。’《山海经·海外北经》：‘夸父国……邓林在其东，二树木。’郝懿行云：‘盖谓邓林二树成林，言其大也。’”⑤ 廖秀金在《邓林乎？桃林乎？——从神话学谈〈夸父追日〉的一个问题》一文说，持“桃林”一说的除毕沅外，还有朱东润先生的《中国历代文学作品选》，郭锡良等人主编、王力和林焘校订的《古代汉语》，以及袁轲选编的《神话选译百题》和《古神话选释》等著作。此外，当今台湾学者杜而未的论著《山海经神话系统》中也认为：“邓林可能就是桃林。”⑥ 由此观之，无论是《山海经》记载还是古今学者的论述，“邓林”都被公认为桃林。

陶渊明通过熟读史书和杜预的注解，知道虞舜的诞生地在卞县东南的

① 方韬：《山海经》，北京：中华书局，2011 年，第 242 页。
② 同①，第 162 页。
③ 同①，第 332 页。
④ 陶澍：《陶渊明全集》，上海：上海古籍出版社，2015 年，第 121 页，
⑤ 袁珂：《中国神话传说词典》，北京：北京联合出版公司，2013 年，第 84 页、123 页。
⑥ 廖秀金：《邓林乎？桃林乎？——从神话学谈〈夸父逐日〉的一个问题》，《龙岩师专学报》（社会科学版），1987 年第 03 期。

桃墟，也就是陶丘，也是尧帝陶唐氏的出处。通过研读《山海经》，陶渊明认同了夸父追日逮之于“禺谷”即为虞舜故里的“虞渊”，“虞渊”在“蒙谷”之中。同时，也知道“虞渊”之“邓林”即《山海经·中山经》夸父之山的“桃林”。也就是陶渊明知道尧舜故里在下县东南的“桃墟”，虞舜故里有“虞渊”，“虞渊”之中有桃林。

除《山海经》中关于夸父之山、虞渊之处有桃林的记载之外，古籍中还有关于“桃都”的记载。星舟在《神桃五题》① 一文中对此做了详细的研究。

> 《太平御览》卷九一八引《玄中记》：东南有桃都山，上有大树，名曰桃都。枝相去三千里，上有一天鸡，日初出，光照此木，天鸡则鸣，群鸡皆随之鸣。
>
> 《河图括地图》：度朔山有大桃木，盘屈三千里，上有金鸡，日照则鸣，于是晨鸡悉鸣矣。

星舟认为，以上这些传说源自更早的《山海经》中的记载，据王充《论衡·订鬼》（载《山海经》）又曰：“沧海之中，有度朔之山，上有大桃树，其屈蟠三千里。”（今本《山海经》无，王充所据为古本）度朔山即桃都山。其位置在东方，是早晨太阳升起的地方，不难发现，这些特征与著名的太阳树扶桑极相近：

> 《神异经·东荒经》：巨洋海中，升载海日，盖扶桑山有玉鸡，玉鸡鸣则金鸡鸣，金鸡鸣则石鸡鸣，石鸡鸣则天下之鸡悉鸣。

这里扶桑与桃都成了同一样的树，它们都成了迎接日出的神树。那么，栖息于扶桑与桃都树巅的这个“天鸡”是什么呢？《神异记》云：“天鸡，一名鹥。”而这个鹥其实就是太阳鸟凤凰。星舟在文中说：“完全可以说，前引扶桑和桃都上天鸡迎日的传说只是扶桑和若木载日的变异形态。”

星舟在文中还谈到了夸父追日影，逐之于禺谷（虞），弃其杖化为邓林（桃林）的神话，并论证了羿与桃的关系。《淮南子·诠言训》：“羿死

① 星舟：《神桃五题——中国神话叙事结构研究之二》，《华中理工大学学报》（社会科学版），1994年第01期。

于桃棓。”高诱注云：“棓，大杖，以桃木为之，以击杀羿，由是以来鬼畏桃也。”《淮南子·说山训》：“羿死桃部，不给射。”高诱注：“桃部，地名。”[①] 星舟认为桃部即桃都山，从他的论述中可知，桃都与开明兽、蒙汜、虞渊都有密切的关系。他还论证说，桃神的原型是於菟即老虎，桃还与东方之神句芒有内在联系，句芒首先并非自然草木之神，而是主管东方神木扶桑、桃都、若木的树神。

笔者认为蒙山又称“东蒙”，是扶桑之地、日出之山，蒙山之阴有桃墟，虞渊之中有桃林，所以《玄中记》《括地图》记载的东南有桃都山，应当就是蒙阴“桃墟”，也就是昆仑东南的“帝之下都”，或虞舜之“姚都”。

吕思勉先生谈到桃花源的桃花意象时认为：“古人于植物多有迷信，其最显而易见者为桃。”[②] 桃花具有隐秘的色彩，具有与神仙相通的神秘力量。“陶”“桃”“逃”这三个看似没有关系的字，在《桃花源诗并记》的具体语境上却有着惊人的相似，正是这种隐秘的巧合，让“桃花源”带有了陶渊明作品中隐逸的特色。从更深层次的角度分析，“源”“渊”“园”这三个字都在展现陶渊明的在创作实践中对于田园生活的体认。

> 《归园田居》：少无适俗韵，性本爱丘山。误落尘网中，一去三十年。羁鸟恋旧林，池鱼思故渊。开荒南野际，守拙归园田。方宅十余亩，草屋八九间。榆柳荫后檐，桃李罗堂前。暧暧远人村，依依墟里烟。狗吠深巷中，鸡鸣桑树颠。户庭无尘杂，虚室有余闲。久在樊笼里，复得返自然。[③]

《归园田居》与《桃花源诗并记》都贯穿着陶渊明“凤隐于林”的隐逸思想。“性本爱丘山”“羁鸟恋旧林”“池鱼思故渊”“桃李罗堂前”“依依墟里烟”既包含着虞舜故里“虞渊”“桃墟”的元素，也包含着“桃花源”里的意象。

四、陶渊明知晓并向往凤隐之处颛臾凤国“蒙汜之渚”

“纷纷战国，漠漠衰周。凤隐于林，幽人在丘”出自陶渊明《命子》

① 《淮南子》，北京：中华书局，2012 年，第 938 页。

② 吕思勉：《吕思勉读史札记》，上海：上海古籍出版社，1982 年，第 1307 页。

③ 陶澍：《陶渊明全集》，上海：上海古籍出版社，2015 年，第 26－27 页。

篇中。此诗讲述了陶氏远祖始于尧，源远流长，累世盛德。到了战国乱世中，陶氏如凤凰隐于林一样隐居在山丘之中。陶氏家族“皆以隐德著称”①，“凤隐于林”是陶氏家族的传统，因此陶渊明必然会向往凤隐之处，并知晓凤隐之处即在东蒙。

（一）“蒙汜之渚”是凤隐之处

古籍中记载，凤凰“出于东方君子之国”，笔者在前文中论证了东方君子之国即蒙阴颛臾风国。同样，古籍中还记载了凤隐之处，笔者认为凤隐之处即在凤出之处。

> 《淮南子·览冥训》：凤皇之翔至德也……翱翔四海之外，过昆仑之疏圃，饮砥柱之湍濑，邅回蒙汜之渚。②
>
> 《云笈七签·轩辕本纪》：黄帝曰：“是鸟遇乱则去居九夷矣！出于东方君子之国，又出丹穴之山。”③

《淮南子》中记载凤凰“邅回蒙汜之渚”，其含义是遇到艰难不能往前时回到“蒙汜之渚”，与黄帝所言凤凰“遇乱则去居九夷”的含义可谓是异曲同工。《韩非子·说林上》言：周公旦攻九夷而商盖伏。商盖就是商奄，则九夷本居鲁国之地，鲁公曾用武力降服他们。④ 九夷在鲁国，凤凰遇乱则去九夷，又回“蒙汜之渚”，显而易见，凤隐之处在九夷，具体地讲是“蒙汜之渚”。

笔者认为，“蒙汜之渚”即指“蒙谷”“虞渊”之中的山丘，也就是说凤凰出于东方君子之国、丹穴之山。

老子称孔子为凤，孔子在周游列国不得志之后，产生了避世隐居的想法，其向往之处也就是凤隐之处。

> 《论语·子罕》：子欲居九夷。或曰：“陋，如之何？”子曰：“君子居之，何陋之有？”

陋，是指偏远、闭塞的地方。九夷在鲁国之地，蒙阴颛臾风国是鲁国

---

① 陶澍：《陶渊明全集》，上海：上海古籍出版社，2015 年，228 页。
② 《淮南子》，北京：中华书局，2012 年，第 318 页。
③ 张君房：《云笈七签》，北京：中华书局，2003 年，第 2161 页。
④ 杨伯峻：《论语译注》，北京：中华书局，2012 年，第 129 页。

的社稷之臣，而且是鲁国的东北“鄙”，“四塞之崮，舟车不通”，对于鲁国都城曲阜而言，颛臾之地即为“陋”。孔子说九夷有“君子居之”，《论语摘衰圣》中又称“子欲居九夷，从凤嬉”[①]，显然孔子“欲居九夷”之处，即东方君子之国“颛臾凤国”。

关于九夷的民风，与陶渊明同时代的范晔（公元398—445年）在《后汉书·东夷列传》中有记载。

> 《后汉书·东夷列传》：《王制》：‘夷者，柢也，言仁而好生，成物柢地而出。故天性柔顺，易以道御，至有君子，不死之国焉。夷有九种，曰畎夷、于夷、方夷、黄夷、白夷、赤夷、玄夷、风夷、阳夷。故孔子欲居九夷也。……自中兴之后，四夷来宾，虽时有乖畔，而使驿不绝，故国俗风土，可得略记。东夷率皆土著，喜饮酒歌舞，或冠弁衣锦，器用俎豆。所谓中国失礼，求之四夷者也。[②]

范晔，字蔚宗，顺阳（今河南南阳）人，南朝宋官员、史学家、文学家。其《后汉书》博采众书，与《史记》《汉书》《三国志》并称“前四史”。范晔与陶渊明属同时代之人，比陶渊明稍晚，他们有二十多年时间上的交集。对于范晔描述的东夷人“故天性柔顺，易以道御”“或冠弁衣锦，器用俎豆”等独特的风俗习惯，在陶渊明《桃花源诗并记》及其他作品中都有体现。凤出于东方君子之国，遭回蒙汜之渚，正符合陶氏家族“君子处世，遇治则仕，遇乱则隐”的处世观。

（二）“东蒙”是隐逸之士向往之处

东蒙颛臾凤国是凤凰的出处，又是凤隐于林之处，自古以来就是“东蒙客”隐居之处，所以也是陶渊明向往的地方。

“东蒙客”出自晋皇甫谧《高士传·老莱子》。老莱子（约公元前599—479年），春秋晚期思想家，道教人物，是历史上著名的隐士，曾避世于“东蒙”。后因以“东蒙客”泛指处士、隐士。

> 《高士传·老莱子》：老莱子者，楚人也。当时世乱，逃耕于蒙山之阳。莞葭为墙，蓬蒿为室，枝木为床，蓍艾为席。饮水食菽，垦山

① 王园园：《〈说文解字〉引“孔子曰”疏释》，《经学文献研究集刊》，2015年第02期。

② 《后汉书》，北京：中华书局，1965年。

播种。人或言于楚王，王于是驾至莱子之门。莱子方织畚，王曰："守国之政，孤愿烦先生。"老莱子曰："诺。"王去。其妻樵还，曰："子许之乎?"老莱子曰："然。"妻曰："妾闻之，可食以酒肉者，可随而鞭棰；可拟以官禄者，可随而铁钺，妾不能为人所制者。"妻投其畚而去，老莱子亦随其妻，至于江南而止。①

皇甫谧（公元 215—282 年），字士安，幼名静，自号玄晏先生。中国历史上的著名学者，三国西晋时期的医学家、史学家。是我国古代历史上唯一与孔子齐名于世界文化史的历史名人。皇甫谧在《高士传》中记载了老莱子隐居蒙山的故事。战国时期，东蒙一带为楚国所占，所以称老莱子为楚人。老莱子隐居于蒙山，楚王听说之后，亲自上门邀老莱子出山从政。老莱子答应了楚王的要求，却在妻子的劝说之下放弃了这个打算。

皇甫谧所处的年代是西晋时期，因此东晋末年的陶渊明知晓老莱子携妻子隐居"东蒙"的故事，也熟知"东蒙"是隐居之地，这一点从陶渊明《与子俨等疏》一文中就看得明白。

《与子俨等疏》：天地赋命，生必有死。自古圣贤，谁能独免。……但恨邻靡二仲，室无莱妇，抱兹苦心，良独内愧。……自谓是羲皇上人。②

陶渊明在《与子俨等疏》中告诉自己的几个儿子，自己性格刚直，无逢迎取巧之能，与社会上的人和事不合，所以辞官回家，只可惜没有羊仲、裘仲这样的廉洁隐退之士做邻居，身边也没有老莱子妻子那样的人陪伴，这说明陶渊明不但自谓"羲皇上人"还将自己视为隐居之士"东蒙客"。东蒙成为隐居之地，"东蒙客"成为文人贤士隐居之后惯用的代名词。例如：高适《送郭处士往莱芜兼寄苟山人》诗："君为东蒙客，往来东蒙畔，云卧临峄阳，山行穷日观。"杜甫《与李十二白同寻范十隐居》诗："李侯有佳句，往往似阴铿。余亦东蒙客，怜君如弟兄。"

综上所述，陶渊明在思想渊源上受洙泗和东蒙文化影响，在政治上倾向琅邪王建立的东晋王朝，在归隐之后与琅邪贤士密切交往，增进了对鲁

① 皇甫谧：《高士传》，载马国翰：《玉函山房辑佚书》，扬州：江苏广陵古籍刻印社，1990年；刘向：《列女传》，沈阳：辽宁教育出版社，第 23 页。

② 陶澍：《陶渊明全集》，上海：上海古籍出版社，2015 年，第 159 页。

国、沂蒙一带历史文化的了解。通过研读史书，得知他所向往的“东方君子之国”“羲皇上人”祖国就是东蒙颛臾风国，虞舜诞生的“桃墟”，凤凰遭回的“蒙汜”和“东蒙客”隐居之处都在颛臾风国，也了解到了颛臾风国的淳朴民风和祭祀习俗。

五、《桃花源记》寓意之文是写凤凰圣地“颛臾风国”

陶渊明对先秦古籍和秦汉、魏晋史书和著作都有研究，而且“每有会意，便欣然忘食”。从陶渊明的兴趣爱好看，其“每有会意”的内容显然就是笔者前文中所论述的内容；从陶渊明自喻“羲皇上人”，自认为是“无怀氏”“葛天氏”之人来看，其所向往的就是凤凰圣地“东方君子之国”“颛臾风国”和凤隐之处“蒙汜之渚”；从陶渊明的思想渊源和政治倾向看，其向往的也是洙泗、沂蒙和琅邪、皋虞之地。因此，陶渊明《桃花源诗并记》寓意之文部分所要表达的就是“羲皇上人”，虞朝五帝的封君之地“东方君子之国”——颛臾风国。

陶渊明所向往的“羲皇上人”的祖国——东方君子之国，也是《列子》中记载的黄帝梦游之处——华胥氏之国，同样也是《梁书》记载的“扶桑国”。

> 《列子·黄帝》：黄帝“即位十有五年，喜天下戴己，养正命，娱耳目，供鼻口，焦然肤色皯黣，昏然五情爽惑。又十有五年，忧天下之不治……昼寝而梦，游于华胥氏之国……其民无嗜欲，自然而已。不知乐生，不知恶死，故无夭殇；不知亲己，不知疏物，故无爱憎；不知背逆，不知向顺，故无利害。都无所爱惜，都无所畏忌……又二十八年，天下大治，几若华胥氏之国。”

“桃花源”故事与儒家、道家的思想都有关联。《老子》中曾提出过“小国寡民”的社会理想：

> 《老子》：小国寡民，使有什伯之器而不用，使民重死而民不远徙，虽有舟舆，无所乘之。虽有甲兵，无所阵之。使人复结绳而用之。甘其食，美其服，安其居，乐其俗，邻国相望，鸡犬之声相闻，民至老死，不相往来。①

① 陈鼓应：《老子今注今译》，北京：商务印书馆，2003年，第345页。

这里描绘的图景，与“桃花源”故事中所描写的“荒路暧交通，鸡犬互鸣吠。俎豆犹古法，衣裳无新制。童孺纵行歌，斑白欢游诣”的理想社会是一致的。这种“小国寡民”社会就是《论语·季氏将伐颛臾》中孔子所言“均无贫，和无寡，安无倾”的颛臾国形象。除了受儒、道影响外，陶渊明还与佛教僧人密切交往，佛教的净土地思想与陶渊明“桃花源”思想有相似之处。笔者认为，“桃花源”的另一种版本就是齐永元年间（公元499年）慧深所描绘的“扶桑国”。

> 《梁书·诸夷列传》：扶桑国者，齐永元年（499年），其国有沙门慧深来至荆州，说云：“扶桑在大汉东二万余里，地在中国之东，其土多扶桑木，故以为名。”扶桑叶似桐，而初生如笋，国人食之，实如梨而赤，绩其皮为布以为衣，亦以为绵。作板屋，无城郭。有文字，以扶桑皮为纸。无兵甲，不攻战。①

“华胥氏之国”显然在“华胥之渚”也即“雷泽”，无论“华胥之渚”还是“雷泽”都在“吴西”，也就是蒙阴“叟虎寨山”以西，显然华胥氏之国即蒙阴颛臾风国。佛教典籍《辩证论》卷四谓《典略》云：“‘黄帝梦游华胥氏之国。’华胥氏者即天竺国也，在佛神游之所。”② 此处所记“天竺国”显然就是慧深所描写的“扶桑国”，“扶桑”和“桑野”都在蒙阴，在“汤谷”以西、“蒙谷”以东，也即颛臾风国所在地。

“扶桑国”故事出自《梁书》，是齐永元年的一个叫慧深的僧人来到荆州讲述的，同时讲述的还有大汉国、文身国和女国。笔者认为，大汉国类似于东夷的“大人国”；文身则是东夷人的文化传统所谓“被发文身”；女国更是与“东方君子之国”的地位相称。“扶桑”出自《山海经》之《大荒东经》和《海外东经》中，其地域也在“大东”，僧人慧深所描绘的扶桑国、大汉国、女国、文身国原型都源自《山海经》，“扶桑国”的社会形态其实就是黄帝所梦的“华胥氏之国”，也就是《山海经》记载的“君子之国”。

笔者推断，僧人慧深是在深入研究中国古籍《山海经》的基础上，曾经到东蒙一带游历、寻访过，蒙阴一带的竺院、如来、住佛、佛峪等诸多与佛教有关的村名、地名及其他佛教文化遗存可能与其有一定关联。还有一种可

---

① 姚思廉：《梁书》，北京：中华书局，1973年，第808页。

② 法琳：《辩证论》，台北：财团法人佛陀教育基金出版社，1990年。

能慧深是庐山“莲社”高僧慧远的徒孙，听闻了当年王弘、陶渊明与“莲社”僧人交往的过程中关于“蒙氏”故乡颛臾风国和扶桑之地的传说，而到荆州寻访“避难秦人”并杜撰了自己曾到过东方“扶桑国”故事。

最早明确记载陶渊明与慧远交往者，为佚名的《莲社高贤传》：“慧远法师与诸贤结莲社，以书招渊明，渊明曰：‘若许饮则往。’许之，遂造焉。”① 根据《出三藏记集》的《慧远法师传》记载，慧远于元兴元年（公元402年）建立庐山百二十三人僧团，鸠摩罗什翻译的《阿弥陀经》也传到庐山，② 于是庐山僧团共同参拜阿弥陀佛：“乃延命同志，息心清信之士百有二十三人，集于庐山之险。”③ 龚斌在《陶渊明与慧远关系之探测》一文中说，慧远在庐山集僧俗十八人，即十八贤立“白莲社”，入社者一百二十三人，外有不入社者三人。著名诗人谢灵运在《庐山慧远法师诔并序》中，高度评价了慧远对推动江南佛教流布做出的重要贡献。实际上，岂止僧徒，江南的名流隐士宗仰慧远，同样是“闻风而悦，四海同归”，陶渊明与慧远交往，不仅是名士与名僧交往的风会所致，可能还与慧远的高尚人品为人宗仰有关。④ 陶渊明、王弘时代的慧远为推动江南佛教流布做出了重要贡献，而慧深讲述“扶桑国”故事的时间不过在其后几十年。显然，慧深极有可能是庐山“白莲社”的僧人，其讲述的“扶桑国”原型可能就是王弘向陶渊明讲述、陶渊明向“白莲社”僧人转述的蒙氏故乡在扶桑之地的传说（详见下文）。

黄帝、列子、颛顼都是道教学派的先祖，陶渊明一生深受儒、道、佛教的影响，陈寅恪在《陶渊明之思想与清谈之关系》一文中说，“故外服儒风之士可以内宗佛理，或潜修道行，其间并无所冲突”，“桃花源记为描写当时坞壁之生活，而加以理想化，非全无根据之文也。……渊明理想中之社会无君臣官长尊卑名分之制度，王介甫桃源行‘虽有父子无君臣’之句深得其旨”。⑤ “梦游华胥”表达了道家思想的内涵，对儒道之间的

① 陶澍：《陶渊明全集》，上海：上海古籍出版社，2015年，第293页。

② 邓小平：《陶渊明与庐山佛教之关系》，《中国文化》，2001年第Z1期。

③ 释僧祐：《出三藏集》，北京：中华书局，1995年，第567－578页。

④ 龚斌：《陶渊明与慧远关系之探测》，《华东师范大学学报》（哲学社会科学版），2000年第04期。

⑤ 陈寅恪：《陶渊明之思想与清谈之关系》，载于陈寅恪：《金明馆丛稿初编》，北京：三联书店，2011年，第219页、227页。

融合发挥了积极的作用。首先，“华胥”成为政治清明、天下太平的代名词。其次，在为人修养上，通过“华胥”或“梦游华胥”来表达对理想人生的追求，不受名缰利锁的束缚，渴望自由，或者闲适恬淡的人生态度。在古代历史文化典籍里，“梦游华胥”呈现出了两种基本面貌：一是幻想和向往华胥氏古国民风淳朴，没有尔虞我诈和礼乐修饰的自然纯朴状态。二是国君无欲无求，使百姓顺其自然地发展，休养生息，以达到天下大治的目的。从《列子·黄帝》所记载的“华胥氏之国”社会形态来看，它所处的时代即《淮南子·俶真训》中所记载的伏羲氏之前的“至德之世”。

综上所述，陈寅恪所言陶渊明《桃花源记》寓意之文部分，即“东方君子之国”“华胥氏之国”“扶桑国”，归根到底是以“颛臾风国”为蓝本，以虞舜故里“桃墟”和“虞渊”之“桃林”为主题构思而成的。

第三节　《桃花源记》纪实之文是写蒙氏遭遇和故乡传说

陶渊明心中要写的“桃花源”既然是东方君子之国颛臾风国，那么为何又要将故事发生地定格在“武陵郡”呢？又为何要将桃花源里的人物和时代设定为“避秦时乱”之人呢？这显然是因为这个故事曾经广泛流传于武陵一带。唐长孺先生在《〈桃花源记旁证〉质疑》一文中就持有这样的观点。

> 《〈桃花源记旁证〉质疑》：武陵是否真有如“记”中所述的“桃花源”，可以不必指实，因为这毕竟是一篇寓意文。但作者说故事发生在“武陵”，假使作者不是完全出于虚构，我们没有理由把它移到北方，假使完全出于虚构，那么东西南北任何一地都可由作者自由指定，没有必要加以考证。我们认为“桃花源”的故事本是南方的一种传说，这种传说晋、宋之间流行于荆湘，陶渊明根据所闻加以理想化，写成了《桃花源记》，但闻之者不止渊明一人。[①]

① 唐长孺：《魏晋南北朝史论丛续编》，北京：中华书局，2011年，第186页。

唐长孺先生强调“桃花源”故事的原型是晋、宋时期流传于荆湘一带的传说，陶渊明是听闻了这个传说之后创作的《桃花源记》和《桃花源诗》。这个传说肯定是源自秦朝，来自北方的避难族群，否则陶渊明不会说桃花源中人“异源”“异俗”“异样”。显然，这种传说非蒙氏家族莫属。荆湘一带是陶氏家族的封地、世居之地，也是陶渊明的出仕任职之地，因此，陶渊明早年完全有条件听闻蒙氏后人对他们故乡的传说。

陶渊明“义熙三年，解印去县”（《赋归去来辞》）自彭泽县令任上辞官归隐江州浔阳。义熙十四年（公元 418 年）琅邪人王弘（秦朝大将王翦第十七代孙，东晋丞相王导曾孙）“迁抚军将军、江州刺史”，元熙元年王弘造访陶渊明，两人初次相识，之后数年间两人常常把酒言欢，醉而归，留有“白衣送酒”的佳话。永初二年（公元 421 年），陶渊明作《于王抚军座送客》一诗，并作《桃花源诗并记》。[①] 笔者据此认为，陶渊明在与王弘的交往中，得知秦二世时蒙氏后人、邑人避难于武陵的历史史实，以及蒙氏故里的风土人情，从而印证了陶渊明早年在武陵听闻的传说，随后以蒙氏后人的传说和蒙氏故里颛臾风国为素材，以虞舜故里之“桃墟”、虞渊之“邓林”（桃林）为题创作了《桃花源诗并记》。笔者认为，此说要比陈寅恪先生所言《桃花源记》纪实之部分乃“义熙十三年春夏间刘裕率师入关时，戴延之等所闻见材料而作成”更加可信。因为从史书记载来看，陶渊明与戴延之有无交集、是否相识无从考证，而陶渊明与王弘的交往则成为史书中的美谈，仅凭此据即可分出孰是孰非，更不用说时间、地点、人物、情景和史实等诸多要素的相互印证。

一、陶氏家族与蒙氏家族经历相似、 志趣相投

蒙氏家族与陶氏家族无论功绩、地位，还是家族传统品德和后世评价都非常相似，而且最后的境况也有相似之处。

蒙氏自蒙骜起，三代为秦将，是秦始皇统一天下、开拓边疆的元勋家族，秦始皇对蒙氏“信任贤之，名为忠信”，对于蒙氏的家族传统和品德，司马迁在《史记》中从多个侧面进行了描写。而就是这样一个“仁、义、

① 陶澍：《陶渊明全集》，上海：上海古籍出版社，第 249 - 264 页。

智、信、勇”五德俱全的显赫家族，却随着统治者的更迭，而遭遇迫害，家人、族人不得不避难武陵。

秦灭亡五百年之后，陶渊明家族也经历了与蒙氏相似的经历。陶渊明曾祖父陶侃是东晋王朝的开国元勋，历任征西大将军、荆州刺史、大司马等职。《晋书》记载，陶侃“以忠臣之节，义无退顾，被坚执锐，身当戎行，将士奋击，莫不用命”“侃性聪敏，勤于吏职，恭而近礼，爱好人伦”“侃在军四十一载，雄毅有权，明悟善决断。自南陵迄于白帝城数千里中，路不拾遗。”① 从中可以看出，陶侃也是凭着高尚的品德和显赫的功绩走向了权力的顶峰，在东晋王朝中“位极人臣”。因此，在其功成名就，主动要求隐退之时，被东晋王朝封为长沙郡公。陶侃去世之后，其后人也都在东晋为官，地位虽然不及陶侃显赫，却世代享有祖先的荣誉，拥有长沙郡封地。

陶渊明非常崇拜曾祖父陶侃，《晋书·隐逸传》载：“陶潜字元亮，大司马侃之曾孙也。祖茂，武昌太守。潜少怀高尚，博学善属文，颖脱不羁，任直自得，为乡邻之所贵。”他在《命子》中说：“在我中晋，业融长沙。桓桓长沙，伊勋伊德。天子畴我，专征南国。功遂辞归，临宠不忒。孰谓斯心，而近可得。”从中可以看出，他可能也确实希望能像曾祖父一样重塑家族的辉煌。但纵观陶渊明的仕途，他担任的官职都不能够发挥他的才能，加之东晋末年时局动荡诡谲，社会黑暗腐败，以陶渊明的性格，“吾不能为五斗米折腰，拳拳事乡里小人邪!”② 最终选择了归隐田园，作《归去来兮辞》。虽然陶渊明未能实现自己的抱负，却因家族荣誉等原因对东晋王朝始终抱有好感。因此，他极其鄙视通过篡位取代东晋的刘裕。加之刘裕即位之后将陶氏世封的长沙郡公降格为醴陵县侯，陶渊明更加厌恶刘宋政权。

陶渊明家族虽然没有因为王朝的更迭受到清洗，却失去了引以为自豪的家族荣誉和封号，因此其对刘宋政权的憎恶不亚于蒙氏后人对秦二世胡亥、赵高之流的憎恨。

从上可以看出，蒙氏家族和陶氏家族都曾有过“位极人臣”的辉煌时期，都曾在荆州湘西拥有封地（中脯王、长沙郡公），也都因为帝王或王

① 《晋书》，北京：中华书局，1974 年，第 1768－1782 页。

② 同①，第 2460－2463 页。

朝的更迭而没落，最后的结局也都是隐居或归隐田园。因此也都在文字上表现出了心中的不满和对抗：陶渊明拒绝在著作中使用刘宋政权的年号，蒙氏后人则有意将秦朝文字反写，也就是水族蒙姓使用的“反书”。由此可以看出，陶渊明既了解蒙氏家族的经历和遭遇，更与蒙氏志趣相投、心灵相通。

二、蒙氏对故乡桃墟的传说流传于湘荆之地

唐长孺说陶渊明所写桃花源的故事本是晋、宋（刘宋）之间流行于荆湘的一种传说，那么这个传说发源于哪里，来源于哪个特殊的族群呢？通过上面的论证，能够确定这个故事就是来自避难于荆湘武陵郡的蒙氏传说。

颛臾风国是羲皇上人的祖国，蒙氏是羲皇风姓的嫡系后裔。自伏羲时代直至战国初期世世代代“守器承祧”，用古老的“俎豆”之法祭祀羲皇太皞，被历代君主帝王视为“社稷之臣”和“椟中龟玉”，备受尊崇和优待。蒙氏家族崇文尚武、“衣冠带剑”，在与外界相对隔绝、有“四塞之崮”之称的蒙山之阴、桃墟之中，过着世外桃源一般恬淡闲适的生活。

秦朝末年，蒙氏族人为了避难不得不离开自己的故乡，南投荆湘隐居武陵，家族由鼎盛突然遭遇灭顶之灾，更让他们怀念在故乡时的生活，这种怀念远远超过其他任何迁徙异地的族群。因此，蒙氏对自己故乡的传说也更加真实、生动，令人向往。蒙氏关于故乡的故事传说成为流传于荆湘一带诸多类似故事传说的原型，这种传说如同洪洞县的移民传说一样世代流传。对于这个故事的梗概，笔者复原于下：

> 我们的故乡在遥远的东方，我们是羲皇太皞风姓的后裔，也是黄帝和颛顼帝的子孙，先人们世代居住在蒙山之阴的颛臾风国，那里四面环山，只能从一座虎山（天吴）下的山口进入。山口里面溪水潺潺，有良田、桑野和种满桃树的丘陵（桃墟），弯弯曲曲的小路纵横交错，农舍掩映在树林之中，家家户户鸡犬相闻，人与人之间和谐相处，互相礼让。先人们在那里祭祀太皞和祖先，受到历代君主的保护和优待，世世代代过着自给自足、恬淡闲适的生活。到了战国时期，我们居住的地方被外国占领，先人们到了秦国建功立业，立下了赫赫

战功，以忠信著称。秦二世时先祖遭遇迫害，家人和族人来到这里避难，从此与世隔绝。

湘西一带地处山区丘陵之中，秦代以前人烟稀少，直到二百多年之后的东汉时期，整个武陵郡也不过二十五万人。① 由此可见，从秦始皇二十五年起，蒙武等率领的五十万秦军就在此屯田驻守，备战南越，在秦始皇民族融合政策的鼓励下，驻军与当地民族融合，为秦二世时蒙氏避难打下了一定的社会基础。蒙氏家人、族人、邑人悉数南逃避难、避乱之后，与先前这些戍役未归的秦人一起，形成了一个特殊的移民群体，从根本上改变了湘西地区的族群结构。蒙氏更是成了当地一个特殊的、有影响的群体。这个群体最初主要隐居在荆湘之地的武陵郡、长沙国，后来随着与当地少数民族的融合，又形成了很多分支，具有了不同的民族身份。蒙氏对故乡的怀念和传说世代相传，以这个传说为原型衍生出了不同版本，武陵夷传说就是其中的一种。这些大同小异的故事传说随着以蒙氏为主体的移民族群的对外融合和向外迁徙，广泛流传于荆湘一带，唐宋以后又向南扩散至桂、黔、滇等地。

从蒙氏族谱的记载来看，从秦末到隋唐这段时间，蒙姓关于自己的来历只是以口耳相传的形式流传下来，即使在武陵郡治所在地溆浦也没有关于蒙氏的记载，只遗留下诸多“思蒙”的地名。从广西、贵州等地的族谱记载来看，他们的祖先大多是唐、宋时期从湘西武陵、长沙迁徙而来。虽然从秦末到隋唐七八百年时间里没有文字记载，但他们都知道自己姓氏发源于山东蒙阴，他们的祖先是蒙恬、蒙毅。这进一步说明，秦末的那场无端大难，对蒙姓族人造成了极大的心理恐惧，以至于整个蒙姓族人、邑人全部南逃避难，并在几百年的时间里严格遵照祖先的嘱咐，低调行事，隐居耕读。也正因为如此，蒙氏关于故乡的传说也披上了一层神秘的面纱，随着时间的推移，在口耳相传之中演化成更加神奇的“盘瓠”故事，经过数百年时间类似的故事广泛流传于荆湘一带。

三、陶渊明早年在湘荆一带听闻了蒙氏之传说

唐子孺所言的桃源故事的流传地“荆湘”实际上就是指湘西荆州，武

① 《后汉书》，北京：中华书局，1965 年，第 3484 页。

陵郡、长沙国均在其中。荆州是陶氏家族的发迹地、封地，也是陶渊明出仕任职之地。

陶侃建功立业于荆州，任荆州刺史、征西大将军，辞官归隐后被封为长沙郡公。据龙兴武《〈桃花源记〉与武陵苗族》一文中考证，陶侃家族有可能有武陵夷（五溪蛮）的血统，曾被朝中对立人物污蔑为“溪狗”，据此认为陶侃的祖先与武陵苗族有关，桃花源中人是武陵苗族[①]，可见陶渊明家族与武陵郡有着很深的渊源关系。陶渊明虽非陶侃的嫡系后裔，但仍然与世居长沙的陶氏嫡系在五服之内，必然有交往和联系。陶渊明在《赠长沙公并序》中记载了他与长沙公相遇相别、以诗相赠的情况。

> 《赠长沙公并序》：长沙公于余为族，祖同出大司马，昭穆既远，以为路人。经过浔阳，临别赠此。[②]

长沙公，指陶延寿，是陶侃的玄孙，陶渊明是陶侃的曾孙，因此称其祖都是大司马陶侃。此序的意思是：“我与长沙公是同一宗族，都是大司马陶侃的后裔，由于世次相隔已远，彼此也互不相识。这一次路过浔阳而得以相会，临别之际，以此诗相赠。”从这里可以看出，陶渊明与祖地长沙国的旁系亲属还是有交集的。

除了因为陶氏家族世封荆州长沙郡之外，陶渊明曾在荆州州治“江陵”任职多年，武陵和长沙均在荆州辖区之内，江陵又距离原武陵郡治溆浦县不远，因此能够更加直接、全面地了解荆州治下的武陵郡的风土人情。陶渊明的这段经历体现在他的作品之中。

> 《辛丑岁七月赴假还江陵夜行涂口》：如何舍此去，遥遥至南荆！[③]

陶渊明此诗作于辛丑岁七月，即指晋安帝隆安五年（公元401年）七月。赴假，即销假返还。江陵，即今湖北省江陵县，东晋时期的荆州府所在地，是荆州刺史桓玄的驻所，当时陶渊明在桓玄幕府里供职。由此可见，陶渊明至迟在公元401年七月前就已经在荆州江陵任职。陶渊明在荆州江陵任职的经历还可以从下列诗作中得到印证。

程氏妹是陶渊明同父异母的妹妹，九岁丧母而由陶渊明的生母抚养，

---

① 龙兴武：《〈桃花源记〉与武陵苗族》，《学术月刊》，2000年第06期。

② 陶澍：《陶渊明全集》，上海：上海古籍出版社，2015年，第6页。

③ 同②，第61页。

陶渊明与程氏妹感情至深，陶渊明诗中多次提到过她。

《祭程氏妹文》：维晋义熙三年五月甲辰，程氏妹服制再周。……昔在江陵，重罹天罚。[①]

《归去来兮辞》：寻程氏妹丧于武昌，情在骏奔，自免去职。[②]

程氏妹是陶渊明同父异母的妹妹，九岁丧母而由陶渊明的生母抚养，陶渊明与程氏妹感情至深，陶渊明诗中多次提到过她。陶渊明《归去来兮辞》中的意思是说：程氏妹在武昌亡故，心里急着立刻奔赴，于是自动辞职。如此看来，陶渊明自公元401年就已经在江陵任职，到程氏妹在公元405年去世时自动辞职，大约在江陵供职的时间有四五年之久。再者武昌在荆州境内，与陶渊明感情深厚的程氏妹亡故在武昌，说明其出嫁于武昌。因此，陶渊明不但有大量的旁系宗亲世封之地在长沙，还有很多的姻亲也在荆州武汉一带。

关于陶渊明在江陵任职的始末，在陶澍集注《靖节先生年谱考异上》上记载得很清楚：

“隆安三年己亥三十五岁。澍按：始作镇军参军当在是年。说具后。

隆安四年庚子三十六岁。王《谱》：君年三十六岁。五月有《从都还阻风于规林》诗，当是参镇军，衔命自京都上江陵，故在《始作镇军参军经曲阿》诗后。

隆安五年辛丑三十七岁。王《谱》：今岁七月还江陵，有《赴假还江陵夜行涂口》诗。……《祭妹文》云：“昔在江陵，重罹天罚。触事未远，书疏犹存。”当是妹自武昌报江陵，时父在柴桑。

元兴二年癸卯三十九岁。王《谱》：君年三十九，正月，有《始春还古田舍》诗。当是自江陵归柴桑……

义熙元年乙巳四十一岁。王《谱》：君年四十一岁。有《为建威参军使都经钱溪》诗，当是故岁自都还里即吉，庚子始事镇军，继事建威，中经罹忧，至是得六年，复衔命至都，其家尚未归柴桑。[③]

---

① 陶澍：《陶渊明全集》，上海：上海古籍出版社，2015年，第161页。
② 同①，第137页。
③ 同①，第235－245页。

从上面几段引文中可以推算出，陶渊明自隆安三年（公元 399 年）35 岁起，至义熙元年（公元 405 年）41 岁，共六年的时间都在荆州州府江陵任职。这六年里，陶渊明作为荆州刺史幕僚，必然要接触到很多来自武陵郡的官员和士卒，也必然会因为公务去武陵郡。唐子孺先生在《〈桃花源记旁证〉质疑》一文中说："我们知道，陶渊明是曾在江陵住过一段时间的，他有《辛丑岁七月赴假还江陵，夜行涂口》（辛丑即晋隆安二年，公元 398 年）的诗题，其祭程氏妹文亦云：'昔在江陵，重罹天罚'，皆可为证。……江陵距武陵不远，我们可以推想陶刘（刘子骥）都在江陵听到这个故事。"①

荆州是蒙氏南逃避难的目的地，荆州武陵郡是蒙氏隐居的聚集地，荆州长沙国善化县是蒙氏复兴入桂的重要出发地。陶渊明家族世封之地在荆州长沙国，其妹也嫁于荆州，其任职之地也在荆州州府江陵，因此，陶渊明对于荆州所属武陵郡的风土人情十分熟悉，必然听闻了蒙氏后人避秦时乱（难）而隐居武陵的传说。

四、陶渊明听闻王弘讲述蒙氏避难武陵之史实

陶渊明在荆州任职大约在隆安三年（公元 399 年）至义熙元年（公元 405 年）之间，也就是陶渊明 35 岁到 41 岁期间听闻蒙氏传说的可能性最大，但是为什么蒙氏传说没有成为这个时期陶渊明笔下的主题呢？究其原因，笔者认为有两个方面：一是这个时期还是陶渊明出仕的阶段，这个传说没有激发起陶渊明创作的灵感；二是陶渊明听闻的这个传说太过模糊，他不知道这个传说的来龙去脉，更不知道这个传说蕴含着令人唏嘘的历史史实。陶渊明归隐之后，在与琅邪名士王弘的密切交往过程中，听王弘讲述了蒙氏避难于武陵的历史史实和蒙氏故乡琅邪蒙阴的情形，从而印证了其早年听闻的武陵避难秦人传说的真实性，由此激发了其创作《桃花源诗并记》的欲望。

天意人事，秦始皇时期虽然与陶渊明所处的时代相距五百多年，却有着诸多的巧合。前文中引《晋书》记载，秦始皇之后五百年"金陵有天子

---

① 唐长孺：《魏晋南北朝史论丛续编·魏晋南北朝史论拾遗》，北京：中华书局，2011 年，第 190－191 页。

气”，此帝王之兆起源于“东莞”，徙于琅邪，被琅邪王司马睿实现。另一个“天意人事”的巧合是陶渊明在与王弘的交往中得知了蒙氏避秦时乱隐居武陵的历史史实。王弘就是与蒙武一起伐楚的秦国大将王翦的后裔，琅邪王氏之祖先王元即王翦之曾孙，王元也是因避秦乱而迁徙至琅邪“皋虞”之地。如此辗转，五百年后竟然交集在了一起，不得不说是一种天意。

（一）王弘的祖先是秦朝大将王翦

关于琅邪王氏的渊源，宋代文史大家欧阳修在《新唐书·宰相世系二中》记载得很清楚。

> 《新唐书·宰相世系二中》：王氏出自姬姓，周灵王太子晋以直谏废为庶人，其子宗敬为司徒，时人号曰“王家”，因以为氏。八世孙错，为魏将军。生贲，为中大夫。贲生渝，为上将军。渝生息，为司寇。息生恢，封伊阳君。生元，元生颐，皆为中大夫召，不就。生翦，秦大将军。生贲，字典，武陵侯。生离，字明，武城侯。二子：元、威。元避秦乱，迁于琅邪，后迁临沂。四世孙吉，字子阳，汉谏大夫，始家皋虞，后徙临沂都乡南仁里。生遵，字伯业，后汉中大夫、义乡侯。生二子：旹、音。音字少玄，大将军掾。四子：谊、叡、典、融。融字巨伟。二子：祥、览。……五子：弘、虞……[1]

郑樵在《通志·氏族略第四》也有类似的论点：“王氏，天子之裔也。所出不一，有姬姓之王，有妫姓之王，有子姓之王，有虏姓之王。若琅邪、太原之王，则曰：周灵王太子晋，以直谏废为庶人，其子宗敬为司徒，时人号曰‘王家’。”

> 《汉书·王吉传》：王吉字子阳，琅邪皋虞人也。少时好学明经，以郡吏举孝廉为郎，补若卢右丞，迁云阳令。……起家复为益州刺史，病去官，复征为博士谏大夫。……吉遂谢病归琅邪。[2]
>
> 《晋书·王祥传》：王祥字休徵，琅邪临沂人，汉谏议大夫王吉之后也。[3]

---

① 《新唐书》，北京：中华书局，1975年，第2601－2602页。

② 《汉书》，北京：中华书局，2007年，第716－718页。

③ 《晋书》，北京：中华书局，1974年，第987页。

从上面古籍中看，琅邪王氏远祖为姬姓，有据可查的祖先即司马迁在《史记》中记载的秦国大将王翦。

> 《史记·白起王翦列传》：王翦者，频阳东乡人也。少而好兵，事秦始皇。……秦始皇二十六年，尽并天下，王氏、蒙氏功为多，名施于后世。秦二世时，王翦及其子贲皆已死，而又灭蒙氏。陈胜之反秦，秦使王翦之孙王离击赵，围赵王及张耳钜鹿城。或曰："王离，秦之名将也。今将强秦之兵，攻新造之赵，举之必矣。"客曰："不然。夫为将三世者必败。必败者何也？必其所杀伐多矣，其后受其不祥。今王离已三世将矣。"居无何，项羽救赵，果虏王离，王离军遂降诸侯。①
>
> 《史记·蒙恬列传》：蒙恬者，其先齐人也。恬大父蒙骜，自齐事秦昭王，官至上卿。……秦始皇二十三年，蒙武为裨将军，与王翦攻楚，大破之，杀项燕。②
>
> 《史记·李斯列传》：将军恬与扶苏居外，不匡正，宜知其谋。为人臣不忠，其赐死，以兵属裨将王离。③

从上述引文中可以看出，王氏与蒙氏家族是秦始皇统一天下的两大功勋家族。而且王氏、蒙氏属于世交，在战场上相互配合，互为主、副将，结下了深厚的友谊。施丁在《谈谈"章邯军"与"王离军"》一文中说，"王氏与蒙氏在兴秦立国中都有大功，蒙恬统帅边防大军，王离为副，想来两人关系不错。蒙恬被害，王离未曾遭殃，而且得掌边防军大权，但他仍难免兔死狐悲之感。"④ 笔者认为，在蒙氏遇害之后，蒙氏家人、族人及军中的亲信得到了王离的帮助，得以成功逃离，潜往湘西"新武陵"投奔王翦、蒙武的旧部。与此同时，王离也清醒地认识到，随着赵高、胡亥等人对秦始皇皇亲与旧臣的清洗和迫害，蒙氏家族的遭遇迟早会落到自己的头上。加之，秦末天下大乱，秦王朝岌岌可危，以王离为首的王氏家族也制定了避秦乱的计划，一旦危险降临，便立刻行动。而对王氏家族而言，

---

① 《史记》，北京：中华书局，2006年，第453－454页。

② 同①，第531页。

③ 同①，第525页。

④ 施丁：《谈谈"章邯军"与"王离军"》，《史学月刊》，2001年第03期。

陕甘一带虽然是自己的故乡，却无法躲避面临的迫害或战乱，因此选择前往蒙氏的故乡避难不失为上佳方案。而且王贲、王离在随秦始皇东巡时多次到过琅邪，对那里的风土人情比较了解。

《史记·秦始皇本纪》：二十八年，始皇东行郡县，上邹峄山。立石，与鲁诸儒生议，刻石颂秦德，议封禅望祭山川之事。乃遂上泰山，……禅梁父。……南登琅邪，大乐之，留三月。乃徙黔首三万户琅邪台下，复十二岁。作琅邪台，立石刻，颂秦德，明得意。曰：……列侯武城侯王离、列侯通武侯王贲……。始皇还，过彭城，斋戒祷祠，欲出周鼎泗水。①

从《史记》的上述记载来看，秦始皇此次东巡王离、王贲皆同行，从经过的地点看，其路线是邹峄山——泰山——梁父——蒙阴——琅邪，返回的路线是琅邪——蒙阴——泗水——彭城（徐州）。据王瑞功在《古史传说中的沂蒙》一文中说，据《汉书·郊祀志》记载："始皇遂东游海上，行礼祠名山川及八神，……四曰阴主，祠三山……"② 王瑞功认为，秦嬴的祖先起源于山东，秦始皇统一天下后，多次到山东一带巡狩，原因之一是对祖先的凭吊。秦始皇祠"阴主"于"三山'，即蒙阴虎头崖（虞）之下的"三山"。笔者认为王瑞功此言是极有可能的，"虞"是秦始皇先祖伯益"主虞"驯鸟兽之封地，"三山"为玄鸟、凤凰的出处——"玄丘""玄丹之山"，是"秦之先，颛顼之苗裔孙曰女修。女修织，玄鸟陨卵，女修吞之，生子大业"之处。因此，秦始皇祠"阴主"于此。

综上所述，王离、王贲随秦始皇来过蒙阴，对于蒙阴颛臾风国的历史地位、作用和风土人情是了解的。颛臾风国既是秦始皇的祖地，也是蒙氏的祖地，因此，是王氏家族避难的最佳选择。

（二）王离之子王元"迁于琅邪、始家皋虞"之处在蒙阴

王离之子王元"迁于琅邪、始家皋虞"，笔者认为"皋虞"即在蒙阴蒙氏故里的虎头崖下。毫无疑问"虞"即秦嬴先祖伯益"主虞"之"虞"，也即蒙阴虎头崖，那么"虞"为何又称皋虞呢？这就需要从"伯益"与

---

① 《史记》，北京：中华书局，2006 年，第 44 - 45 页。

② 王瑞功：《古史传说中的沂蒙》，《临沂师范学院学报》，2001 年第 03 期。

“皋陶”的关系和“皋陶”的地望上进行深入的论证。

李修松在《涂山汇考》一文中说，皋陶与禹共辅虞舜，伯益是皋陶之子，皋陶涂山氏的故乡在今山东，涂山又称会稽山。而其最初所崇拜的神山即今山东之蒙山或茅山（苗山），也就是最初的会稽山或涂山。[①] 杨向奎先生在《夏民族起源于东方考》一文中认为，山东之蒙山（在蒙阴县南，接费县界）即最初之会稽山或涂山。[②] 陕西师范大学历史系教授何清谷在《秦人传说时代的探讨》一文中认为，秦嬴秦族起于山东大汶河沿岸的“嬴”地，秦人起源于东方。在伯益手里，秦人在东方拥有大片封土。伯益因功，“舜赐姓嬴氏”的同时，还分封给土地。[③] 据周孝王说：“昔伯翳为舜主畜，畜多息，故有土，赐姓嬴。”伯益的最初封地叫嬴。《路史·少昊纪》云：伯益“始食于嬴”。当时秦人的活动大抵在泰山以东，大汶河两岸。这一带大汶口文化晚期的某些遗存，可能与伯益时期的秦人活动有关。

从上面学者的论述看，皋陶、伯益的封地在泰山以东、汶河两岸的“嬴”和“费”，其崇拜的神山是蒙山。前已论述，伯益“主虞”驯鸟兽之地，是指蒙山之阴、汶河之源，“嬴”和“费”之间的蒙阴“虎头崖”。由此可见，蒙阴之“虞”是皋陶地望的中心，笔者认为皋陶之“皋”即源自其封地。

范三畏在《伏羲虎图腾与中国文化》中论证了伏羲太皞即为“驺虞”“驺吾”，“皋”即为虎。[④] 显然与祭祀太皞的颛臾风国之“虞”有关。考古与文字学家们通过对大汶口文化遗址出土的陶文刻符的研究，认为“皞”和“皋”源自陶文刻符“日月山”。田昌伍认为这一符号“明显地是一个氏族部落标志，完整地作日月山，山上有明月，月上有太阳，其意应是太皞和少皞之皞字”，他进一步指出，“在古代传说中，除金、木、水、土诸神外，唯有夷人有日月神”。[⑤] 饶宗颐也认为这是太皞和少皞族的族徽。[⑥] 王树明认为，这个符号上面的圆圈无疑表示太阳，是“依山头纪历的图画文字”[⑦]。

---

① 李修松：《涂山汇考》，《中国史研究》，1999 年第 02 期。

② 杨向奎：《夏民族起源于东方考》，《禹贡》，1937 年第 06、07 合刊。

③ 何清谷：《秦人传说时代的探讨》，《陕西师大学报》（哲学社会科学版），1991 年第 04 期。

④ 范三畏：《伏羲虎图腾与中国文化》，《天水师范学院学报》，2008 年第 01 期。

⑤ 田昌五：《古代社会断代新论》，北京：人民出版社，1982 年，第 53－54 页。

⑥ 饶宗颐：《中国古代东方鸟俗的传说——兼论大皞少皞》，载于《中国神话与传说学术研讨会论文集》上册，台北：汉学研究中心，1996 年。

⑦ 王树明：《谈陵阳河与大朱村出土的陶尊“文字”》，《山东史前文化论文集》，济南：齐鲁书社，1986 年，第 249－308 页。

徐凤先在《从大汶口符号文字和陶寺观象台探寻中国天文学起源的传说时代》一文中，从天文学的角度对这一刻画符号文字进行了研究，将学者们的观点进行了归纳，并梳理出了这一文字符号的演化过程（见图 4－1）。徐凤先认为这个符号既表示天象，也是“昊”即“皞”字，是东夷部落的族徽，大汶口文化是太皞和少皞文化，大汶口文化的符号既是对日出山头的描绘，也是太皞或少皞本人之名和其部族的族徽。

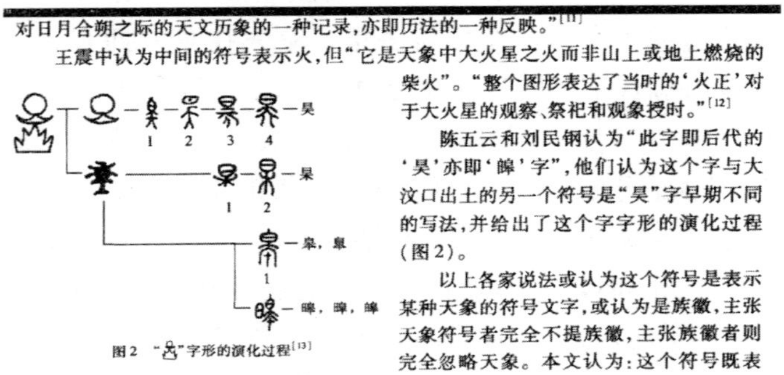
对日月合朔之际的天文历象的一种记录，亦即历法的一种反映。”[11]

王震中认为中间的符号表示火，但“它是天象中大火星之火而非山上或地上燃烧的柴火”。“整个图形表达了当时的‘火正’对于大火星的观察、祭祀和观象授时。”[12]

陈五云和刘民钢认为“此字即后代的‘昊’亦即‘皞’字”，他们认为这个字与大汶口出土的另一个符号是“昊”字早期不同的写法，并给出了这个字字形的演化过程（图 2）。

以上各家说法或认为这个符号是表示某种天象的符号文字，或认为是族徽，主张天象符号者完全不提族徽，主张族徽者则完全忽略天象。本文认为：这个符号既表

图 2 “𪱃”字形的演化过程[13]

图 4－1 “昊”字演化过程

顾颉刚先生在《鸟夷族的图腾崇拜及其氏族集团的兴亡》一文中说，东方民族有崇拜太阳的传统文化，太皞、少皞都是介乎神与人之间的人物。① 他说，蒙山位于蒙阴西南四十里，蒙山广大，有高峰数处，是济水流域的大山。颛臾国在蒙山下，祭祀祖先神太皞。太皞和少皞，单就名号上看，已可决定他们有朴素依存的关系。少皞既因凤鸟至而以鸟名官，太皞一族又以凤为姓，可见他们两位同在鸟夷之中。少皞都于曲阜，颛臾在今费县西北 70 里，据此，顾颉刚先生认为，太皞、少皞的活动中心在古济水之南和沂蒙山区一带。

笔者认为，大汶口文化遗址中出土的既表示天象，也是“皞”“皋”字的陶文刻符，其下部用于观测太阳的“群山”即顾颉刚先生所说的“有高峰数座，俗以在东者为东蒙，中央者为云蒙，在西北为龟蒙，其实一山”之蒙山。蒙阴蒙山下的颛臾风国即刘宗迪所言的“蕞尔小国”，也是他所言的颛项作为诸“国”之祖。②

---

① 顾颉刚：《鸟夷族的图腾崇拜及其氏族集团的兴亡》，《史前研究》，2000 年第 00 期。

② 刘宗迪：《失落的天书：〈山海经〉与古代华夏世界观》，北京：商务印书馆，2016 年，第 423 页。

综上所述，蒙阴颛臾风国是太皞、少皞的活动中心，也是颛顼和虞舜的故里，是名副其实的“君子之国”。秦之先伯益是颛顼的后裔，伯益是皋陶之子，颛臾风国之“虞”地是皋陶和伯益的封地。“皋”“皞”源自大汶口文化的陶文刻符“日月山”，“日月山”即蒙山。另外，“皋”“皞”还与蒙山之阴的叟虎寨山（驺虞）有关，“皋”和“虞”皆出自蒙阴。由此可见，《新唐书》所言王离之子王元“避秦乱，迁于琅邪，始家皋虞”，“皋虞”之地始源于蒙阴。

《汉书》：王吉字子阳，琅邪皋虞人也。[①]

《汉书·地理志》：琅邪郡，秦置。……皋虞，侯国。莽曰盈庐。[②]

《晋书·地理志》：琅邪国秦置郡。统县九，户二万九千五百。开阳侯相。临沂、阳都、缯、即丘、华、费鲁季氏邑。东安、蒙阴山在西南。[③]

虽然有后人注释《汉书·地理志》所记载的“皋虞”侯国在即墨，但从秦朝时期的地图看，即墨本来不在琅邪郡地域之内。从《新唐书》王翦曾孙王元“避秦乱，迁于琅邪，后徙临沂，四世孙吉，……始家皋虞，后徙临沂都乡南仁里”[④] 的记载来看，王元的四世孙王吉必然生在临沂，一开始家地皋虞，后来迁徙到临沂都乡南仁里。显然，皋虞之地即在临沂境内，而且在临沂北部蒙阴一带无疑。

据笔者考证“天虞”“天吴”“昆吾”即“昆仑之丘”，也即蒙阴“叟虎寨山”。后来随着大汶口人及大汶口文化的向外扩散，如王献唐先生所言“族迁名随”，蒙山之名散布到全国各地。而蒙山之阴、颛臾风国的标志性山体“叟虎寨山”的各种称号也散布开来，如陕西宝鸡之“吴山”，江南之“吴”地，西南地区“大种曰昆，小种曰叟”及“昆明”之名，均为“族迁名随”的结果，当然，后来的即墨之“皋虞”也不例外。

王氏和蒙氏祖孙三代均为秦将，在南征北战中互为主、裨将，配合默契取得了赫赫战功，因此司马迁说秦始皇“尽并天下，王氏、蒙氏功为

① 《汉书》，北京：中华书局，2007年，第716页。

② 同①，第292页。

③ 《晋书》，北京：中华书局，1974年，第452页。

④ 《新唐书》，北京：中华书局，1975年，第2601页。

多”。由此可见，王氏与蒙氏相互依存、休戚与共，遭遇危难之时必然也会相互照顾。因此，笔者认为，蒙氏南逃避难武陵是因为武陵郡有王翦和蒙武旧部做掩护。同样，王氏之所以千里迢迢来到蒙氏故里、琅邪皋虞之地避乱，也是为了寻找相对安全的自然和社会环境。

（三）陶渊明听闻王弘讲述蒙氏避武陵之史实

前文中已经论及陶渊明是陶侃的曾孙，而王弘则是王导的曾孙，陶侃与王导都是东晋王朝的开国元勋，同为东晋元帝、明帝、成帝依仗的重臣良将，在几十年共事的过程中不仅没有冲突，而且在朝廷危难之时相互支持、坦诚相待、肝胆相照，共辅幼主。从下面列举的这一事例中可以得到佐证。

据《资治通鉴》记载，“江州刺史刘胤矜豪日甚，殖财百万，纵酒耽乐，不恤政事”，其手下将领郭默因与之不合而将其杀死，将其首级送到建康。司徒王导因为郭默骁勇，难以控制，便任郭默为江州刺史。太尉陶侃听说此事，拂袖而起说：“此必有诈”随即要率兵征讨郭默。

> 《资治通鉴》：侃厉声曰：“国家年幼，诏令不出胸怀。刘胤为朝廷所礼，虽方任非才，何缘猥加极刑！郭默恃勇，所在贪暴……”发使上表言状，且与导书曰：“郭默杀方州即用为方州，害宰相便为宰相乎?”导乃收胤首，答侃书曰：“默据上流之势，加有船舰成资，故包含隐忍，使有其地，朝廷得以潜严；俟足下军到，风发相赴，岂非遵养时晦以定大事者邪!”侃笑曰：“是乃遵养时贼也!”[①]

从这一事例之中可以看出，王导在朝中主政，陶侃在外领兵，遇到危难之时能够互通信息，相互依靠，极为默契。由此可见，陶氏与王氏既是世交，又为契友。正因如此，才使得身居江州刺史要职的王弘与隐居田园的陶渊明成为志同道合的朋友，留下了王弘“白衣送酒”，为陶渊明“度足置履”的美谈。

据琅邪王氏族谱和前文引用的《新唐书》等典籍记载，王离之子王元，避祸迁山东琅邪，是为“王氏琅邪祖”。琅邪王氏自王元四世王吉始，人才济济，日益兴盛。西晋末年，琅邪王氏后人王导（公元 276—339 年）

① 《资治通鉴》，北京：改革出版社，1995 年，第 1890 - 1891 页。

为司马睿献策移镇建康，辅佐司马睿称帝，为扶助帝业，举家南渡，相东晋元帝于金陵，经历元、明、成三帝，皆任丞相，是为“王氏金陵祖”。时人称为“江左夷吾”，盛于江左，世称望族，与谢安一门，号称“乌衣巷世家”。①

《晋书·王祥传》：王祥字休徵，琅邪临沂人，汉谏议大夫王吉之后也。②

《晋书·王导传》：王导，子悦、恬、洽、协、劭、荟，洽子珣、珉，劭子谧。……珣五子弘、虞、柳、孺、昙首，宋世并有高名。③

《宋书·王弘传》：王弘，字休元，琅邪临沂人也。曾祖导，晋丞相。祖洽，中领军。父珣，司徒。……④

根据前面的引文，可以厘清王弘的家世：王翦（秦朝大将，与蒙武一起伐楚）——王贲（秦朝将军）——王离（蒙恬之裨将）——王元（王离之子，元避秦乱，迁于琅邪）——王吉（王元四世孙，汉谏大夫，始家皋虞，后徙临沂都乡南仁里）——王遵（后汉中大夫、义乡侯）——王音——王融——王祥、王览——王导（王览之孙）——王洽——王珣——王弘。⑤

经过以上梳理，得知自秦朝王翦到东晋王弘已经有第十七代孙，按照每三十年为一代计算，正好大约五百余年。对于人类记忆而言“五百年”是一个重要的时间节点，故有“五百年前是一家”“五百年一轮回”之说。也就是说，发生于五百年前的蒙氏避难、王氏避乱的故事，在其各自的族群中口耳相传、世代流传，到王弘这一代时仍然不失其历史原貌。笔者认为，陶渊明与王弘交往密切、无话不谈，各自家乡的风土人情和祖先的历史故事必然是其谈笑中的重要话题，从而使得陶渊明熟知了王弘的祖籍所在和历史渊源，并从中得知了蒙氏避难武陵的历史史实和琅邪蒙氏故乡的风土人情。

陶渊明通过《史记》熟知王氏、蒙氏的伐楚经历和历史功绩，又通过王弘的讲述，获知了秦二世时琅邪籍蒙氏家族南逃武陵避难的历史史实，

① 田立勤：《论太原王氏文化》，《文物世界》，2014年第01期。

② 《晋书》，北京：中华书局，1974年，第987页。

③ 同②，第1745－1757页。

④ 《宋书》，北京：中华书局，1975年，第1311－1312页。

⑤ 《新唐书》，北京：中华书局，1975年，第2601－2602页。

从不同的侧面证实了武陵传说的真实性。蒙氏家族在秦始皇时期的地位与陶渊明家族在东晋时期的地位相当，蒙氏家族在秦二世时隐居武陵与陶渊明在刘宋时期归隐浔阳也有相似之处，因此产生了感情的共鸣，从而激发了创作的欲望。发生于五百年前的历史事件，竟然在五百年后由王弘之口传入陶渊明之耳，成为陶渊明笔下“奇踪隐五百，一朝敞神界。淳薄既异源，旋复还幽蔽”的故事，不得不说是一种天意。

（四）陶渊明初识王弘之后创作《桃花源诗并记》

陶渊明在与王弘交往的过程中听闻了蒙氏避难武陵的历史故事，从而证实了早年在武陵一带听闻的避难秦人的传说，随后创作了《桃花源诗并记》，从时间关系上看也是站得住脚的。陶澍《靖节先生年谱考异下》[①] 记载了陶渊明归隐之后的经历，据此对陶渊明归隐时间，以及与王弘相识之后《桃花源诗并记》面世的时间脉络加以梳理。

义熙二年丙午，四十二岁。

吴《谱》：“有《归田园居》诗五首。其诗盖自彭泽归明年所作也。”

义熙十三年丁巳，五十三岁。

吴《谱》：“有《赠羊长史》诗。长史松龄，晋史本传谓与先生周旋者。是岁刘裕平关中，松龄以左军长史衔使秦川，……当桓、刘之世，先生不出世如避秦也。”

义熙十四年戊午，五十四岁。

王《谱》：“君年五十四。召为著作佐郎，不应。是岁宋公为相国。”

澍按：“何孟春于《岁暮和张常侍》诗注，引刘坦之曰：‘晋史：义熙十四年十二月，宋公刘裕幽安帝于东堂，而立恭帝。’”

恭帝元熙元年己未，五十五岁。

王《谱》：“君年五十五。王休元为江州，自造不得见，遣其故人庞通之等赍酒，于半道栗里要之，即引酌野亭。休元出与相闻，极欢终日。尝九日把菊无酒，休元饷之。”

吴《谱》：“是岁王弘为江州刺史。”

① 陶澍：《陶渊明全集》，上海：上海古籍出版社，2015 年，第 250 - 265 页。

澍按："休元，王弘字。《宋书》：'义熙十四年，王弘迁抚军将军、江州刺史。'……弘领江州最久，至宋文帝元嘉三年，始以司徒、中书征入朝，代其任者为檀道济。……然集中又有《王抚军座关客》诗，抚军即休元，事在宋武帝永初二年……"

元熙二年庚申，五十六岁，是年宋武帝践阼，改元永初。

王《谱》："君年五十六。"

吴《谱》："夏六月，晋禅于宋。宋高祖改元永初。"

澍按："晋标年号，宋题甲子，著于沈约《宋书》。"六月，宋降五公封爵，长沙公降封醴陵县侯。

永初二年辛酉，五十七岁。

吴《谱》："有《游斜川》诗并序。先生是年五十七岁。"

澍按：李公焕《于王抚军座送客》诗注曰："按《年谱》，此诗永初二年辛酉秋作也。《宋书》：王弘为抚军将军、江州刺史。庾登之为西阳太守，被征还。谢瞻为豫章太守，将赴郡。王弘送至湓口，三人于此赋诗叙别。是必休元要靖节与席饯行，故《文选》载入瞻即席赋别诗，首章纪坐间四人。"

从上面引文中可以看出，陶渊明于义熙元年（公元405年）四十一岁时彭泽县令任上归隐，次年作《归田园居》诗五首。义熙十四年（公元418年）刘裕立恭帝。恭帝元熙元年（公元419年）五十五岁时与王弘交往，极欢终日。元熙二年（公元420年）五十六岁时，刘裕代晋，改年号永初，降长沙公为醴陵县侯。永初二年（公元421年）五十七岁时，作《游斜川》诗并序，又作《于王抚军座送客》诗，王抚军即王弘。

《于王抚军座送客》：秋日凄且厉，百卉具已腓。爰以履霜节，登高饯将归。寒气冒山泽，游云倏无依。洲渚四缅邈，风水互乖违。瞻夕欣良宴，离筵聿云悲。晨鸟暮来还，悬车敛余晖。逝止判殊路，旋驾怅迟迟。目送回舟远，情随万化移。[1]

此诗是王弘送别庾登之、谢瞻赴任时，陶渊明受邀与席而作，说明王弘与陶渊明交往甚密，私交很深，是朋友聚会不可或缺的成员，必然有足

① 陶澍：《陶渊明全集》，上海：上海古籍出版社，2015年，第44－45页。

够的时间了解对方的家世和历史。据学者考证，《桃花源诗并记》亦创作于认识王弘并与之密切交往两年后，与《于王抚军座送客》创作于同一年。

宋洪迈《容斋随笔》曰："然窃意桃源之事，以避秦为言，至云'无论魏晋'，乃寓意于刘裕，托之于秦借以为喻耳。近时胡宏仁仲诗云：'靖节先生绝世人，奈何记伪不考真。先生高步窘末代，雅志不肯为秦民。故作斯文写幽意，要似寰海离风尘。'其说得之矣。"① "永初"是刘裕代晋之后的年号，洪迈及胡宏仁以上所言的意思就是说陶渊明创作《桃花源记》避秦之人比喻自己避宋，也就是说《桃花源记》创作于刘裕代晋之后。

袁行霈在《陶渊明年谱汇考》一文中引赖义辉《陶渊明生平事迹及其岁数新考》曰："《桃花源记》为鼎革后之作。"他说："洪迈及赖义辉所论为是。陈寅恪先生《桃花源记旁证》曰：'渊明《拟古》诗之第二首可与《桃花源记》互相印证发明。'王瑶《注》以《拟古》诗作于宋永初二年辛酉（421），'《桃花源诗并记》当也是同时所作。'"② 由此可见，陶渊明创作《桃花源诗并记》在永初二年，是自古以来学者们的一致观点。笔者认为，从当年（永初二年）陶渊明所作《游斜川》诗并序中也能发现陶渊明创作《桃花源记》的线索：

> 《游斜川》序：辛丑正月五日，天气澄和，风物闲美，与二三邻曲，同游斜川。临长流，望曾城，鲂鲤跃鳞于将夕，水鸥乘和以翻飞。彼南阜者，名实旧矣，不复乃为嗟叹。若夫曾城，傍无依接，独秀中皋，遥想灵山，有爱嘉名。欣对不足，率而赋诗。悲日月之遂往，悼吾年之不留，各疏年纪乡里，以纪其时日。

《游斜川》诗并序中有"增城""中皋""灵山""曾丘"等名词，均出自《山海经》《天问》《淮南子》中的昆仑之丘。因此，骆庭芝在《斜川辩》曰："渊明闲世之士也，斜川游一时之胜也，读其序，诵其诗，孰不怅然而遐想？后世失其所在，世人念斜川，若昆仑、桃源比也。"③

从陶渊明永初二年的活动，可以看出其创作的《于王抚军座送客》、

---

① 陶澍：《陶渊明全集》，上海：上海古籍出版社，2015 年，第 147 页。

② 袁行霈：《陶渊明年谱汇考》，《中国典籍与文化论丛》，1997 年第 00 期。

③ 同①，第 30 页。

《游斜川》和《桃花源诗并记》存在着人和事的内在联系：一是这一年是陶渊明与王弘相识之后的第三年，两人经常一起参加朋友间迎来送往的聚会。二是这一年陶渊明创作的《游斜川》序并诗中包含着昆仑、桃源的要素。三是昆仑之丘、中皋和“灵山”（神山）即蒙阴蒙山、虞山。从而说明，陶渊明可能受王弘的影响萌生了创作《桃花源诗并记》的愿望。

五、《桃花源记》纪实之文写蒙氏史实和故乡传说

陈寅恪先生认为：“真实之桃花源在北方之弘农或上洛，而不在南方之武陵；真实之桃花源居人所避之秦乃苻秦而非嬴秦；桃花源纪实部分乃依据义熙十三年春夏间刘裕率师入关时戴延之等所闻见之材料而作成。”其推论的依据主要是郦道元《水经注》中引戴延之的《西征记》。

> 《水经注》：洛水又东迳檀山南，其山四绝孤峙，山上有坞聚，俗谓之檀山坞。义熙中，刘公西入长安，舟师所届，次于洛阳，命参军戴延之与府舍人虞道元即舟溯流，穷览洛川，欲知水军可至之处，延之届此而返，竟不达其源也。……洛水又东迳龙骧城北，龙骧将军王镇恶，从刘公西入长安，陆行所由，故城得其名。①
>
> 《水经注》卷四：河水自潼关东北流，水侧有长坂，谓之黄巷坂。……郭缘生《记》曰：……义熙十三年，王师曾据此垒。《西征记》曰：沿路逶迤，入函道六里，有旧城，城周百馀步，北临大河，南对高山，姚氏置关以守峡，宋武帝入长安，檀道济、王镇恶，或据山为营，或平地结垒，为大小七营，滨带河险，姚氏亦保据山原陵阜之上，尚传故迹矣。……河水又东北，玉涧水注之。水南出玉溪，北流迳皇天原西。……《述征记》曰：全节，地名也。其西名桃原，古之桃林，周武王克殷，休牛之地矣。②

陈寅恪先生另外根据《资治通鉴》卷一一八《晋纪》和陶渊明《赠羊长史》诗序“左军羊长史，衔使秦川，作此与之”，推断说：“陶公之与征

① 陈寅恪：《金明馆丛稿初编》，北京：三联书店，2001年，第192页；《水经注》，北京：中华书局，2013年，第349页。

② 同①，第102－103页。

西将佐本有雅故，疑其间接或直接得知戴延之等从刘裕入关途中之所闻见。桃花源记之作即取材于此也。”①

龚斌在《桃花源原型在武陵之推论》② 一文中说，陶公与羊长史本有雅故固是事实，却不等于与征西将佐有雅故。陶公是否熟识戴延之，与戴有否交往？或者羊长史是否与戴有交往，并得知戴入关途中所闻见？抑或陶公从羊长史处间接得知戴之闻见？皆无从考见。所以，疑陶公间接或直接得知戴延之等从刘裕入关途中闻见，无确凿证据可以证明。若所疑非是，则所谓陶公《桃花源记》之作即取材戴延之所闻见的推论就成为空中楼阁。另外，陈寅恪又认为桃花源先人所避之秦乃符秦，而非嬴秦，“与始皇、胡亥之嬴秦绝无关涉”。龚斌认为，前秦苻坚之亡至刘裕入关，不过三十余年。然《桃花源记》中避乱之人“自云先世避秦时乱，率妻子邑人，来此绝境，不复出焉，遂与外人隔绝。问今是何世，乃不知有汉，无论魏晋”；又《桃花源诗》云“嬴氏乱天纪，贤者避其世”“奇踪隐五百”。故陈寅恪先生的上述论断显然与陶渊明《桃花源诗并记》的本意不符。

笔者认为，陈寅恪先生的论述“道人之未曾道、见人之未曾见”从而突破时空上的局限，符合陶渊明《桃花源诗》结尾处所言“淳薄既异源”“愿言蹑轻风，高举寻吾契”，桃花源不在当时、当地的暗示。但是，学者们对于陈寅恪先生论断的质疑又极有道理，笔者认为，陶渊明与戴延之有交集和交往可能性不大，更不可能有雅故，因为刘裕西征之后不久便将东晋取而代之，陶渊明因此不与新朝权贵交往，这一点从陶渊明对待檀道济的态度上就可以看出。戴延之与檀道济都是跟随刘裕西征的将佐，因此陶渊明绝无可能与之交往。陶渊明创作《桃花源诗并记》本身就蕴含着避刘裕之世的因素，更无可能将戴延之随刘裕西征的所闻见作为《桃花源记》的原型。

反观陶渊明与王弘、颜延之的交往不但有据可查，而且人人称道，尤其是与王弘的交往，不但留下了《于王抚军座送客》之诗，还流传着“白衣送酒”的佳话。

> 《世说》注引《续晋阳秋》曰：陶元亮九日无酒，宅边东篱下菊

① 陈寅恪：《金明馆丛稿初编》，北京：三联书店，2001 年，第 194 页。

② 龚斌：《桃花源原型在武陵之推论》，《天中学刊》，2015 年第 06 期。

从中，摘盈把，坐其侧。未几，望见白衣人至，乃王弘送酒也。即使就酌，醉而后归。[1]

王弘初识陶渊明时，仍是东晋江州刺史，蒙氏避难武陵的故事真实存在，陶渊明早年有所闻，晚年又得到王弘的证实，在人物、时间、地点、事由上都更有可能成为陶渊明创作的素材。笔者认为，如果陈寅恪先生得知这些方面的情况，从这些方面论证，可能会将“真实之桃花源在北方之弘农，或上洛，而不在南方之武陵”[2] 的结论，修正为“真实之桃花源在东方之蒙阴，或虞中邓林，而不在南方之武陵”，即任昉所言“武陵源在吴中”。

陶渊明所处的东晋时期，是蒙氏避难于湘西武陵五百多年之后，以蒙氏为主体的北方秦人族群经过几百年的融合发展形成了诸多的民族成分，成为武陵夷（五溪蛮）的重要组成部分，这种传说也在不断演变中广泛流传于荆湘地区并逐步走出湘西武陵。陶渊明听闻或探访到这个传说，通过《史记》和实地考察并得知蒙氏家族的丰功伟绩、家族传统品德，即以这个传说作为《桃花源记》素材。

陶渊明时期的蒙氏正处于蒙氏走出湘西、开始复兴的时期，因此对于故乡的传说也处于“犹抱琵琶半遮面”的态度下，蒙氏关于故乡和祖先的故事传说也偶尔向外人说起，但是如果去专门寻访或查证又会闭口不谈，“不足为外人道也”。

蒙氏后人对故国恬静安逸的田园生活十分怀念，对颛臾国淳朴善良、热情好客、礼让不争风俗习惯的回忆与传诵，使陶渊明听闻之后产生了强大的精神共鸣和创作欲望。陶渊明之所以取“桃花源”之名，是因为他认可杜预所言的“虞舜生于桃墟”，又听说武陵避难的蒙姓来自虞舜故里颛臾风国的桃墟，从而构成了“桃花源”故事的完整性：时间、地点、人物和情节。

《桃花源诗》《桃花源记》所写的重点和表现手法各有不同，《桃花源诗》直接表达作者对淳朴的理想社会的向往，有描述也有议论和抒情，展现给人们的是蒙姓族人在故国的生活，所以“俎豆犹古法，衣裳无新制”。而《桃花源记》则完全用客观的记叙方法，虚构了一些情节，塑造了一个

① 陶澍：《陶渊明全集》，上海：上海古籍出版社，2015 年，第 260 页。
② 陈寅恪：《金明馆丛稿初编》，北京：三联书店，2001 年，第 199 页。

幽美的世外桃源，展现给人们的是蒙姓后人讲述故国故事的情景，所以说“男女衣着，悉如外人”。陶渊明将武陵蒙姓的传说与他们的故国“君子之国”的社会形态有机地结合起来，实情虚写，虚景实写，让“桃花源”蒙上了一层神秘的面纱，使其若隐若现，继续隐藏在尘世之外：“奇踪隐五百，一朝敞神界。淳薄既异源，旋复还幽蔽。”

综上所述，笔者认为，陶渊明首先是早年在荆湘一带听闻了“避秦时乱”秦人的传说，又在晚年听闻了王弘讲述的蒙氏避难于武陵的真实故事，故而确定这种传说就是秦二世时避难于武陵的蒙氏后人对故乡的传说。

《桃花源记》的寓意部分是以东方君子之国、“羲皇上人”的祖国——东蒙颛臾风国为原型，《桃花源记》的纪实部分是以避难于武陵的蒙氏后人对故乡颛臾风国的传说为原型。通过对寓意与纪实的解读，既解决了《桃花源记》的虚实之争，也解决了陈寅恪、唐长孺两位大家关于桃花源原型地之争。陈寅恪所言的“真实之桃花源在北方弘农或上洛，而不在南方之武陵”[①]，应当修正为“真实之桃花源在东方君子之国，而不在南方之武陵”。

第四节　“武陵源”在颛臾风国之“吴中”

桃花源与武陵源的诞生有先有后，无论从宏观上还是微观上看，实为一体，是一个与世隔绝、其中人们“往来耕作”、安居乐业、丰衣足食的理想世界，是多灾多难的古今中国人所追求不已的极乐世界。很多文人墨客，把它生发开来，起了桃源、仙源、桃花洞、武陵溪、武陵洞、避秦洞等别名，寄托倾慕向往之情。李白有诗曰：“功成拂衣去，归入武陵源。”杜甫有诗曰：“丹心老未折，时访武陵溪。”王维《桃源行》：“居人共住武陵源，还从物外起田园。”这些异彩纷呈令人眼花缭乱的桃花源、武陵源诗词，都是《桃花源记》的派生品，千余年来，一直给失意者以慰藉，给途穷者以归宿，给厌世者以超脱，给俗夫们以升华。它清丽、恬静、甘

① 陈寅恪：《〈桃花源记〉旁证》，《清华学报》，1936 年第 01 期；陈寅恪：《金明馆丛稿初编》，北京：三联书店，2015 年，第 199 页。

美、纯洁，是精神世界的海市蜃楼。

“武陵源”，按字面解释，应是武陵溪或武陵河之源，可是武陵郡、武陵山区没有一条溪流叫武陵溪或武陵河。这说明武陵源在昔日武陵郡的地图上是没有的。那么，是不是陶渊明那支“妙笔”上生出的“花”？陶渊明在《桃花源记》中只写有“武陵人捕鱼为业，缘溪行”“林尽水源，便得一山，山有小口”“从口入”，便到了“世外桃源”，全文中没有“武陵源”三字。同时，写成的《桃花源诗》，连“武陵”二字也没有。这说明陶渊明只提出“桃花源”，并没有提出“武陵源”。但是，在其后的野史异闻中，又确有“武陵源”的记载。第一个提出武陵源的，是梁代的任昉，他说“武陵源在吴中”，其情节与《桃花源》异曲同工，因此，陶渊明的“桃花源”与任昉的“武陵源”应当同出于一个传说。

一、“武陵源”在吴中

任昉（公元460—508年），字彦昇。《任氏宗谱》：“始祖昉公来自兖州乐安郡博昌县。……彦昇世家兖州。”任昉的名籍为兖州乐安郡，史志、家谱均无异议，但博昌一说是寿光，另外一说则为博兴[①]。历任中书侍郎、吏部侍中、御史中丞、秘书监等职。任昉一生著述颇丰，其方志学成就集中体现于《地记》一书中。《地记》主要保存了从汉代至南朝萧齐时期的方志。在现存《地记》书目中，区域志共计24部，所占比重最大，并且呈现出由汉代至齐逐代递增的趋势。《专志》又可分为异物、都邑、行记、山川、冢墓、地名、寺观等子目。异物志专记奇异物产风俗，如《神异经》《南州异物志》《发蒙记》等。行记专述沿途地理风物，如《述征记》《西征记》《游行外国传》等。[②]

《述异记》：武陵源在吴中，山无他木，尽生桃李，俗呼为桃李源。源上有石洞，洞中有乳水，世传秦末丧乱，吴中人于此避难，食

① 杨赛：《任昉身世考》，《郑州师范教育》，2013年第04期。

② 张蓓蓓：《任昉〈地记〉编纂初探》，《中国地方志》，2014年第02期；《图书馆理论与实践》，2013年第02期。

桃李实者，皆得仙。①

任昉在《述异记》中首先提出“武陵源在吴中”，但没有说明“吴中”在哪里。后来学者一般认为“吴中”指江苏省的吴县，也就是现在苏州市吴中区，是吴文化的发祥地。其历史从商代末年泰伯、仲雍避奔江南建“勾吴”算起，至少有三千多年的历史。春秋战国时期先后被称为吴、越、楚。秦始皇统一中国，实行郡县制，建立吴县。秦初，吴县地域广大，包括现在的常熟、吴江、嘉兴等地在内。晋太康四年（公元283年）县境北部析置海虞县（今常熟市）。宋、齐、梁、陈四代吴县均为吴郡，后来吴郡还曾称吴州。

“吴县”距离湘西武陵千余里，它与武陵有什么关系呢？任昉为什么说“武陵源在吴中”呢？陈自文在《武陵源考》中说，任昉描写的桃李源与陶渊明的桃花源又何其相似。如果桃李源的传说不是任昉杜撰的，那肯定与桃花源有某种“血缘”关系，即陶渊明写《桃花源记》与任昉写桃李源，皆源自同一素材、同一民间传说。作为民间传说，桃李源的“异闻”，在陶渊明时代想必就已存在，其后的任昉可收集，其前的陶渊明也可收集。但是，陈自文又说，陶氏《桃花源记》写的避秦“丧乱”之“难”是“武陵人”，而任氏写的则是“吴中人”，两者迥然不同，所以，他这个“武陵源”绝非陶渊明的“桃花源”和湘西的“武陵源”，只不过同名而已。据此，陈自文认为，武陵源即坐落在武陵山中部的武陵源景区。②

陶渊明与任昉大体上处于同一个时期，两人听闻的是一种传说，主人公都是秦人，其背景也都在武陵。有差别的地方有五处：一是陶渊明所记是“桃花源”，任昉所记是“桃李源”；二是陶渊明说武陵捕鱼人发现了桃花源，而任昉则说是“世传”，也就是世代相传；三是陶渊明所记是“秦时”，任昉所记是“秦末”；四是陶渊明所记是“避乱”“避难”（《搜神后记》《桃花源》），而任昉所记是因“丧乱”而“避难”；五是陶渊明只说是秦人，没有说秦人来自哪里，而任昉则说秦人是“吴中”人。

笔者认为，任昉在记述这个传说时更注重从地理、历史方面，而陶渊明则更注重文学思想方面，所以在记述同一个传说故事时，存在着上述差

① 任昉：《述异记》，长春：吉林出版集团有限责任公司，2005年，第15页。

② 陈自文：《武陵源考》，《武陵学刊》，1995年第04期。

别。我们根据任昉《述异记》提供的线索，结合前文中的一系列论述，对任昉所记要点解读如下：“武陵源在吴中”，是说武陵之源在“吴中”，或武陵故事传说的源头在“吴中”；“世传秦末丧乱吴中人于此避难”，是说祖辈们传说秦二世时因发生了“死亡祸乱”，“吴中人”来这里避难。

根据任昉给我们提供的线索，结合前文中的一系列论述，我们可以得出如下答案：武陵之源在蒙阴颛臾风国之“吴”中，即《山海经》是记载的“天吴”“昆吾”“昆仑之丘”（详见拙作《凤出东方——兼论古代华夏“东方君子之国”及其天文观象台“昆仑之丘”》一书），而非江苏之吴县。

1. 从地点上看：任昉所言“武陵源在吴中”，说武陵故事传说之源在“吴中”，从而明确地告诉我们“吴中”不在武陵。同样，也告诉我们“吴中”并不在千余里之外，被后人误认为是“吴中”的江苏吴县。因为吴县和桃花源故事风马牛不相及，吴县也没有如桃花源、桃李源中的山、洞和意境。

2. 从时间上看：任昉所记“秦末”显然是指从秦始皇病亡到秦二世之时，也就是蒙恬、蒙毅遇害之时。

3. 从原因上看：任昉所言“丧乱”“避难”显然是指蒙恬、蒙毅遇害，蒙氏家族面临了死亡威胁和时局动乱，而避难于武陵。

4. 从人物上看：“吴中人”显然就是指来自蒙氏故里、隐居于武陵的蒙氏族人和蒙邑之人。蒙氏故里在蒙阴境内颛臾风国的“虎头崖”下，颛臾风国是“东方君子之国”，虎头崖即《山海经》记载的“君子之国”的“大虎”（文虎）、“天吴”①，虎头崖是“吴”“虞”的原型。所以说蒙氏后人世传自己的故乡在“吴中”，自己的祖先是“吴中人”。

二、“吴山”之名及山神蒙恬源自蒙阴

无独有偶，在湘西一带流传武陵人来自“吴中’的同时，在陕西宝鸡“吴山”也流传着吴山神蒙恬的传说。

吴山又称岳山、岍山、吴岳及西镇山等，古文献最早的记载是岍山。《尚书·禹贡》云：“导岍及岐”，岍山在今陕西陇县西南，吴山在今宝鸡

① 方韬：《山海经》，北京：中华书局，2011年，第249页。

市陈仓区西北，属一个山系的两个支脉，故非一山。“吴山”之名始见于秦汉之后，《尔雅·释山》云：“河西岳。”郭璞注曰：“吴岳。”《汉书·地理志》云：“吴山即岍山”。孙治证《周礼正义》引胡渭曰：“窃谓吴山虽云在县西，而冈峦绵亘，延及其南，与岳山只是一山。自周尊岍山曰岳山，俗又谓之吴山或又合称吴岳。”

（一）“吴山”源自颛顼、颛臾

陕西历史博物馆的杨东晨在《宝鸡吴山简论》一文中认为，“吴山”是因颛顼帝后“吴回”族氏迁住于此而得名，故又有“吴岳”连称。古代的地名、山名、水名等，大多是由氏族名称沿袭而来，吴山、岳山亦是如此。以其发展顺序来看，“岳山”之名在前，“吴山”之称在后。《世本》云：“黄帝生昌意，昌意生高阳，是为帝颛顼。”又云：“昌意娶于浊山氏之子，谓之昌仆，产颛顼。颛顼娶于滕坟氏，谓之女禄，产老童。老童娶于根水氏，谓之骄福，生重黎飞吴回。”吴回氏族部落以叫声宏大的驺虞兽为图腾，初居于岳山，遂又称岳山为吴山。又因“虞”“吴”二字古音相同，故又称吴山为“虞山”吴山（岳山、虞山、西镇山）是大岳（太岳、四岳、西岳）部族和吴回部族的兴起、发展、聚迁之地和部族的崇祀之山（神山）。[①]

杨东晨认为“吴山”是因颛顼后裔“吴回”氏族部落迁住于此而得名，其言不假，却不知“吴回”本来是因“吴”而得名，有本末倒置之嫌，另外他说“吴回”氏族部落以叫声宏大的驺虞兽为图腾，此言也对，却不知其所以然。这一切皆与颛顼后人西迁至西部，并将得名于东方的山名、地名、水名和氏族名带至西部，后人不知其原始出处有关。

“四岳”之名出现于尧舜时期，尧舜是东夷之人、大汶口文化后期和龙山文化前期东夷人的部落首领，其活动范围仅限于鲁中南山区及周边地区，因此，“四岳”显然处于东方，“吴岳”即君子国的“天吴”（详见拙作《风出东方——兼论古代华夏“东方君子之国”及其天文观象台“昆仑之丘”》一书），“吴山”源自吴岳、天吴，是颛顼后裔秦嬴西迁名随族走而得名。

---

① 杨东晨：《宝鸡吴山简论》，《宝鸡社会科学》，1999 年第 03 期。

（二）吴山郊祀始于秦汉

陕西师范大学历史文化学院王琪教授在《西汉吴山郊祀述略》中说，吴山郊祀肇始于秦。[①] 刘邦称帝后，在汉承秦制的背景下，吴山郊祀得以继续存在。作为西汉国家祭祀的一部分，吴山郊祀影响力的伸缩与当时祭祀制度沿袭、改革密切相关。汉初的皇帝并不亲自进行吴山郊祀，至汉文帝时，天子第一次亲临郊祀。随着吴山祭祀地位的提升，吴山也成为最高统治者巡行的必经之地。郊祀制度正式确立是在西周建立以后，一直是国家祭天的最高仪式。最早关于秦国雍地郊祀记载的是《史记・封禅书》，“自未作鄜畤也，而雍旁故有吴阳武畤，雍东有好畤，皆废无祠”。到秦灵公时期，“作吴阳上畤，祭黄帝；作下畤，祭炎帝”，关于雍地几处祭祀的规格，史书中并无详细记载，但在写到秦始皇封禅泰山，《史记》记载采用的祭祀礼仪为“其礼颇采太祝之祀雍上帝所用”。泰山自秦始皇开创封禅礼，在帝王郊祀中占有最高地位，可见雍地几处祭祀采用的祭祀礼为当时最高规格。另外，雍地几处祭祀都提到“吴阳”这一地名，关于“吴阳”具体的位置，《史记索隐》中记载“吴阳，地名，盖在岳之南”，这里的“岳”指的应是“吴岳”。

笔者认为，秦嬴祖地在东方，具体地讲应当就在君子之国的“吴”地。《史记・秦本纪》记载，秦的先祖是伯益，伯益是颛顼的后裔，因协助大禹治水有功，被虞舜赐嬴氏，并让其“主虞”驯鸟兽。显然秦嬴的祖地、封地都在颛臾国的“虞”，也就是君子国的“天吴”。秦嬴西迁天水一带之后，因为周天子驯马有功，被封在秦地，“复续嬴氏祀”，显然其将在祖地“天吴”南面祭天、祭祀太皞和五帝的习俗及其地名都带到了这里，故有“吴山”之名和在吴阳郊祀的说法。他们祭祀的仍然是故土的神山“天吴”“昆吾”和蒙山。周天子不但使秦嬴“复续嬴氏祀”，而且封秦嬴的故国东方颛臾国为“东蒙主”，承担“社稷之臣”的职责，在“蒙山之阴”“吴山之阳”设祭坛祭祀太皞、五帝和中华民族的神山“蒙山”“吴山”。

吴山郊祀最初是西汉继承秦代祭祀制度而设立的郊祀。随着政权的稳定，西汉皇帝为了维护自己的统治地位，开始进行祭祀改革，建立起属于

① 王琪：《西汉吴山郊祀述略》，《陇东学院学报》，2019 年第 01 期。

自己的祭祀系统。吴山郊祀地位就远不及其他郊祀，到西汉末年，郊祀制度改革后，吴山祭祀就彻底被南北郊祀所取代。

（三）蒙恬是“吴山”神

吴山在当地社会影响重大，当地民众在接受官方的意识输出的同时，也有根据历史传统和想象的吴山神信仰。《太平广记》中收录了一则有趣的故事：

> 天兴丞王锜，宝历中尝游陇州，道憩于大树下，解鞍籍地而寝。忽闻道骑传呼自西来，见紫衣乘车，从数骑，敕左右曰：“屈王丞来。”引锜至，则帐幄陈设已具。与锜坐语良久，锜不知所呼，每承言，即徘徊卤莽。紫衣觉之，乃曰：“某潦倒一任二十年，足下要相呼，亦可谓王耳。”锜曰：“未谕大王何所自？”曰：“恬昔为秦筑长城，以此微功，屡蒙重任。洎始皇帝晏驾，某为群小所构，横被诛夷。上帝仍以长城之役，劳功害民，配守吴岳。当时吴山有岳号，众咸谓某为王。其后岳职却归于华山，某罚配年月未满，官曹移便，无所主管，但守空山。人迹所稀，寂寞颇甚。又缘已被虚名，不能下就小职，遂至今日窃假王之号。偶此相遇，思少从容。”锜曰：“某名迹幽沉，质性孱懦，幸蒙一顾之惠，不知何以奉教？”恬曰：“本缘奉慕，顾展风仪，何幸遽垂厚意。诚有事则又如何？”锜曰：“幸甚。”恬曰：“久闲散，思有以效用，如今士马处处有主，不可夺他权柄。此后三年，兴元当有八百人无主健儿。若早图谋，必可将领。所必奉托者，可致纸钱万张，某以此藉手，方谐矣。”锜许诺而寤，流汗霡霂，乃市纸万张以焚之。乃太和四年（830 年），兴元节度使李绛遇害，后节度使温造诛其凶党八百人。[1]

这则故事出自唐文宗开成（公元 836 年—840 年）初年薛渔思所撰《河东记》[2]。故事中，吴山神的身份很明确，是秦始皇时抗击匈奴、修长城的名将蒙恬。在中古时期的民间信仰中，不少山神就是由真实的历史

---

① 李昉等：《太平广记》，北京：中华书局，1961 年，第 2453－2454 页。

② 关于《河东记》年代、作者与内容的考辨，参看李剑国：《唐五代志怪传奇叙录》，天津：天津南开大学出版社，1993 年，第 634－640 页。

人物出任。显然，蒙恬成为吴岳神是因为陇州一带正是他生前活跃的地区之一。据蒙恬自述，当时吴山有“岳号”，故自己被称为“王”，但其后岳职却归于华山，自己无所主管，但守空山，显得很是潦倒。从这则故事来看，作为国家西镇的吴山神与其他山川神一样，也是由与地域社会密切相关的历史人物来充任的。至于吴山神蒙恬的潦倒、其所募健儿的来历等，无不显示吴山神信仰的背后，有着非常真实的历史情境。当然，这类有着真实背景的传奇故事的出现，也进一步推动了吴山神信仰的流行。①

综上所述，陕西宝鸡的“吴山”及其郊祀，显然源自秦嬴和蒙氏，其名称及习俗均源自秦嬴和蒙氏的故土——东蒙颛臾的“吴山”和“吴阳”。同时，“吴山”一带显然是蒙氏的第二故乡，是蒙氏活动的主要区域，蒙氏在此有着深厚的社会基础，显然也是蒙恬遇害之后的一处避难场所，因此，蒙恬成了“吴山”神。除此之外，陕西之“宝鸡”“凤翔”，甘肃天水之“成纪”也都与秦嬴西迁有关（详见第四章）。甘肃“吴忠”之名与蒙恬驻守边关、以身报国也存在一定的关联。

由此可见，“吴”“天吴”“吴山”都是蒙氏后人对故土的称呼，蒙氏遇害之后，在北方蒙恬成了“吴山”神，被称为“王”，在南方蒙氏后人自称为“吴中人”。

三、“吴”是指君子国之“天吴”

吕思勉在《先秦史》中引用了《山海经》的相关记载。《山海经·大荒西经》曰：“大荒之中，有山名曰日月，山天枢也。吴姖天门，日月所入。有神，人面无臂，两足反属于头。山名曰嘘。颛顼生老童，老童生重及黎。帝令重献上天，令黎印下地。下地是生噎。处于西极，以行日月星辰之行次。”《山海经》又云：“有人名曰吴回，奇左，是无右臂。”又云“大荒之山，日月所入。有人焉三面，是颛顼之子，三面一臂”。吕思勉先生引用的上述记载是说：日月山是天的枢纽，吴姖是日月山的天门，太阳从那个地方升起落下，那个地方有一个神，长着人的脸但是没有臂膀，两

① 沈寿程：《隋唐时期的吴山信仰》，《南方文物》，2019 年第 03 期。

只脚反转过来架在头上，叫作嘘。颛顼帝生下了老童，老童生下了重和黎，颛顼帝任命重托着天使劲往上举，又任命黎撑着地使劲朝下按。于是黎来到地下，并生下了噎，他就位于大地的最西端，掌管着太阳、月亮和星辰运行的先后顺序。还有个记载说："有个叫吴回的人，只有左臂，而没有右臂膀。"还记载道："大荒当中，有一座山，叫作大荒山，太阳和月亮在这个地方落下。这里有一个人，头上长着三张脸，是颛顼的后代，三张脸一只胳膊。"① 吕思勉先生虽然引述了《山海经》中"日月山"、"吴姖天门"和"吴回"、颛顼等关系，但因无田野调查资料可供参考，仍然没有弄清其真实所指、真实所在。

笔者认为，上面所言的"日月山"显然是指大汶口人观察日月星辰的"历山"蒙山，是天的枢纽。"吴姖天门"之中的"姖"是一个异体字，《康熙字典》记载说："吴姖，山名。《卢柟·放招赋》吴姖晻昧，日月所翳。"可以理解为"吴"据守"日月山"天门，"吴"显然就是蒙山之阴、君子之国"天吴"，是昆仑山守护神兽"陆吾"，也是上面反复描写的神、颛顼的后代。

在先秦典籍中，"吴"与"虞"相通。张淑一在《〈通志·氏族略〉勘正十则》② 一文中论证说，先秦列国皆有"虞人"之官，为山林的管理者。《左传》昭公二十年"齐侯田于沛，招虞人以弓，不进"，《国语·周语中》"虞人入材，甸人积薪"，《礼记·王制》"獭祭鱼，然后虞人入泽梁"。"虞"与"吴"通，《管子·小匡》"县车束马，逾太行与卑耳之貉，拘秦夏，西服流沙、西虞"，《国语·齐语》即作"西服流沙、西吴"；《公羊传》定公四年"晋士鞅、卫孔圄帅师伐鲜虞"，陆德明《经典释文》谓"虞，本或作吴"，因而以"虞人"之官为氏者也作"吴氏"，并且此吴氏的出现远较"（吴国）子孙以国为氏"的吴氏为早。青铜器《同簋》铭文有"吴大父"，其铭文曰"王命同佐佑吴大父司场林虞牧自淲东至于河"③，正是管理山林的虞官为氏；另一青铜器《吴虎鼎》铭文有"吴虎"，也是以山林管理者虞官为氏。④

① 吕思勉：《先秦史》，北京：中国文史出版社，2019 年，第 218－219 页。

② 张淑一：《〈通志·氏族略〉勘正十则》，《古籍整理研究学刊》，2013 年第 04 期。

③ 中国社会科学院考古研究所：《殷周金文集成》，北京：中华书局，1983—1994 年。

④ 刘雨、卢岩：《近出殷周金文集录》，北京：中华书局，2002 年。

当代一些学者根据典籍记载和考古发现的新材料，通过考证认为“吴”和“虞”与大汶口文化有关。如，叶玉英在《释“□、□”——兼谈春秋时期吴国国名》一文中，叙述了有关学者对甲骨文中的两个残辞（合集18356、18358）的研究结论，学界公认其为从虍鱼声的一个字，叶玉英认为这个字就是春秋时期吴国国名的来历。吴国人的图腾是虎，东夷人创造的山东龙山文化和岳石文化与宁镇地区先吴的关系备受关注。董楚平、刘建国、王卫平、张敏、邹留根、施玉平、谷建祥、王迅、田名利、周大鸣、段天璟等先后撰文主张守镇地区先吴文化和吴文化的族属为东夷人，[①]范毓周也认为句吴族可能是东方滨海地区夷人的一支。[②] 张敏《有虞与勾吴》《虞舜南巡狩与勾吴的发端》认为有虞氏建立了勾吴，他认为有虞氏在进入华夏文明之后的去向应为从豫东沿淮水至江淮东部，再沿邗沟至宁镇地区，从而导致勾吴文明的发端。王油坊类型龙山文化、江淮东部南荡文化和宁镇地区点将台文化解释了有虞氏迁徙的路径。[③] 新石器时代人种研究结果也表明宁镇地区与山东大汶口文化应属同一种族类型。[④] 东夷人与句吴的关系在《山海经》中也有记载。《山海经·海外东经》：“朝阳之谷，神曰天吴，是为水伯，在虹虹北两水间。其为兽也，八首人面，八足八尾，皆青黄。”又《山海经·大荒东经》：“有神人，八首人面，虎身十尾，名曰天吴。”天吴就是商先公王吴。[⑤] 袁进认为新干商墓所出之双尾虎

---

① 董楚平：《吴越文化新探》，杭州：浙江人民出版社，1988年，第164－165页；刘建国：《宜侯夨簋与吴国关系新探》，《东南文化》，1988年第02期；张敏：《试论点将台文化》，《东南文化》，1989年第03期；邹厚本：《略论宁镇地区青铜文化系列》，《东南文化》，1990年第05期；林留根、施玉平：《湖熟文化族属研究》，《东南文化》，1990年第05期。王卫平认为吴国的主体民族是以干人为主的东夷。参见王卫平：《由“句吴”说到干国的历史与族属》，《学术月刊》，1990年第08期；谷建祥：《论宁镇地区古文化的演进》，《东南文化》，1990年第05期；周大鸣：《论宁镇地区古代文化与其他文化的关系》，《南方文化》，1992年第01期；王迅：《东夷文化与淮夷文化研究》，北京：北京大学出版社，1994年，第81页、122－123页；田名利：《试论宁镇地区的岳石文化因素》，《东南文化》，1996年第01期；段天璟：《宁镇地区夏时期的考古学文化结构——兼谈江淮地区的文化变迁》，《东南文化》，2011年第04期。

② 范毓周：《略论吴文化的族属与历史渊源》，《铁道学院学报》，1992年第03期。

③ 张敏：《有虞与勾吴》，《江海学刊》，1995年第4期；张敏、韩明芳：《虞舜南忧狩与勾吴的发端》，《南京大学学报》，1999年第03期。

④ 韩康信、陆庆伍、张振标等：《江苏邳县大墩子新石器时代人骨的研究》，《考古学报》，1974年第02期。

⑤ 愈权中：《中国上古文化的新大陆——〈山海经·海外经〉考》，哈尔滨：黑龙江人民出版社，1992年，第467－469页。

即天吴的形象。[①] 叶文宪认为山海经里记载的天吴是吴人的图腾或祖神。[②] 俞权中认为此君子国便是吴太伯南迁后的句吴国。[③] 后世称吴王阖闾之墓为“虎丘”，亦可为吴人崇虎的证据。[④]

综上所述，笔者认为“吴”与“虞”相通，均源于《山海经》所记君子国这“天吴”“天虞”，无论是“天吴”还是“天虞”都是指虞舜故里——颛臾风国的虎头崖（蒙阴县清志称为“叟虎寨山”，《水经注》称“叟岗”）。“虞”官始源于虞舜时期，虞命伯益“主虞，驯予上下草木鸟兽”，就是将秦嬴的先祖伯益封于嬴（古嬴县，在今莱芜）、费（今费县）之间的虞地，管理“帝之囿”（龙囿）之山泽，驯养鸟兽。后来，“虞”从君子国之神“天吴”山名演化为管理山泽的“虞官”。

“吴”是蒙氏故乡的山神，据守在进出颛臾风国的唯一通道：虎头崖与青龙山之间狭窄的山口。因此，这个山口成为蒙氏后人传说中的一大要素，也成为陶渊明《桃花源记》所记的洞口。《山海经》中说“吴姖天门……山名曰嘘”也成为颛顼之虚、昆仑虚、虞生桃墟（或姚墟、陶墟）以及蒙阴桃墟的来历。另外，蒙氏后人对于故地有玄丘、玄丘之上有“丹穴”（洞穴）的传说，也成为《桃花源记》中需要表达的要素。

第五节　吴中“桃墟”和虞渊“邓林”是“桃花源”原型地

蒙氏避难于武陵的传说流传于湘荆之地，任昉如实地记载了这个传说，但他本人、包括这个时代的蒙氏后人已经不知道“吴中”是指哪里，后世读者更将其理解为“吴国”，也就是现在的苏州吴江。任昉在《武陵源》中所言“吴中”之“桃李园”，也就是陶渊明《读山海经》诗中的

① 袁进：《吴城文化属句吴说》，《南方文物》，1993 年第 02 期。

② 叶文宪：《吴国历史与吴文化探秘》，北京：文物出版社，2007 年，第 3 页。

③ 愈权中：《中国上古文化的新大陆——〈山海经·海外经〉考》，哈尔滨：黑龙江人民出版社，1992 年，第 467 - 469 页。

④ 叶玉英《释“口、口”——兼谈春秋时期吴国国名》，《古文字研究》，2014 年第 00 期。

“虞渊”之“邓林”。陶渊明所记的“桃花源”和任昉所记的“武陵源”“桃李源”其原型都是蒙氏故乡、蒙阴虎头崖下的“桃林”“桃墟”。

吴中（虞中）有桃林，这是远古时期人人尽知的事情，《山海经》中有记载，古今学者有论述，陶渊明更有诗为证（详见前文）。

夸父在太阳落山的禺谷道渴而死，弃其杖化为邓林，“禺谷”郭璞注曰“虞”，即“天吴”，也是《淮南子·天文训》所记载的“蒙谷”“虞渊”。“邓林”古今学者普遍注释为“桃林”。由此可见，蒙阴虎头崖下有“桃林”，吴中人世世代代以种桃为生，是远古时期人人皆知的常识。因此，避难于武陵的蒙氏后人对故乡故事记忆最深的就是“桃林”，故此成为《桃花源记》故事要素。

前文中着重从武陵郡之名和武陵避乱秦人的来历，以及陶渊明思想渊源、《桃花源诗并记》的主观思想和客观素材等方面进行了充分论证。下面再对蒙阴及境内颛臾风国和桃墟的人文地理与陶渊明描写的“桃花源”意境进行对照分析。

一、蒙恬故里和颛臾庙在虎头崖下之“蒙邑”

史籍称蒙恬其先齐人，具体无载。但从蒙姓氏之源查考，可以确定蒙恬故里即在秦朝时蒙阴境内的“蒙邑”。

据唐朝林宝所著《元和姓纂》卷一“蒙氏”条引《风俗通》：“东蒙主，以蒙山为氏。”南宋钱名世《古今姓氏书辨证》卷一“蒙氏”条下，作者加按语说：“《鲁颂》曰‘奄有龟蒙，遂荒大东。’则龟蒙在鲁封内之山，以其在国之东，故谓之东蒙。孔子谓‘颛臾，昔者先王以为东蒙主’是也。秦将蒙骜……中庶子蒙嘉皆鲁人之后。”南宋郑樵《通志·氏族略》第三“以地为氏”中于“蒙氏”条加按语说：“蒙山在沂州费县西北八十里，又有东蒙在费县西北七十五里，在蒙山之东。主其山之祀者，子孙因山为氏。”以上三部古代权威的姓氏书都承认蒙氏是因蒙山而得此氏。[①] 蒙山之阳是今费县、平邑县境，蒙山之阴即今蒙阴县境，蒙氏之祖籍究竟在何处呢？颛臾为东蒙主，要知蒙氏祖籍，首先要看颛臾国在哪里。

① 李大晋、李明：《蒙恬祖籍考》，《临沂师范学院学报》，2000年第01期。

《左传·僖公二十一年》："颛臾，风姓也。实司太皞与有济之祀，以服事诸夏。"杜预注："颛臾在泰山南武阳县东北。"①

杜预考证说颛臾在泰山郡南武阳县东北，南武阳县古城在平邑县西北，显然颛臾即在蒙阴一带。实际上早在杜预之前，颛臾国在蒙阴已经成为定论，只不过杜预时期没有蒙阴县建置，因此只能说颛臾在泰山郡、南武阳县东北。

《汉书·地理志》载：泰山郡，高帝置。属兖州。……蒙阴，《禹贡》蒙山在西南，有祠。颛臾国在蒙山下。莽曰蒙恩。②

《汉书·地理志》是中国最早、最具权威性的地理志，也最早确定了颛臾国主要地域在蒙阴。除此之外，蒙氏还有一说源于"蒙双氏""蒙双民"，《搜神记》和《博物志》中分别记载，颛顼帝将"同产而为夫妇者"，放之"北野""崆峒之野"③④，显然是指蒙山北野颛臾国。正如王献唐先生所言："蒙为鲁邑。……《姓纂》云：高阳后封以为蒙双。知古代为国，后属鲁为邑。……汉置蒙阴县，县在蒙山之北，因以立名。"⑤

另外，蒙骜到底是齐国人，还是鲁国人，古籍中似乎也有出入。《史记》记载蒙骜自齐事秦，而南宋郑樵《通志·氏族略》中又说蒙骜、蒙嘉皆鲁人之后。其实细考起来这两种说法并不矛盾，恰恰说明了蒙氏的祖籍在齐鲁交界之处，或先为齐后为鲁，或先为鲁后为齐。蒙阴则正处于这样一个境地，蒙阴之地先为鲁国的附属国颛臾风国，曾一度被齐国占领，后又在孔子的努力下齐国主动返回给鲁国"龟阴田"，战国中期再次成为齐国的疆域。

《左传·庄公九年》："管仲请囚，鲍叔受之，及堂阜而税之。归而以告曰：'管夷吾治于高傒，使相可也。'公从之。"杜预注："堂阜，齐地。东莞蒙阴县西北有夷吾亭。或曰：鲍叔解夷吾缚于此，因以为名。"⑥

---

① 《左传》，上海：上海古籍出版社，2016 年，第 201 页。

② 《汉书》，北京：中华书局，2007 年，第 291 页。

③ 《搜神记》，北京：中华书局，2012 年，第 308 页。

④ 《博物志》，北京：中华书局，2019 年，第 60 页。

⑤ 王献唐：《炎黄氏族文化考》，青岛：青岛出版社，2006 年，第 296 页。

⑥ 同①，第 95 页。

“堂阜”是一处重要的地名，位于齐鲁交界处，现位于蒙阴县西北部常路镇驻地。庄公九年是公元前685年，这个时候蒙阴处于鲁国与齐国交界处。

《左传·定公十年》：“夏，公会齐侯于祝其，实夹榖。孔丘相。……齐人来归郓、讙、龟阴田。”杜预注曰：“三邑皆汶阳田也。泰山博县北有龟山，阴田在其北也。会夹榖，孔子相，齐人服义而归鲁田。”[①]

杜预注说“郓”“讙”“龟阴田”三邑皆汶阳川，龟山在博县北是不准确的，实际上“郓”在现在的沂水县北，“龟阴田”应当是龟蒙之阴，也就是蒙阴一带，“讙”则是指“汶阳川”在新泰一带，这三邑都处于齐鲁交界处，从东到西连成一片。从这里看出，蒙阴一带在公元前500年，仍然在鲁国境内。

从谭其骧等所编《中国历史地图集》上看，战国时期（公元前350年），齐国疆在东经115′50′—122′40′、北纬35′45′—36′02′，蒙阴在齐国境内。

王献唐先生在《炎黄氏族文化考》中说：“伏羲为风地风姓之人，故言风姓。……今莱芜、蒙阴地相毗连，为牟族聚居之地，同时亦为风族杂居之地，二族合居，沿为地名。……最初合居之地，当在泰山以东，蒙阴、莱芜一带。”[②] 这就是说蒙阴一带是蒙氏祖居之地。从族谱资料看，蒙氏族谱多见于湖南、广西一带，亦可证蒙阴为蒙氏祖居之地。

蒙氏《广西北流族谱》：考春秋颛臾风姓也，实司太皞为伏羲之地。《地理志》蒙山在泰山郡蒙阴县西南有祠，颛臾国在蒙山下。因以蒙山为氏，此蒙氏所由来也。[③]

广西《蒙氏族谱》说：“始祖蒙山公，周成王在位时，封蒙山公为东蒙主，安居蒙阴县，此地为蒙氏发族之圣地也。”族谱中对蒙骜、蒙武、蒙恬、蒙毅都有详细记载。蒙恬祖籍为今之蒙阴县，可无疑义。[④] 战国中

---

① 《左传》，上海：上海古籍出版社，2016年，第963-965页。

② 王献唐：《炎黄氏族文化考》，青岛：青岛出版社，2006年，第382页。

③ 见于广西壮族自治区图书馆收藏《广西北流族谱》，蒙恬故里碑刻。

④ 李大晋、李明：《蒙恬祖籍考》，《临沂师范学院学报》，2000年第01期。

期，齐国攻占了蒙山以北原属鲁国的颛臾国，世居于蒙阴司太皞之祀的蒙氏贵族在蒙骜带领下投奔同宗同祖的秦嬴氏，这就是蒙骜自齐事秦昭襄王的原因。蒙骜家族属于颛臾风姓的嫡系后裔，守太皞（伏羲氏，风姓）之祀，又是蒙氏贵族，显然应当在颛臾庙附近，也居于蒙邑故城之中。

《左传·哀公十七年》："公会齐侯，盟于蒙。"杜预注："齐侯，简公弟平公敬也。蒙在东莞蒙阴县西，故蒙阴城也。"①

《沂州府志》称"蒙阴故城，县西南十五里，汉县，属故泰山郡"。更准确地讲，即今联城乡边家城子一带，是蒙春秋战国时期的"蒙邑"、汉朝蒙阴县城所在地，此地名"蒙"，是蒙氏聚居地，很多文献都证明了这一点。明代王询《重修颛臾庙记》说："按世系，颛臾为颛顼之裔，封于周，附庸于鲁。而祠墓松柏郁郁苍苍，城子村岿然在望焉。"这个城子村，即今之边家城子。这里有颛臾祠及墓。据清代费县郭翘楚《古蒙神祠考》一文指出，平邑张庄村《三庙碑》（明崇祯时作）记曰："颛臾王进守蒙阳，君长斯民，善政善教，民爱戴之如父母。王薨，葬于蒙阴，岁时墓祭，民哀怜之如考妣。"② 按照古代传统，帝王去世之后都要安葬于祖地，由此可见，颛臾国的祖地在蒙阴，西周之后随着封地的扩大"颛臾王进守蒙阳"。

颛臾庙遗址位于边家城子村西一片高阔平地上。始建年代不详。见于文字记载的最早为明代永乐二年（1404 年），此后，清代康熙元年（1661 年），光绪十九年（1893 年）、民国二十一年（1932 年）又多次重修。民国二十六年（1937 年）冬被侵华日军炸毁。据当地群众讲，颛臾庙（俗称颛王庙）门匾上原题"东蒙之主"四字，正梁上方是"威震东蒙"，题字人为光绪十八年始任县知事的陶振宗。颛臾庙原有一株柏树，据说树龄有三千余年，日军轰炸，此树燃烧了八个昼夜。柏树的树龄说明了颛臾国、颛臾庙存续的时间很长。现在遗址仍存有一棵黄连树，树龄也有一两千年的历史。边家城子附近台上村和吕家庄，又发现了祭台遗址，可见颛臾国君自立国之初即在此建有宗庙。边家城子东边一片平坦土地上发现有很多铜戈、陶鼎、陶壶、铜钺、铜剑及春秋时期的古陶器碎片等诸多文物。调查中发现，村民们称边家城子东边这片平坦的土地叫蒙家宅、蒙家林，与

① 杜预：《左传》，上海：上海古籍出版社，2016 年，第 1053－1054 页。

② 《费县志》，清光绪二十二年刻本。

颛臾庙（亦称颛王庙、蒙庙）各占地二十亩，呈“品”字形排列，颛臾庙在南，蒙家宅、蒙家林在北，南向蒙山，西屏青龙山，东依虎头崖，中间有玉带河流过。环境优美，蒙氏在此建邑立庙，即以“蒙”命名，是与蒙氏悠久的历史相符的。据当地群众讲，此地历史上曾出过大官，后来被抄家，所以四散逃走。联系到蒙恬被迫自杀的遭遇，专权的赵高派人到山东蒙恬的祖籍抄家，不无可能。边家城子及蒙阴县境皆无蒙氏后裔而广西却有，或许从侧面说明了这种传说的真实性。①

蒙恬故里的这个传说也印证了一些学者的说法：“山东蒙阴县是蒙氏发源地。……秦朝宦官赵高与丞相李斯勾结，伪造皇诏立胡亥为二世，杀死长子扶苏，此变故祸患株连秦将蒙恬、蒙毅，二公皆蒙于难。蒙恬、蒙毅被害后，其后裔部分迁回山东，部分逃亡流散到江苏、河南、安徽、江西、福建、湖南、四川等地，其间约有千年，这段蒙氏历史，史书少有记载。直到唐宋时期，蒙氏子孙才逐渐复出或为官或为商。”② 对于逃出咸阳、逃离中原的蒙氏后裔，以赵高的凶恶和对蒙氏的嫉恨而言，赵高是绝对不会轻易放过他们的，必然会不择手段地进行迫害，以绝后患。逃回山东蒙阴的蒙氏后裔，在得知赵高派人来抄家灭族消息后，立即又率族人、邑人纷纷南逃避难，在这种情况下，流散到南方的蒙氏族人必然要向湘西武陵一带聚集，因为那里是蒙武旧部驻守之地，也有长期在溆浦为蒙武守陵的蒙氏后裔形成的社会基础，对于赵高而言是鞭长莫及的地方。笔者认为，蒙邑是蒙氏的发源地，历经数千年，必然是蒙阴当时的一大姓氏，由于各种原因不可能全部南逃，一部分难以逃离的族人邑人采取古代躲避祸难的通常办法：改名换姓。笔者推测，蒙恬故里“边家城子”是边姓的聚居地，“边姓”极可能就是蒙氏南逃时留下来的族裔，为了免遭株连改蒙姓为边姓，其含义是取蒙武、蒙恬开拓边疆、戍守边关之意。

二、蒙阴人文地理和自然生态犹如“桃花源”

蒙阴地处鲁中南沂蒙山区腹地，南有蒙山，北有岱崮，自古以来以

① 李大晋、李明：《蒙恬祖籍考》，《临沂师范学院学报》，2000 年第 01 期。

② 杨先依：《三都水族自治县蒙氏家族历史文化研究》，贵州民族大学硕士生学位论文，2019 年。

“四塞之崮，舟车不通，内货不出，外货不入”著称。先秦时期这里是祭祀中华民族人文始祖太皞（伏羲氏，风姓）的颛臾风国，战国期间有“蒙邑”，秦汉之后置蒙阴县。相对独立封闭的地理环境和优越的自然生态，孕育形成并保留传承下与众不同的淳朴民风和人文形态。

古颛臾国和蒙邑位于蒙阴城西南，处于蒙山、青龙山、虎头崖环抱之中，虎头崖下的小溪及溪边的小道是古代进出其中的唯一通道。沿弯弯曲曲的小溪进入，首先看到的是一片开阔的冲积平原，放眼望去是大片的、和缓起伏的土山丘。早春四月沿着山路或小溪来到虎头崖下，可见桃花盛开，赏心悦目，梧桐花香，沁人心脾。登临虎头，放眼望去，迤逦的东汶河和汇入其中的小溪像是一条条随风吹落的淡蓝色飘带，围绕在山下城边，十二座城子散落在一片绿色的田野和桃林之中，具有《桃花源记》“忽逢桃花林，夹岸数百步，中无杂树，芳草鲜美，落英缤纷……土地平旷，屋舍俨然，有良田美池桑竹之属。阡陌交通，鸡犬相闻”的意境。

青龙山、虎头崖是“龙”和“虞”（天吴）的原型，是颛臾风国和“东方君子之国”独特的地理坐标。蒙阴人民世代传承先人之圣德，凤凰之美德，君子国之仁俗，具有淳朴善良、热情好客之风尚，有尊崇自然、凤隐于林、恬淡闲适的生活方式，随遇而安、满足现状的处世态度。千百年来，因为地处“四塞之崮”之中，又享有历代执政者“修其教，不易其俗；齐其政，不易其宜”的政策，一直保持着这种较为原始的人文形态。

蒙阴是羲皇风姓、蒙姓的祖地，是凤凰圣地和凤隐之地，这里无论是地理环境、气象特征、自然景观，还是人文和历史渊源，都和陶渊明心中和笔下的“桃花源”相符合。

三、吴中“桃墟”和虞渊“邓林”是“桃花源”的原型

“蒙邑”是蒙氏的发源地，秦汉之前蒙姓的聚居地。“桃墟”顾名思义是“种桃的大土丘”“桃树林中的村墟”。通过前面的论证，已经有了结论：武陵源中“先世避秦时乱（难），率妻子邑人来此绝境，不复出焉，遂与外人间隔”的是蒙氏族人邑人，蒙阴“蒙邑”是蒙氏的故乡。蒙邑有“桃墟”，“吴中”有桃源，“虞渊”有桃林是蒙氏后人对故乡的印象和传说。这个传说就是陶渊明创作《桃花源记》的原始素材。因此，

虞舜诞生地“桃墟”，吴中（虞渊）之“桃林”就是“桃花源”的原型地。

蒙阴以低山丘陵为主，属于暖温带季风性气候，四季分明。土壤主要为棕壤、褐土，是我国落叶果树的最适宜栽培区之一。蒙阴温度、光照、降雨、土壤等自然生态条件十分适宜桃树的生长和结果。蒙阴桃园面积和产量仍然居全国县级第一位，被誉为“中国蜜桃之都”，被中国园艺学会授予“中国桃乡”称号，“蒙阴蜜桃”被农业部（第 1119 号）公告为“国家农产品地理标志”[①]。

在中国传统文化中，桃花象征着春天、爱情和理想世界；桃木用于驱邪求吉；果实融入了中国的神仙传说中，隐含着长寿、健康、生育的寓意。《神异经》载：“东方树名曰桃，令人益寿。”蒙阴境内的颛臾风国是“东方君子之国”，君子之国“仁而寿，其人不死”，古籍中的这些记载，互为佐证，证明蒙阴是桃的原产地。古籍记载，舜生于卞县东南之桃墟，其位置就在蒙阴，因为桃墟之中的虎头崖（虞、天吴），故称“虞舜”，因此可知“桃墟”之名历史悠久。经查询，蒙阴“桃墟”是全国唯一的“桃墟”地名，更是唯一以“桃墟”命名的建制乡镇。从远古时期、到陶渊明时代，一直到现代蒙阴“桃墟”都是独一无二的地理坐标。

龟阴田、东蒙客都是隐士所向往的地方和境界。李白《寄东鲁二稚子》：“我家寄东鲁，谁种龟阴田？……楼东一株桃，枝叶拂青烟。……裂素写远意，因之汶阳川。”杜甫《与李十二白同寻范十隐居》：“李侯有佳句，往往似阴铿。余亦东蒙客，怜君如弟兄。”李白与杜甫曾经游历蒙山并在此居住了很长一段时间，对蒙阴、汶阳川一带风土人情和种桃习俗有着深刻的了解，这也说明蒙阴以种桃和隐居而闻名于世。

综上所述，东方树名曰桃，“东方君子之国”是桃的原产地，蒙邑之中有“桃墟”，避难于武陵的蒙氏后人有种桃的传统。因此，晋、宋时期流传于荆湘之地的蒙氏对故乡的传说中，自然少不了关于种桃和“桃墟”的元素。蒙氏故里颛臾风国之蒙邑、桃墟无论从历史史实、人文地理，还是自然环境都与“桃花源”相符合，是陶渊明梦寐以求、耳有所闻的地方，是《桃花源记》中“桃花源”的原型地。

① 马跃：《山东省蒙阴蜜桃生产基地》，《中国果树》，2010 年第 05 期。

四、溆浦思蒙是“桃花源”传说地

武陵地区的溆浦县与沂蒙山区的蒙阴县在人文地理方面有着不解之缘。“思蒙”是湖南省溆浦县的一个乡镇，位于县城西十公里，思蒙丹霞地貌有“小桂林”之称。屈原在《涉江》中以“入溆浦余儃佪兮，迷不知吾所如”、“山峻高以蔽日兮，下幽晦以多雨”，恰似《诗经·东山》对蒙山“零雨其蒙”的描写。

从地理环境上看，溆浦盆地“四面环山”，其中有“良田数百顷”。而蒙阴盆地则有“四塞之崮”，其中“龟阴田”“汶阳川”，亦有良田数百顷。从历史史实上看，溆浦是蒙武所率秦军的戍边之地，是蒙武死后安葬之地，是秦始皇追封蒙武“中脯王”之地，也是后来蒙氏家人和蒙邑族人因丧乱而避难之处。蒙阴则是蒙氏的发源地，蒙武家族的故里。从地名标识上看，蒙阴蒙山有“蒙邑”，而溆浦则有“思蒙”镇，周边还有“思蒙村”“思蒙溪”等。从民风民俗上看，蒙阴淳朴民风世代相传、举世闻名。而溆浦“思蒙”镇一带也同样具有淳朴的民风。从人文方面看，溆浦与蒙阴都是历史上有名的隐居之地。[①]

综上所述，蒙阴、溆浦都具有“桃花源”的人文地理和生态环境，可以说蒙阴之“桃墟”是“桃花源”原型地，溆浦（武陵）之“思蒙”则是“武陵源”传说的发源地

第六节　“桃花源”原型地是亟待发现和保护的人文家园

陶渊明给“桃花源”蒙上的神秘面纱让真正的“桃花源”隐匿于尘世千百年，人们无从知道她的真实所在，因此，也就无从去争夺和利用，在大自然的保护下其人文生态不至于被发掘、利用和侵蚀。但是，在当下汹

① 田真夫：《溆浦惊现千年桃花源》等博客文章。

涌澎湃的经济大潮冲击下，中华大地上任何一处角落都不会成为“世外桃源”，自然生态和人文形态都会受到影响甚至是破坏。陶渊明刻意编织的神秘面纱和大自然的屏障已经保护不了隐匿起来的“桃花源”，“桃花源”里的自然和人文生态可能会在不经意间不可避免地遭遇灭顶之灾。因此，“桃花源”原型地在隐匿了两千年之后，亟须显现于世并保护起来，使其成为中华民族共同的精神乐园和人文家园。

一、陶渊明刻意隐匿“桃花源”的真实意图

在前文中已经论证了陶渊明与武陵郡的渊源关系，论证了陶渊明创作《桃花源记》时是以隐居于武陵的蒙氏后人的传说为素材，寄托了他对蒙氏故里、“羲皇上人”的祖国——颛臾风国的向往。陶渊明通篇没有直接指明蒙阴和蒙氏后人，其原因是蒙氏南迁避难之时和陶渊明所处的东晋时期都没有蒙阴县名，其地域又不在东晋范围之内。更主要的原因有三点：一是陶渊明有意识地将他心中所想、笔下所记的“桃花源”蒙上一层神秘的面纱，使其更具神秘感；二是因为陶渊明在荆州听闻了武陵一带的传说，又通过与王弘的交往了解到这个传说的历史渊源，由于是真人真事，所以不便说破这个历时五百多年的秘密；三是陶渊明深知，一旦暴露了“桃花源”在颛臾风国“吴中”或“桃墟”，将不可避免地成为苏轼所言“化为争夺之场”。

陶渊明时期，正是东晋十六国战乱不断的年代，东晋王朝偏安东南一隅，中国北方大部分都在“五胡乱华”的范围之中。陶渊明为了防止他心目中的“桃花源”毁于外族，而刻意将其隐藏在神秘的幕布之中，使人不知其心中所想。

陶渊明刻意隐匿了“桃花源”的出处，并且在《桃花源诗》中以“借问游方士，焉测尘嚣外”劝说世俗之人，怎么可能知道世外桃源的事情。在《桃花源记》的结尾处，以南阳高尚人士刘子骥“闻之，欣然规往。未果，寻病终”为例，劝告、甚至警示人们，不要枉费心机地去找寻不可能存在于当时当地的“桃花源”。

对于陶渊明的这一警示，法国学者雷隆·托马在 1985 年《宗教史杂志》上的《陶渊明〈桃花源记〉的一种阐释》提出这样一个问题：渔人

“欲穷其林”，直到河水的源头（“林尽水源”），说明逆水行舟。这样的费力坚持和他最初“缘溪行”“忘路之远近”的闲逛状态迥然不同，原因为何？在托马看来，“好奇心”或许起到一定作用，但决定性的因素应是冥冥之中的某种“神意”，即陶渊明有意渲染的、桃源的“神秘”。托马认为《桃花源记》文本富含宗教色彩。从陶渊明《桃花源记》结尾交代的情形看，法国人托马的理解是可信的。陶渊明刻意隐藏桃花源，并为桃源增添了一抹“禁忌”色彩，就是为了防止世人对桃源有所企图。但是，陶渊明又在《桃花源记》中为“桃花源”的发现提供了“武陵”和“避乱秦人”两大线索，在《桃花源诗》结尾埋下伏笔“愿言蹑轻风，高举寻吾契”，希望乘着清风，高飞去找寻志意相合的人和境地，为后人寻找真实的桃花源埋下了伏笔。

二、千百年来“桃花源”隐于世的主要原因

陶渊明创作《桃花源诗并记》一千六百余年以来，历代文人贤士不乏唱和陶渊明诗的作品，都在以各自的理解去演义或诠释陶渊明所指的“桃花源”和“桃花源中人”。各地也都努力地寻找“桃花源”的原型地，但是到目前为止，还没有一种说法能够得到一致的认可，更没有一个地方能够符合陶渊明所记“桃花源”的人物和故事。千百年来，如此多的人费尽心思、不辞辛劳地去论辩、考证“桃花源”之谜，似乎都没有找到真正的答案。笔者认为主要有以下几个方面的原因：

第一，千百年来，没有人相信“桃花源”的真实存在。所以就没有以严谨的态度去论证、考证陶渊明心中所想的“桃花源”。

第二，千百年来，没有人去研究陶渊明心中所想的“桃花源”是什么。从唐代的王维、刘禹锡、韩愈，到宋代的苏轼、王安石，他们都忽视了陶渊明经常流露出来的思想。只有到了元代的吴师道，他观陶翁“慨然叔季，梦寐羲皇”，才说出了陶渊明是“异时所赋”“桃源之事未必无”“于此可以知其心”的观点。但是他却“而事之有无奚足论哉”，没有就自己的认知去展开深入的考察和论证。

第三，千百年来，没有人发现武陵郡与避乱秦人的秘密。陶渊明在《桃花源记》中提供了“武陵”、“避秦时乱”和“邑人”等地点、时间、

人物，但是后人都在围绕着武陵和桃花源做文章，却没有人去研究他们的来历和内在关系。根本没有发现他们的秘密所在，从而不能把桃花源里的人物故事与他心中的桃花源原型地联系在一起、结合在一起论证分析。

第四，陶渊明信守了对蒙氏后人“不足为外人道”的承诺。“桃花源”之所以没有被发现，一个客观原因就是桃花源之人对武陵渔人所言的“不足为外人道”。隐居武陵的蒙氏后人虽然形成了一个很大的社会群体，但是他们关于故乡的传说却只在族人内部代代相传，这是因为祖训的原因，也是因为现实的原因。他们毕竟是因避难而来的，当初的恐慌与恐惧给他们留下了很大的阴影，所以蒙氏在五百多年的时间里销声匿迹，没有任何的事迹可言。直至陶渊明时期，才有族人走出大山向周边地区迁徙发展，又过了几百年，才重现官场，复兴入桂。

陶渊明在荆州任职时期，正是武陵郡避秦时乱的蒙姓族人试探着走出深山的阶段。他们无意之间偶尔向外人说起自己祖国的事情，但是一旦官府调查落实时，就会否认原来透露的故事。这就是桃花源和桃花源人若隐若现的原因。

三、“桃花源”原型地人文和自然生态亟须重视和保护

世界上各民族均把本民族的祖地和文明的发祥地视为自己的精神家园。西方民族的精神家园是《圣经》中记载的“东方伊甸园”，中华民族的精神家园无疑是古籍中记载的“东方君子之国”。“东方君子之国”与“东方伊甸园”处于亚洲东西两端同一纬度线上，前者是“桑土既蚕”的发源地，后者是“丝绸之路”的目的地，这不得不说有着惊人的巧合。

蒙阴境内的颛臾风国是古籍中记载的“东方君子之国”和黄帝所梦的“华胥之国”，担负着祭祀中华民族人文始祖太皞（伏羲氏，风姓）的神圣职责，承载着传承“君子之国”优秀传统文化的光荣使命。因此，被孔子视为“社稷之臣”和描绘为“均无贫，和无寡，安无倾”“修德文以来之。既来之，则安之”的乌托邦，成为陶渊明向往的“桃花源”。这种原始的农耕社会形态和田园生活，是无数人追求的人文家园。

费孝通先生在《中国文化的重建》一文开篇中说：“我十分坦白地说，

如果我能选择，我有理由宁可回到旧日，回到一个富有的又平均的农民的世界。那里我会享受和平的心境、稳定的生活和友好的环境。我会生活在一个熟悉的世界里，享受有人情的生活。但是我明白那简直是不可能的了。这种宁静的环境，在熟悉的人中找到和平和安全，也许只存在于诗境中，现实世界也许从来没有过。即使有过，我们也无法保持它了。”① 在现代世界里，我们虽然无法抵挡现代文明和现代生活方式的冲击，但至少要保持一处相对封闭的、免受市场经济侵蚀的生态和人文家园，传承中华文明的优秀文化，继承中华民族的优良传统。这种传承不是形式上的、表演式的，而是根植于日常生活中的，让身处物欲横流世界里的人们有一处可以向往和体验的、歇息心灵的家园。

蒙阴县境内的颛臾风国是“东方君子之国”和“桃花源”原型地。境内的青龙山、虎头崖是龙凤之源、有“虞”之山，既是文明发祥的文化图腾符号，又是远古时代的历史地理坐标，存在于中华民族的原始记忆之中，珍藏了千万年时间。然而，在近几十年的建设和开发中，这些坐标和符号已经遭遇了极大的破坏，如不采取断然措施，它们将从现在的千疮百孔走向灭顶之灾。中华民族对于自己的来源将会失去记忆，蕴藏于民间、源远流长的凤凰美德和淳朴民风，也将“皮之不存，毛将焉附”，正如《论语·季氏将伐颛臾》中孔子所言：“虎兕出于柙，龟玉毁于椟中，谁之过也？”②

两千多年前的汉代学者就宣称“中国者，礼仪之国也”，礼乐文明是中华文明区别于世界上其他古老文明的一个重要标志，正如清华大学李学勤教授所言：“中国是礼乐之国，礼仪之邦，可以说从中国文明萌芽形成时起就带有这种以礼乐制度作为它特色的这样一种现象。”③ 春秋时期，鲁国因承袭了西周的礼乐制度称为“礼仪之邦”，鲁国的国都曲阜也成了中国礼仪之邦的标志性城市。历史上，鲁国的礼仪文化和道德风气也是几经盛衰。班固在《汉书·地理志》对鲁国一带的民风民俗的变化有详尽的记载：

《汉书·地理志》：周兴，以少昊之虚曲阜封周公子伯禽为鲁侯，

① 费孝通：《中国文化的重建》，上海：华东师范大学出版社，2014 年，第 1 页。

② 《论语·大学·中庸》，北京：中华书局，2011 年，第 198 页。

③ 中央电视台《中华文明》电视专题片，李学勤接受采访语。

以为周公主。其民有圣人之教化，故孔子曰“齐一变至于鲁，鲁一变至于道”，言近正也，濒洙泗之水，其民涉度，幼者扶老而代其任。……今去圣久远，周公遗化销微，孔氏庠序衰坏。地狭民众，颇有桑麻之业，亡林泽之饶。俗俭啬爱财，趋商贾，好訾毁，多巧伪，丧祭之礼文备实寡，然其好学犹愈于它俗。[1]

班固在《汉书·地理志》中说，一个地方的风气是与它的水土有关系的。他在对鲁国的风俗进行考察研究后又说：自战国以后到了汉代因时势变化，曲阜一带人多地狭，失去了富饶的林泽，人们从事商业活动，逐渐变得爱财而虚伪，礼仪形式复杂却没有实际的意义，只有好学的风气还比较浓厚。

《礼记·王制》：“广谷大川异制，民生其间者异俗。”民间俗语曰：“一方水土养一方人”，也就是说民风民俗多以山脉和河流为界而存在差异。通过前文中的论述，我们发现了中华民族共同的人文家园“东方君子之国”和“桃花源”原型地。同时，也看到了随着时代的变迁、经济的发展和人类的进步，原始自然生态和人文生态受到的侵蚀与冲击不可避免。因此，在前所未有的社会变革和经济快速发展的时代背景下，亟须采取措施保护这一上万年保留下来的自然和文化遗产。

沂蒙山世界地质公园包括蒙山及蒙山以北的东汶河流域，这一区域是沂河、大汶河、洙泗河的源头，也是中华文明的重要发源地。“四塞之崮”的地理环境既是河流的分水岭，又是淳朴民风的保护屏障，保留下了原始的自然生态和人文形态，适合建立“自然和人文生态保护区”，既可以作为鲁中南山区的生态绿芯，又可以作为中华民族优秀文化的传承载体。

蒙阴境内颛臾风国和桃花源原型地处于沂蒙山地质公园的中心，应当建立“自然和人文生态保护区”的核心区。在这一区域内，要严格禁止对地形地貌和自然生态的任何破坏行为，确保青龙山、虎头崖及山下水系等“君子之国”“有虞之山”地理坐标的完好无损，保护好中华民族人文始祖诞生地的原始生态和原始记忆。

① 《汉书》，北京：中华书局，2007年，第312页。

结语：

笔者根据陈寅恪和唐长孺先生的思路和观点，在古今学者研究的基础上，结合历史史实和考古发现，综合分析陶渊明《桃花源记》的寓意之文和纪实之文，通过全面论述得出如下结论：

1.《桃花源记》寓意之文：描写凤凰圣地和凤隐之地“东方君子之国”，也是道教典籍中记载的“华胥氏之国”，佛教传说中的东方“扶桑国”，即陶渊明所向往的“羲皇上人”的祖国——颛臾风国。

2.《桃花源记》纪实之文：陶渊明早年在荆湘一带听闻了避难于武陵的蒙氏后人关于故乡颛臾风国的传说，五十五岁时又听王翦十七代孙王弘讲述了蒙武、蒙恬后人避难于武陵的史实，于五十七岁时以蒙氏避难武陵的故事及其后人对故乡传说创作《桃花源诗并记》。

3.“武陵郡”之名始源于里耶秦简中的“新武陵”，“新武陵”之名始见于秦始皇二十六年二月，秦、汉武陵郡治在溆浦县。1978 年在溆浦古城发现的 M24 号秦将军墓，其墓主是秦始皇二十三年、二十四年与王翦一起“攻楚，虏楚王”、牺牲于溆浦的“少府”将军蒙武。秦始皇二十五年赐“天下大酺”，追封蒙武为“中脯王”，并赐盛满酒水和食物的“中脯王鼎”随葬于蒙武之陵，“新武陵”因此而得名。

4. 秦始皇三十七年，秦始皇在东巡路上病亡，赵高、胡亥、李斯密谋篡位，赐死公子扶苏和蒙武之子蒙恬、蒙毅，并“罪及其宗”，蒙氏家人和蒙邑族人南逃到“新武陵”避难，寻求王翦、蒙武旧部的保护。秦二世时，王翦之孙王离所率原蒙恬长城军被项羽击败，王离被俘，王离之子王元避难于蒙氏故里——琅邪皋虞之地。

5. 蒙氏族人、邑人与蒙武旧部戍役未归的将士在武陵一带形成一个特殊的移民族群，其后人对故乡颛臾风国的追忆世代相传。这一避难群体最初相对独立“自相夫妻”，“其后滋蔓，号曰蛮夷”，走出湘西向广西、贵州一带迁徙并与当地少数民族融合，使蒙姓成为一个多民族的姓氏，蒙氏传说也成了武陵夷传说，武陵夷源自高辛氏帝喾或高阳氏颛顼，与蒙氏先祖和祖地契合。陶渊明曾祖父陶侃出身于武陵夷，与陶渊明自称尧舜后裔契合。

6. 五百多年之后，世封之地在荆州长沙郡而且在荆州江陵任职的陶渊明，在荆州武陵古城溆浦一带听闻了蒙氏后人关于故乡的传说，留下了深刻印象。陶渊明归隐之后，在与琅邪名士、王翦第十七代孙王弘的交往中，得知王弘的祖先与蒙氏祖先是世交，通过王弘的讲述陶渊明印证了蒙氏避难于武陵的真实经过。因此，蒙氏后人关于故国的故事成为陶渊明创作《桃花源诗并记》的纪实素材，从而实现了寓意之文和纪实之文的高度统一。

7. 对蒙氏传说“闻而记之的不止渊明一人”，还有比陶渊明稍晚些的任昉，他直白地说“武陵源在吴中，世传秦末丧乱吴中人于此避难”，其“吴中”之桃源实际上就是陶渊明读《山海经》所知的“虞渊”之“桃林”。听闻这一故事的还有庐山僧人慧远所结“白莲社”的僧人慧深，其在荆州讲述的东方“扶桑国”实际上也是蒙氏故里颛臾风国。

陶渊明创作的《桃花源诗并记》塑造了“桃花源”这样一个中国独有的意象，描述的是一个充满理想色彩、没有王权、没有王税、没有战争、自给自足的自然经济状态下自成系统的处于特殊地域的人类生活场景。其寓意之文的原型既是《山海经》中“鸾鸟自歌，凤鸟自舞，见则天下和”，“其人礼让不争”的“东方君子之国”，又是《论语·季氏将伐颛臾》一文中孔子心目中“均无贫，和无寡，安无倾”的东蒙颛臾风国。

在中外交流过程中，对于理想世界的认识既殊途同归，又有所差异。比如中国人认为桃花源就是所有中国人的精神家园，是我们自由栖息生活的地方；外国人则认为中国的理想王国是香格里拉，是最接近天堂的地方。再如，陶渊明的《桃花源诗并记》和莫尔的《乌托邦》是在世界文化史上产生重大影响的杰作。从文化价值的角度看，这两部作品展现了理想和价值追求的相似性。“桃花源”和“乌托邦”都是作家构建的理想世界，消除了剥削和压迫，使得人人平等，得以安居乐业，塑造了与现实不同的理想王国。有所不同的是，莫尔的“乌托邦”纯属虚构，并含有讽刺的意味。而陶渊明所记“桃花源”是既是寓意之文又是纪实之文，既是历史真实又有现实遗存。

伟大的文学作品总是彰显对人类伦理道德的关注和人文关怀，《桃花源诗并记》便是这样的作品。《桃花源诗并记》所描绘的“桃花源”是民族的，更是世界的。对于现代人来说，追寻人类心灵的“桃花源”并实现“诗意栖居”是全世界人类的共识。随着人类对世界的探索越来越深入，当今世界面临着严峻的环境危机、人口危机和生存危机，面临着恐怖主义和核战争的威胁，只有摒弃利益至上、唯我独尊的个人主义、单边主义思想，本着“和而不同，求同存异”的原则，从推进人类社会进程的大局出发，促进不同阶层、不同性别乃至不同种族的人们和谐共处，构建人类命运共同体，建设“桃花源”的美好理想才会真正实现。

附　《重修颛臾庙碑记》二则

重修颛臾庙碑记[①]

（清　乙沛恩[②]）

余摄蒙篆，下车谒庙，无所谓颛臾庙也。祀曲载之，访土人，邑西南十数里，邻接十二连城，有庙已剥落。春秋致祭，久以僚属代。窃欲有所变通，以肃秩祀，尚未之及。兹本年谷顺成，政通人和，致力于神其宜矣。冬月，类家城子等庄绅董，以重修颛臾庙请，并呈明万历壬辰岁蒲坂张君创修碑记。爰率僚佐捐白镪，有绅董又勉为记，不得不有以应，今非族之祀多矣，神其歆之乎？颛臾庙其然哉！风姓伏羲之后，周先王封国子爵，附庸于鲁，与任、宿、须句[③]祀太皞暨有济。夫有国之君，即其国山川土地人民主。考《地志》，颛臾主泰山南武阳县东北，又谓在费县西北，此有名山，所谓东蒙。龟蒙为鲁所奄有，蒙阴当为颛臾故国。孔子曰："昔者先王以为东蒙主。"殆省文也。名宦乡贤之祀，国家并重，伏羲为五帝首后裔可求，先王封以国，使奉祀者，可屈指数。颛臾聚国族于斯，终春秋世，其国犹存。蒙阴之民受其庇荫者，不知几历年所。况奉祀太皞，而灵爽实式凭之。宜乎孔门问答，圣人历言所以。然罔敢干大典以取戾。群言淆乱，衷诸圣颛臾庙之修，较名宦乡贤等祠为尤重。此之重修，可谓知本。然后以此载祀典，洵犹五典之在天壤也。特聪明正直为神，愿后宰是邑者，与绅民勉为正直之行，庶为神所歆享而锡之以福，讵谓颛臾庙云

① 蒙阴县志编纂委员会办公室：《蒙阴县志》，济南：齐鲁书社，1992年，第634－635页。

② 乙沛恩，附贡，江苏海洲人，光绪十九年代理蒙阴知县。

③ 任、宿、须句，均为周代三个封国，与项臾国同为风姓太皞后裔。

尔哉。时光绪十九年。

重修颛臾庙记[1]

顺治十三年春日记。前朝奉直大夫王询撰。

《礼》曰："诸侯祭名山大川之在其地者。"我夫子亦有言曰："夫颛臾，昔者先王以为东蒙主。"按世系，颛臾为颛顼之裔，封于周，附庸于鲁，而祠墓松柏郁郁苍苍，城子旧村岿然在望焉。今乃庙貌倾圮，金碧剥蚀，委顿于凄风苦雨、寒烟衰草之间。过而睨之者，无不凭吊兴叹曰："是古颛臾祠也，何以崩颓若是也！"邑诸生类儒琏与居民边怀礼，环堵而居其侧，怵惕日久。因年稍顺成，遂请于四方士君子，与凡居蒙之麓，日取材于山者，各捐赀力，以图修复，而故殿轮奂一新，亦斯民美报之盛举也。然又有说焉，考之掌故，凡境内有古先帝王、圣贤、功臣、节义者，皆得春秋致祭。姑以山左论，如闵子骞之在东莞，王休征之在琅邪，颜鲁公之在费，高堂生、羊太傅之在平阳，固皆宜然。况颛臾系神圣之后，而又载在圣言，煌煌可据。倘有上告礼官而请于朝，载在祀典，或亦考礼者之不废也。即不然，为之主者，令一二文学耆老，春秋备牢醴馈奠，为山灵生色，为斯民祈福，亦礼失而求诸野之遗意也。故因叙述而并属望焉。

顺治十三年春日记。

① 蒙阴县地方史志编纂委员会：《蒙阴县清志汇编》，北京：中华书局，1999年，第133－134页。

图书在版编目（CIP）数据

风隐于林：“桃花源”考论/武纪东，武凯旋著．—北京：中国人民大学出版社，2020.10

ISBN 978-7-300-28618-1

Ⅰ.①风…　Ⅱ.①武…　②武…　Ⅲ.①家族－史料－研究－中国－秦代－晋代　Ⅳ.①K820.9

中国版本图书馆 CIP 数据核字（2020）第 181877 号

风隐于林——“桃花源”考论

武纪东　武凯旋　著

Feng Yin yu Lin——“Taohuayuan” Kaolun

出版发行	中国人民大学出版社		
社　　址	北京中关村大街 31 号	**邮政编码**	100080
电　　话	010－62511242（总编室）		010－62511770（质管部）
	010－82501766（邮购部）		010－62514148（门市部）
	010－62515195（发行公司）		010－62515275（盗版举报）
网　　址	http://www.crup.com.cn		
经　　销	新华书店		
印　　刷	唐山玺诚印务有限公司		
规　　格	170 mm×228 mm　16 开本	**版　　次**	2020 年 10 月第 1 版
印　　张	16.5 插页 2	**印　　次**	2021 年 11 月第 2 次印刷
字　　数	258 000	**定　　价**	58.00 元

中国人民大学出版社外语出版分社读者信息反馈表

尊敬的读者：

感谢您购买和使用中国人民大学出版社外语出版分社的 ____________ 一书，我们希望通过这张小小的反馈卡来获得您更多的建议和意见，以改进我们的工作，加强我们双方的沟通和联系。我们期待着能为更多的读者提供更多的好书。

请您填妥下表后，寄回或传真回复我们，对您的支持我们不胜感激！

1. 您是从何种途径得知本书的：

□书店　□网上　□报纸杂志　□朋友推荐

2. 您为什么决定购买本书：

□工作需要　□学习参考　□对本书主题感兴趣　□随便翻翻

3. 您对本书内容的评价是：

□很好　□好　□一般　□差　□很差

4. 您在阅读本书的过程中有没有发现明显的专业及编校错误，如果有，它们是：

____

____

____

5. 您对哪些专业的图书信息比较感兴趣：

____

____

____

6. 如果方便，请提供您的个人信息，以便于我们和您联系（您的个人资料我们将严格保密）：

您供职的单位：______________________________

您教授的课程（教师填写）：______________________

您的通信地址：______________________________

您的电子邮箱：______________________________

请联系我们：黄婷　程子殊　吴振良　王琼　鞠方安

电话：010-62512737，62513265，62515538，62515573，62515576

传真：010-62514961

E-mail：huangt@crup.com.cn　chengzsh@crup.com.cn　wuzl@crup.com.cn
crup_wy@163.com　jufa@crup.com.cn

通信地址：北京市海淀区中关村大街甲 59 号文化大厦 15 层　邮编：100872

中国人民大学出版社外语出版分社